シャティーラの記憶

パレスチナ難民キャンプの70年

シャティーラの記憶

パレスチナ
難民キャンプの
70年

川上泰徳
Yasunori Kawakami

岩 波 書 店

目　次

関連略年表

1947年	11月，国連総会でパレスチナ分割決議採択
1948年	5月，第1次中東戦争：イスラエル独立，パレスチナ人70万～80万人が難民化
1949年	シャティーラ・キャンプの開設．12月，国連総会が国連パレスチナ難民救済事業機関(UNRWA)創設を決定
1950年	UNRWA活動開始
1964年	5月，アラブ連盟がパレスチナ解放機構(PLO)を創設．初代議長アフマド・シュケイリ
1965年	1月，アラファトが率いるファタハが武装闘争を開始
1967年	6月，第3次中東戦争：アラブ諸国大敗，イスラエルはガザ，ヨルダン川西岸，東エルサレムを占領．パレスチナ人の武装闘争をアラブ諸国が支援
1968年	3月，ヨルダン川東岸でカラメの戦い：アラファトが率いるファタハ戦士がイスラエル軍に抗戦
1969年	2月，アラファトがPLOの議長に選出．11月，PLOとレバノン政府の間のカイロ合意：レバノンの難民キャンプがPLOの支配下に
1970年	ヨルダン内戦：ヨルダンがPLOの排除を始める(別名「黒い9月事件」)⇒PLOがレバノンに拠点を移す
1972年	9月，ミュンヘン五輪襲撃事件：パレスチナ武装組織「黒い9月」の実行犯8人のうち5人がシャティーラ出身
1974年	イスラエル軍によるレバノン南部のナバティエ難民キャンプへの大規模空爆
1975年	4月，レバノン内戦勃発
1976年	8月，東ベイルートのタルザアタル難民キャンプの陥落
1982年	6月，イスラエルのレバノン侵攻⇒ベイルート包囲⇒8月末，PLOのベイルート退去．9月，サブラ・シャティーラの虐殺
1985～88年	キャンプ戦争：シーア派組織「アマル」によるシャティーラ・キャンプへの包囲攻撃
1987年	12月，第1次インティファーダ：イスラエルのヨルダン川西岸，ガザで反占領闘争
1990年	レバノン内戦の終結
1993年	9月，イスラエルとPLOがパレスチナ暫定自治協定(オスロ合意)に調印
1994年	ガザとヨルダン川西岸でパレスチナ自治開始
2000年	9月，第2次インティファーダ
2001年	イスラエル軍がヨルダン川西岸に大規模侵攻
2004年	11月，アラファト議長が入院先のパリで死亡
2005年	レバノンのハリリ前首相が爆殺⇒シリア軍のレバノンからの撤退⇒レバノンのPLO代表部の再開
2011年	3月，シリア内戦の勃発
2015年	シリア難民が大規模に欧州に流出

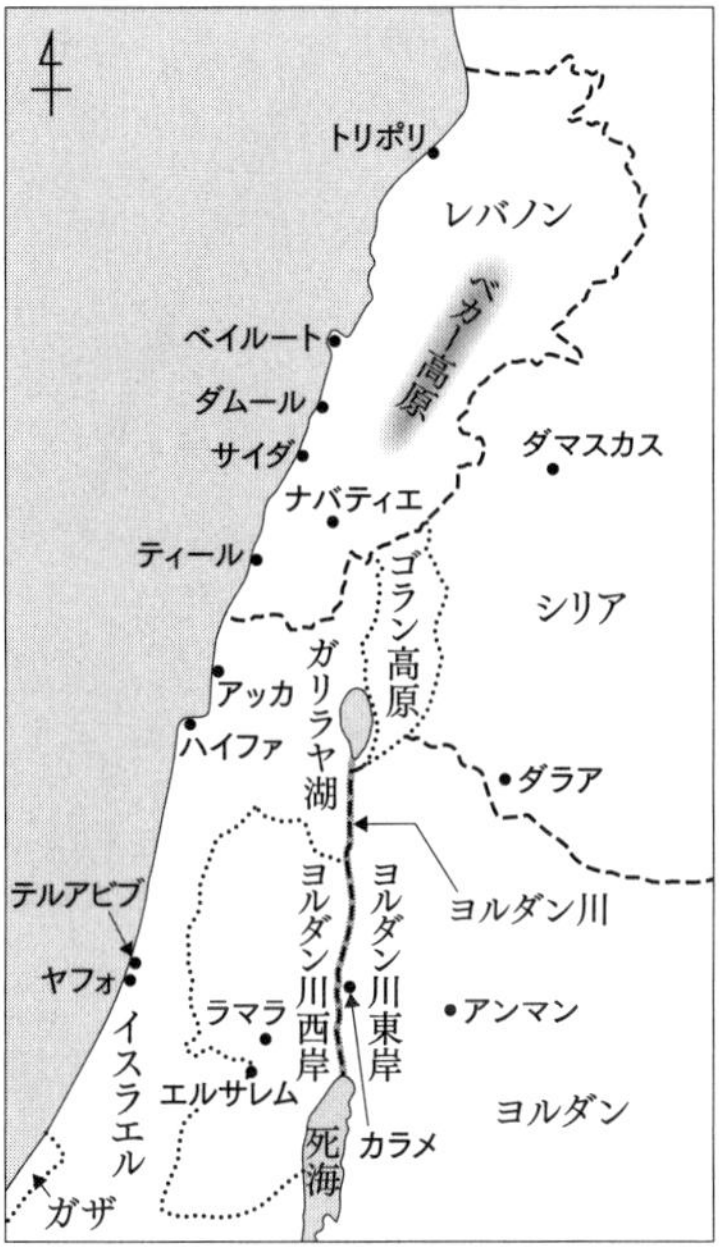

トリポリ
レバノン
ベカー高原
ベイルート
ダムール
サイダ
ダマスカス
ナバティエ
ティール
ゴラン高原
シリア
ガリラヤ湖
アッカ
ハイファ
ダラア
ヨルダン川西岸
ヨルダン川東岸
ヨルダン川
テルアビブ
ヤフォ
ラマラ
アンマン
エルサレム
イスラエル
死海
カラメ
ヨルダン
ガザ

地図 1　本書関連地図

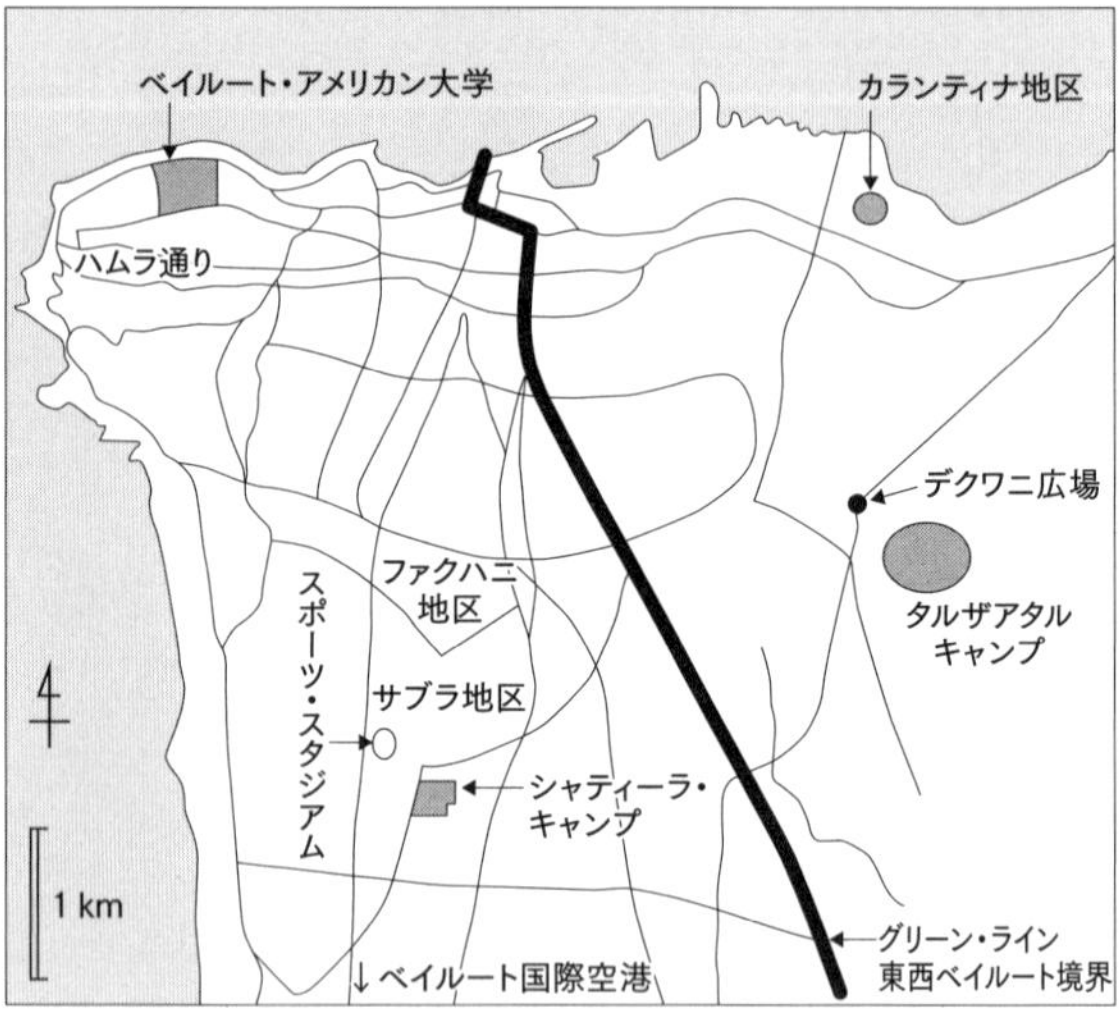

地図2　ベイルート

地図3　シャティーラ・キャンプ周辺

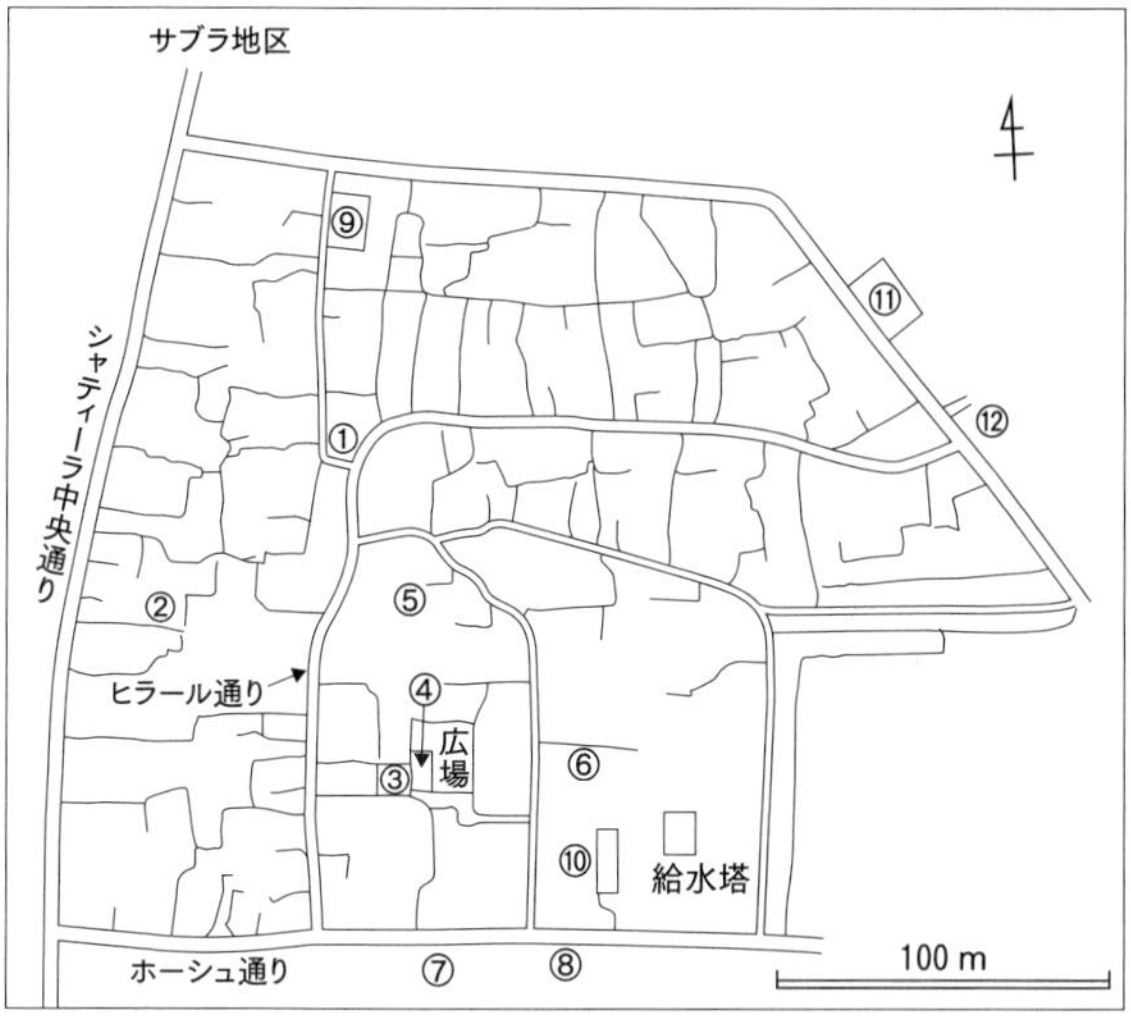

①シャティーラ・モスク
②不屈の子どもたちの家
③ファタハ事務所
④子供と青少年センター
⑤民衆委員会
⑥記憶の博物館
⑦「難民の夢」協会
⑧バスマ・ワ・ゼイトゥーン
⑨国連ヘルス・センター
⑩元タルザアタル住民が住むアパート
⑪ UNRWA ラマラ小学校
⑫オッカル家・バドラン家の銃撃現場

地図4　シャティーラ・キャンプ

本書に登場する人々（ファーストネームの五〇音順に配列した）

アーメル・オッカル（一九六四年生）　八二年の虐殺やキャンプ戦争の時、キャンプの防衛にあたった元戦士。二〇一七年の銃撃で死んだビラール・オッカルの父。

アクラム・アフマド（一九六七年生）　タルザアタル出身。九歳で同キャンプ陥落の時、目の前で父親をキリスト教右派民兵に殺害された。

アクラム・フセイン（一九六六年生）　一一歳でファタハの少年キャンプに参加し、一四歳でパレスチナ海軍の兵士になる。八二年の虐殺で母親弟妹ら八人を失った。

アブデルサラーム・ハワシュ（一九六六年生）　七〇年代初頭、九歳で学校を離脱して、ファタハの少年キャンプに参加した元戦士。レバノン南部での戦闘で左腕を失った。

アブドイラフ・ムハンマド（一九四二年生）　六〇年代にファタハに参加し、七〇年から七九年までシャティーラの民衆委員会の委員長を務めた。

アブドッラ・サルハニ（一九二三年生）　難民第一世代。ナクバの時、二五歳。「アラブ解放軍（ＡＬＡ）」の司令官に促されて村を出たと証言。

アブドルラティフ・サイバニ（一九四七年生）　エルサレム生まれ。ヨルダンでファタハに加入し、一九六八年の伝説の「カラメの戦い」に参加し、負傷した。

アブドルラフマン・カタナーニ（一九八三年生）　難民第三世代の造形芸術家。トタン板や有刺鉄線を使った造形で、フランスなどでも注目される。

アフマド・アイユーブ（一九六三年生）　元ファタハの戦士。アラファト派ということでシリアに拘束され、三年間、シリアで投獄。

アフマド・マンスール（一九九九年生）　「キャンプジー」メンバー。シリア内戦でシリアのヤルムーク難民キャンプから逃れてきたパレスチナ難民。

アベド・サラーマ（一九六三年生）　パレスチナ解放軍（ＰＬＡ）の戦士で、八二年にベイルートを退去したが、その後、戻り、キャンプ戦争ではキャンプ防衛に当たる。

アマル・ラーイ（一九七七年生）　シリアのヤルムーク難民キャンプに住んでいたが、キャンプが内戦に巻き込まれ、夫は負傷し、シャティーラに逃げてきた。

アリ・アルマスリ（一九四六年生）　六歳でシャティーラに住み始めた。六〇年代にファタハに参加、七〇年代はキャンプの軍事部門の責任者。

アリ・ハティーブ（一九五七年生）　七四年、レバノン南部にあったナバティエ・キャンプへのイスラエル軍の空爆で父を失い、七六年、タルザアタル・キャンプの陥落も経験。

アリ・フレイジ（一九八一年生）　シャティーラ出身でスウェーデンに住むパレスチナ人。夏に七歳の息子を連れてシャティーラに〝里帰り〟していた。

アリ・フレイジ（一九九二年生）　二〇一二年の「ナクバの日」にイスラエル国境でデモに参加し、イスラエル軍の銃撃を受け足を負傷。その後、麻薬密売で服役。

イブラヒーム・タハ（一九七六年生）　タルザアタル生まれで、陥落の時、四カ月。父を失う。シャティーラのキャンプ戦争が始まった時、九歳。包囲攻撃の元での生活を語る。

イブラヒーム・ハティーブ（一九六五年生）　タルザアタルの包囲攻撃の時、一二歳。悲惨な水汲みの記憶を語った。現在、シャティーラで電気修理の店を開いている。

イマード・ラアド（一九七一年生）　五歳の時、タルザアタルの包囲攻撃で足に銃撃を受けた。現在、ＰＦＬＰ系の青少年センターの責任者。

ウィサーム・アブドルラフマン（一九七六年生）　難民第三世代。デンマークに住むパレスチナ人の女性と結婚したが、五カ月で離婚し、シャティーラに戻った。

オマル・アフマド（一九九八年生）　「キャンプジー」メンバー。シリアで生まれたパレスチナ難民だが、シリア内戦でシャティーラに来た。

サイード・アルハッジ（一九三七年生）　難民第一世代。ナクバの時、一一歳。英国軍に守られてユダヤ人部隊の攻撃から逃げた経験を証言。

ザカリヤ・サクラン（一九六六年生）　タルザアタル出身。ファタハの戦闘員だった八五年末から九三年までシリア軍に拘束され、獄中生活を送った。

サバーフ（一九五一年生）　シリアのヤルムーク難民キャンプのパレスチナ難民だったが、内戦によってシリアを追われ、夫と共にシャティーラに逃げてきた。

ザハラ・ナハル（一九四九年生）　八二年の虐殺で夫と次男を民兵に連行された。シャティーラ中央通りに散乱する多くの遺体を確認したが、二人を見つけることはできなかった。

サミラ（二〇〇三年生）／**アフィフ**（二〇〇五年生）　シリア内戦で母親とダラアから逃げてきた姉弟。通りでティッシュペーパーを売っている。

ジハード・ベシュル（一九三九年生）　シャティーラ・キャンプを創設した民族運動活動家アベド・ベシュルの息子で、六九〜八〇年、UNRWAから住民を代表するキャンプ長に任命される。

ジャード・ヒンモ（一九四四年生）　シャティーラ民衆委員会委員長。六〇年代に秘密の政治活動に参加。一九六七年の第三次中東戦争時は、バグダッド留学中。

シャディア・ハッシャン（一九六三年生）　キャンプ戦争の時、夫は戦士で、自らも幼い娘とシャティーラにとどまる。娘を砲撃で失った。

シャヒーラ・アブルデイナ（一九五八年生）　八二年の虐殺で、父親、夫、兄、妹、弟などを殺されたが、二男一女の三人の子供は生き延びた。

ジャミーラ・シェハータ（一九五四年生）　難民第二世代。保育園や子供の活動を行うNGO「不屈の子どもたちの家」所長。八二年の虐殺で父親を失った子供や家族を支援。

ジャミール・ハマド（一九三五年生）　難民第一世代。一三歳の時、ユダヤ人部隊によるサフサーフ村の虐殺によって、兄を殺害された。

スブヒ・アフィフィ（一九八五年生）　難民第三世代。ファタハ指導部から離れて青少年育成のNGO「難民の夢」協会を主宰。

スレイマン・アブドルハディ（一九五三年生）　現在、パレスチナ解放人民戦線総司令部派（PFLP‐GC）幹部。七〇年代はファタハ戦士としてレバノン南部の戦闘にも参加。

タレク・アブドルラフマン（一九六七年生）　七八年

に一一歳でシャティーラのサッカーチーム「カルメル・クラブ」に参加し、現在は同クラブのコーチ。

ナイフ・アブアラブ(一九三四年生) 難民第一世代。ナクバの時、一四歳。アッカで父や兄とともに銃をとってユダヤ人部隊と戦ったが、全く歯が立たず逃げた。

ナイフ・サッリース(一九五三年生) 八〇年からジハード・ベシュルの後を継いでキャンプ長に就任。サッリース家はアベド・ベシュルの妻の出身家族である。

ナジャフ・アブドルラゼク(一九三七年生) 難民第一世代。アムカ村の村長の娘としてナクバの記憶を語り、七六年のタルザアタル・キャンプの包囲攻撃も経験。

ニムル・ニムル(一九七四年生) ブルジュバラジネ・キャンプにある、薬物依存の若者の更生を支援するNGO「インサーン・センター」所長。

ヌールッディン・カイド(一九五八年生) 七三年のレバノン軍とPLOとの衝突で、一五歳で初めてキャンプ防衛の戦闘に参加。八二年の虐殺の時もキャンプにいて抗戦。

ノハド・スルール(一九六五年生) 八二年の虐殺で、家に押し入ったキリスト教右派民兵に父親や弟らを殺され、母、姉、自らも負傷した。

ハーリド・アフィフィ(一九四七年生) ファタハの元戦士で、キャンプ戦争の時にキャンプの防衛にあたる。二〇一七年に心臓発作で死亡。

ハフィズ・オスマン(一九二九年生) 難民第一世代。一八歳で、マジュド・クルーム村の防衛にあたったが、アラブ解放軍の撤退とともにレバノンに来た。

ハルディヤ・シャバト(一九七五年生) 「シリア内戦勃発の地」と言われる、シリア南部ダラア出身。夫を警官に拘束され、子供らとともにレバノンに出国。

ヒシャーム・ムスタファ(一九八五年生) 二〇〇六年から六年間、麻薬密売の罪で服役していた。本人は密売は否定。シャティーラ・キャンプの政治組織の幹部の息子。

ビラール・アブシャラフ(一九八三年生) 修理工として働いていたが、二〇一五年、仲間とともにレバノン北部の港トリポリから欧州に密航。

ファイサル(一九五七年生) シリアにいたパレスチナ難民でファタハの元戦士。シリア内戦でダマスカス郊外の東グータで化学兵器が使用された時の状況を証言。

ファタヒヤ・ハリファ（一九三八年生）　難民第一世代。旧パレスチナ中部の港町ヤフォの出身で、ユダヤ人と一緒に暮らしていた様子を証言した。

ファラハト・サリーム（一九四七年生）　六六年にファタハの秘密活動に参加した元戦士。

フッリーヤ（一九六〇年生）　キャンプ戦争の時、夫や生まれたばかりの娘リーナとキャンプにとどまる。家が砲撃された。

ホスニ・シャーベイヤ（一九五四年生）　シリア人としてパレスチナ解放闘争に参加。シリア軍の徴兵でタルザアタルの包囲攻撃につくが、攻撃を拒否して戦線離脱。

マーゼン（一九八二年生）　サバーフの息子で、シャティーラにきて三度、欧州への密航を試み、失敗。

マーヒル・アブルデイナ（一九八二年生）　シャヒーラ・アブルデイナの次男で八二年の虐殺の半月前に生まれた。シャティーラでバイク修理の店を持つ。

マジュディ・マジュズーブ（一九七二年生）　八九年に再結成されたシャティーラの「カルメル・クラブ」に選手として参加。現在、「シャバーブ・ファラスティン」チームを率いる。

マフムード・アッバス（一九四八年生）　シャティーラにあるNGO「子供と青少年センター」所長。PFLP系の戦士を経て、難民キャンプ民衆委員会連合の元事務局長。

マフムード・ハシム（一九六七年生）　タルザアタル・キャンプの包囲攻撃を九歳で経験。食料が底をつき、生まれたばかりの妹が死亡。

マリアム・アルフセイニ（一九五二年生）　タルザアタルの包囲攻撃の中で女児を出産した。シャティーラでパレスチナ家庭料理の店を持つ。

ムスタファ・アリ（一九八六年生）　二〇一五年、妻と一歳半の長女、六カ月の長男を連れて、トルコ西部のイズミルから密航を試みるが、失敗。

ムスタファ・バヤスリ（一九六一年生）　旧ソ連（現・ベラルーシ）に留学し、医学を学ぶ。キャンプ戦争の時にシャティーラにいて、医療に携わる。

ムハンマド・アフィフィ（一九五九年生）　七〇年代にPLOの経済組織の一つSAMEDの幹部となり、八〇年代にはイスラエルに二年間拘束される。

ムハンマド・アラビ　レバノン南部のサイダにあるパレスチナ難民キャンプの「家族支援センター」で、家族の問題に対応するパレスチナ人の臨床心理士。

ムハンマド・アルハッジ（一九六三年生）　シャティーラで木工所を開く。タルザアタル出身で、キャンプ陥落の時、父をキリスト教右派民兵に拘束された。

ムハンマド・オマル（一九三一年生）　難民第一世代。一七歳で戦った後、レバノンからシリアに出た。五〇年にイスラエルに戻ったが、五一年に再追放された。八二年の虐殺の時、住民代表を出してイスラエル軍と交渉するキャンプの協議に参加。

ムハンマド・カッダーフ（一九三九年生）　難民第一世代。九歳でマジュド・クルーム村でのユダヤ人部隊による村人の虐殺を目撃した。現在、サブラ地区でクリーニング店を営む。

ムハンマド・シャービー（一九六六年生）　キャンプ戦争の時、高校生としてキャンプ防衛に参加。父はファタハの幹部だったが、本人は独立系で参加。

ムハンマド・スルール（一九六二年生）　ノハドの兄で、虐殺直前に逃れた。現在、シャティーラのファタハの広報担当。

ムハンマド・ナジャミ（一九六〇年生）　タルザアタル出身。包囲攻撃で祖母は胸に銃撃を受け死亡。本人も負傷した。

ムハンマド・ハーリド・アフィフィ（一九七五年生）　ハーリド・アフィフィの息子。一〇歳で少年キャンプに参加し、父や兄とキャンプ戦争の防衛にあたる。

ムハンマド・ハジーネ（一九九五年生）　シャティーラでキャンプ戦争時代につくられた地下のシェルターを利用して子供劇場を主宰。

ムハンマド・ハティーブ（一九四七年生）　医師。八二年の虐殺、八五〜八八年のキャンプ戦争は医師として従事。ナクバ世代がパレスチナから持ってきた品々を集めた「記憶の博物館」を開く。

ムハンマド・フレイジ（一九六八年生）　シャティーラで理髪店を開く。タルザアタル出身で、キャンプ陥落の時、父をキリスト教右派民兵に拘束された。

ヤヒヤ・ザイド（一九六八年生）　元パレスチナ戦士。一五年、子供五人とともに欧州に密航し、ドイツに到達。一年二カ月の滞在後にシャティーラに戻った。

ヤヒヤ・サッリース（一九五九年生）　難民第二世代で、マジュド・クルーム協会の創設者の一人。一〇人兄弟でただ一人シャティーラに暮らす。

ラドワン・ファラハト（一九六〇年生）　イスラム宗教者。キャンプ戦争に独立系で参加。シャティーラでの銃撃事件の後、和解委員会を主導。

ラヤン・スッカル（一九九五年生）　「キャンプジー」メンバー。シャティーラで生まれ、大学でジャーナリズムを専攻。

リーナ・アブドルアジズ（一九七九年生）　シャティーラで若者向けメディアプロジェクト「キャンプジー」のコーディネーターを務める。難民第三世代でバグダッド大学卒業。

リーナ・シェハータ（一九八六年生）　難民第三世代の女性。フッリーヤの娘。キャンプ戦争の中で生まれ、幼いころ父を失う。大学で生物学を専攻。

ワルダ（一九七〇年生）　アリ・フレイジ（一九九二年生）の母。タルザアタル・キャンプで生まれ、キャンプ陥落の後、一八年間、廃墟ビルに住んだ。

はじめに

パレスチナ難民キャンプ「シャティーラ」は、レバノンの首都ベイルートの繁華街ハムラ通りから南東四キロ、タクシーを拾って渋滞がなければ一五分とかからない。ベイルート国際空港に向かう自動車道路を南下し、左手にそそり立つスポーツ・スタジアムの照明塔が見えたら、一般道路に出る。一帯はシーア派地区である。建物にはシーア派の二大組織の旗が翻っている。黄色い旗は「ヒズボラ(神の党)」、緑色の旗は「アマル(希望)」。シャティーラはスタジアムの東に広がるシーア派の人口密集地帯に埋もれるように存在する。ほどなくしてタクシーは賑やかな通りの入り口で停車する。北に延びるシャティーラ中央通りの南詰である。幅一〇メートルほどの通りの両側に雑貨や衣類の露店が並ぶ。シャティーラまでは五〇〇メートルほどあるが、ほとんどのタクシーは通りに入ろうとはしない。半ば人混みを嫌い、半ばシャティーラに近づくことを恐れて。

シャティーラは、一九八二年のイスラエル軍のレバノン侵攻の際に、キリスト教右派民兵によって三日間で三〇〇〇人ともいわれるパレスチナ人が殺害された「サブラ・シャティーラの虐殺」の地として知られる。惨劇の舞台になったのが、この通りである。二〇メートルほど歩けば、通りの右側に虐殺の犠牲者を葬った集団墓地がある。時間から取り残されたような空き地の中央に御影石の石碑がある。「虐殺の殉教者たち サブラ・シャティーラ 一九八二」と、アラビア語でただそれだけの文字が刻まれている。石碑の上に、いつのものだろうか、枯れて茶色くなった花束が朽ち果てている。毎年、虐殺が始まった九月一六日に追悼行事が行われている。

シャティーラ・キャンプはシャティーラ中央通りの東側に広がる区域である。キャンプと言っても、入り口も、レバノン当局の検問も、周りを囲む壁もない。七、八階建ての住宅ビルが、外壁はコンクリートブロックがむき出しのまま密集している。「サブラ・シャティーラ」と連名で呼ばれることが多いが、サブラはシャティーラの北に隣接するサブラ地区のことで、そこにパレスチナ人が集まって住む街区はいくつかあるものの、国連に登録されているサブラ・キャンプというものはない。

シャティーラ・キャンプ

実際にシャティーラ・キャンプに入り、中を歩くと、その狭さに驚く。主要な通りの左右には雑貨店、コーヒーショップ、ピザ屋、床屋などの店舗が並ぶ。キャンプの中を南北に縦断するヒラール通りに入れば、五、六分で通り抜けてしまう。シャティーラを紹介する記事では面積について「一平方キロ以下」と記述されている。実際に歩いてみると、東西、南北は二五〇メートルほどであり、面積は約〇・〇七平方キロ。一平方キロの一五分の一の広さしかない。しかし、人々が暮らす路地に分け入ると世界は一変する。

路地は幅一メートルから二メートルで、両側から住宅ビルが迫り、狭い場所では昼でも日が差さない。路地はキャンプの中を葉脈のように走る。インタビューのために人を探して、路地をたどり、幾度も角を曲がると、深い山に迷い込んだような気分になる。時折、道幅が広がり、日が差す場所には、老人が椅子を出して腰かけている。「アッサラーム・アライクム（あなたの上に平和を）」とイスラム式に挨拶する。「ワ・アレイクム・サラーム（あなたの上にこそ平和を）」と合言葉のような返事が返ってくる。「おじいさん、パレスチナのどちらの出身ですか」という立ち話からインタビューが始まることもあった。五、六人の男の子たちが路地に屈み込んでいる。掌から何かが転がり出る。ビー玉だ。路地は子供たちの世界でもある。壁には様々な貼り紙がある。この数年、「家売ります」という貼り紙が目立つ。「殉教者〇〇」と顔写真入りで、住民の訃報と弔問の案内が出ている。

人々は路地に生き、路地で家族と社会を築いてきた。あちこちに〝パレスチナ解放闘争の父〟アラファトのポスターが掲示されている。独裁体制が居並ぶ中東では、街角に政治指導者の肖像画が現れる。ここは「小パレスチナ」である。

狭い路地でビー玉で遊ぶ子供たち

私は二〇一五年から一八年までの四年間に毎年一カ月から二カ月、延べ六カ月間、ベイルートに滞在し、シャティーラ・キャンプに足を運んだ。一九四八年の第一次中東戦争で、イスラエルが独立し、七〇万人から八〇万人のアラブ人（パレスチナ人）が故郷を追われ、難民化した。パレスチナ人はそれを「ナクバ〈大厄災〉」と呼ぶ。二〇一八年で七〇年を迎えたパレスチナ人の苦難の経験に触れるために、第一世代から現在の若者で

路地に掲げられるアラファトのポスター

ある第三世代、第四世代まで約一五〇人にインタビューを重ねた。

私は一九九四年春、朝日新聞の中東特派員としてカイロに赴任した。前年秋にパレスチナ解放機構（PLO）とイスラエルの歴史的な和平合意と言われたパレスチナ暫定自治協定（オスロ合意）が調印され、九四年夏、ガザとヨルダン川西岸でパレスチナ自治が始まった。私は中東特派員としてパレスチナ自治の開始と進展を追った。一方、難民問題はオスロ合意では自治実施後に協議する「最終地位交渉」の議題の一つとして棚上げされ、ニュースの焦点から外れた。

パレスチナ問題は長い間、難民問題だった。ナクバで離散した難民をパレスチナに戻すために、アラブ諸国とイスラエルの間で四次にわたる中東戦争があった。六七年の第三次中東戦争でアラブ諸国が大敗した後、アラファトが率いるファタハなどのパレスチナ解放組織がイスラエルへの攻撃を本格化させた。当初はヨルダンがパレスチナ人の武装闘争の中心地だったが、七〇年にヨルダンはPLOを武力排除し、ヨルダン内戦（別名・黒い九月事件）が起こる。PLOはレバノンに拠点を移した。レバノン南部がイスラエルへの越境攻撃の拠点となり、イスラエル国内への軍事作戦や、七二年にパレスチナ武装組織「黒い九月」によるミュンヘン五輪襲撃事件が起こった。「フェダイーン」と呼ばれるパレスチナ戦士の供給源は、レバノンにあるパレスチナ難民キャンプだった。

レバノンでは七五年から九〇年まで一五年間の内戦があった。キリスト教徒とイスラム教徒の間で、PLOはイスラム勢力と結んで、キリスト教右派勢力と対抗した。イスラエルは八二年にキリスト教右派勢力と連携して、PLOを排除するためにレバノン侵攻を行った。三カ月のベイルート包囲の末にPLOは退去した。パレスチナ難民キャンプが武装解除された後に起こったのが、「サブラ・シャティーラの虐殺」である。

レバノン内戦は九〇年に終結し、キリスト教・イスラム教両派が挙国一致内閣を樹立した。しかし、パレスチナ人は厳しく就業を制限されるなど社会から排除され、苦難は続いた。そこへ難民問題を切り捨てる九三年のオスロ合意が追い打ちをかけた。オスロ合意も二〇〇〇年に始まった第二次インティファーダ(反イスラエル蜂起)とイスラエル軍によるパレスチナ自治区への大規模侵攻によって、事実上、崩壊した。私は二〇〇一年春にエルサレム特派員となった。期せずしてオスロ合意の始まりと終わりに中東特派員として立ち会うことになった。

二〇〇四年にアラファト議長は体調を崩してフランスに搬送され、死去した。〇六年ごろにはパレスチナの抵抗はイスラエルに力で抑えこまれ、中東和平も先の見えない混迷に入った。私が初めてシャティーラ・キャンプを取材したのは「ナクバ六〇年」となる二〇〇八年であり、新聞紙上で記事を連載した。一五年に新聞社を辞めてフリーランスになった時、一八年の「ナクバ七〇年」に向けて、シャティーラ・キャンプに腰をすえて取り組み、パレスチナ問題の原点と今後の展望を七〇年の歴史の広がりの中で捉えようと思った。

本書では、パレスチナを追われたナクバ世代から現代の若者世代まで、異なる世代にインタビューし、それぞれの時代の経験と記憶を探った。ナクバの記憶がある人は一九四八年当時一〇歳とすれば、現在では八〇歳となる。次に五〇年代初めに難民テントで生まれ、「難民キャンプ草創期」に育った人々がいる。六〇年代後半からパレスチナ人自身が解放闘争の主役となり、七〇年代は「フェダイーン(戦士)の時代」である。しかし、八〇年代は八二年の虐殺や八五年からのシーア派組織による包囲攻撃であるキャンプ戦争など「受難の時代」が続く。九〇年にレバノン内戦が終結した後、「平和の下の苦難」にあえぐ第三世代、第四世代の若者たちに焦点をあてる。

シャティーラ・キャンプはベイルート中心部に近い利便性と開放性から、レバノン国内の他の難民キャンプから移り住んだ難民たちの話を聞くこともできる。七四年にイスラエルの空爆によって破壊されたレバノン南部のナバティエ・キャンプや、ベイルートのキリスト教地区にあってレバノン内戦初期の七六年に陥落、消滅したタルザアタル・キャンプの元住民の多くがシャティーラに住んでいる。さらに二〇一一年に始まったシリア内戦でパレスチナ難民キャンプが戦場となり、多くのパレスチナ人がレバノンに逃れ、シャティーラにも住み着いた。シャティーラにはパレスチナ難民の七〇年間の経験が流れ込んでいる。

ただし、断っておかねばならないが、パレスチナ人の証言を聞き、彼らの記憶を集めるのは、パレスチナ問題の歴史の事実を検証するためではない。パレスチナ問題は一九四七年一一月に国連総会でパレスチナ分割決議が採択されて以来、常に国際社会の関心を集め、四八年の第一次中東戦争が勃発してからは最重要課題であり続けた。それぞれの時代で膨大な事実や証言が記録されている。私が何十年も年月が経過した後で、当事者の話を聞いても、事実として検証できることは非常に限られている。私はあくまで難民たちの脳裏に焼き付いている体験の記憶という主観的な言説を集めることで、彼らの体験を七〇年という時の広がりとして知りたいと考えた。それは私がジャーナリストとして、パレスチナ人の実感に触れる方法であり、人間体験としてのパレスチナをシャティーラという舞台の上で再構築しようとする試みである。

●パレスチナ難民

一九四八年の第一次中東戦争でイスラエルの独立によってパレスチナを追われ、難民化した七〇万人から八〇万人のアラブ人(パレスチナ人)とその子孫。六七年の第三次中東戦争でイスラエルが東エルサレム、ヨルダン川西岸、ガザを占領した時に、同地域から逃げた難民も含む。四九年に国連総会が決議して、国連パレスチナ難民救済事業機関(UNRWA)が創設され、五〇年から活動を開始した。現在、UNRWAに登録されているパレスチナ難民は五四〇万人で、ヨルダン川西岸、ガザ、ヨルダン、レバノン、シリアにはUNRWAが管理する五八カ所の難民キャンプがある。レバノンには一二カ所の難民キャンプに四七万人が登録。シャティーラはその一つである。

●レバノンのパレスチナ難民

レバノンではパレスチナ難民は市民権を取得することはできず、不動産の売買も認められていない。さらに公務員や公的機関での就業が認められていないだけでなく、医師、歯科医、薬剤師、弁護士、エンジニア、教師、観光ガイドなど公的な免許を必要とするほとんどの職業につくこともできない。それに比べて、ヨルダンはパレスチナ難民にも市民権の取得が認められ、国民としての統合が進められている。シリアでは市民権の取得は認められてはいないものの、就業や不動産の売買が認められ、シリア国民との差別はほとんどない。

第1章

ナクバ〈大厄災〉の記憶

家は塀で囲まれた敷地の中にあり、平屋でしたが、敷地の中にモスク(イスラム礼拝所)とパンを焼くかまどがありました。家の周りには広い土地があり、井戸で農地に水を巡らしていました。農地ではトマト、ラディッシュなど様々な野菜を育てていました。さらに土地にはたくさんの実のなる木がありました。オレンジ、リンゴ、ナシ、ブドウ、レモンなど、何でもあったのです。

現代の「楽園追放」の物語

シャティーラに住む女性ナジャフ・アブドルラゼク(一九三七年生)はパレスチナの村の記憶をこう語った。第一次中東戦争、パレスチナ人が言う「ナクバ(大厄災)」の時、一一歳だった。旧パレスチナ北部のアッカ県アムカ村の出身。祖父は村のシェイク(長)で、モスクのイマーム(宗教指導者)という有力者の家である。ナクバについて市町村ごとに歴史的な証言を記録しているインターネットサイト「パレスチナの記憶」(http://www.palestineremembered.com/)によると、アムカ村は一九四八年時点で三四一戸に一四三八人が住む、中規模の村だった。シャティーラに来ている難民たちはほとんどが北ガリラヤ地方と呼ばれるハイファ、アッカ、サファドの三県の出身である。水資源が少なく、乾燥地域や砂漠が多いパレスチナ南部に比べて、北部地域には東にゴラン高原、北にヘルモン山があり、雪解け水がガリラヤ湖に流れ込む。年間の降水量も比較的多く、現在、イスラエルの農業の中心である。故郷のパレスチナを追われた難民第一世代、いわゆる「ナクバ世代」が口をそろえて語る故郷は、ナジャフが語るような様々な果実が実をつける豊饒な土地である。

彼らの話を聞くと、「神は、見るからに心ひかれる、おいしそうなあらゆる木を地に生えさせた」という、旧約聖書のエデンの園の記述を思い出す。ある難民は「パレスチナは楽園のようだった」と語った。彼らが語る豊かな故郷と、故郷を追われた後の悲惨な難民生活の対比。ナクバ世代にとって、〇・一平方キロに満たないシャティーラが終《つい》の住処となった。彼らの証言は、現代の「楽園追放」の物語である。

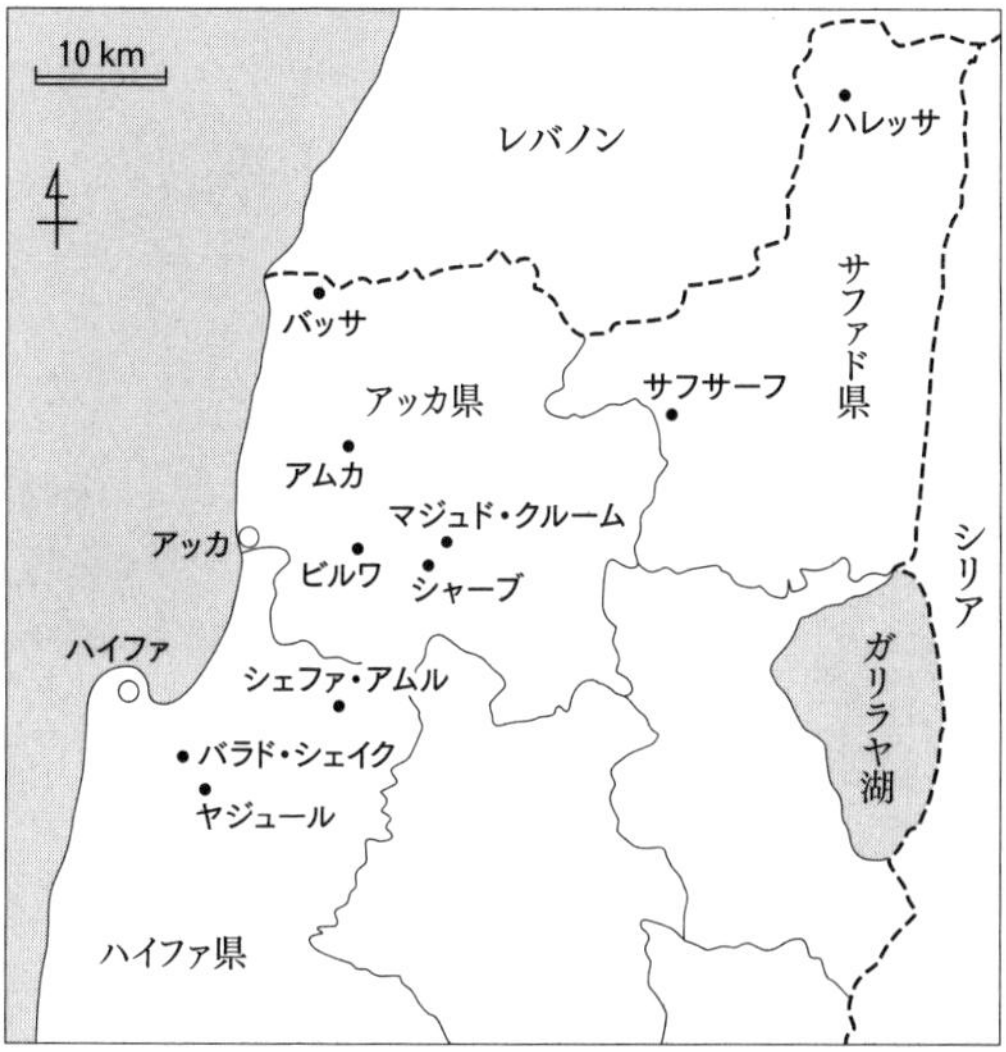

地図5　旧パレスチナ北部

●第一次中東戦争

イスラエルは「独立戦争」と呼び、パレスチナ人は「ナクバ〈大厄災〉」と呼ぶ。英国の委任統治領だった旧パレスチナは、一九四七年一一月の国連パレスチナ分割決議でアラブ人国家とユダヤ人国家に分割されることが決まった。ユダヤ人勢力は決議を受け入れ、アラブ諸国は拒否した。四八年五月一四日に英国のパレスチナ委任統治が終了し、イスラエルが独立を宣言した。翌一五日にレバノン、シリア、トランスヨルダン(現ヨルダン)、イラク、エジプトのアラブ連盟五カ国がイスラエルに宣戦を布告した。戦争は一九四九年前半まで続きイスラエルとアラブ参戦国との間で個別に休戦協定が結ばれた。

ナジャフは八人兄弟姉妹の上から二番目で、兄が一人、弟が五人、妹が一人。一番下の弟は当時まだ一歳半の赤ん坊だった。彼女はナクバの記憶としてイスラム暦のラマダン(断食月)の話を始めた。

ナジャフ・アブドルラゼク

ラマダンの断食が始まりました。ラマダンの初日のスフール(夜明け前の食事)を家族でとっていました。その時に銃声が聞こえました。ユダヤ人部隊がとうとう村にやってきたのです。ユダヤ人はアラブの村を一つずつ武力で制圧し、村人を殺しているという話でした。私たちの村は平和な村でしたし、村には戦争は及んでいませんでした。私たちは銃声を聞いて、恐怖に取りつかれました。私の家に避難してくる村人もいました。父が「ここを出よう。殺されてしまう」と言いました。父の友人は「どこに行こうというのだ。村から出てはいけない」と止めようとしましたが、父は「私たちには子供たちがいる。逃げるしかない。レバノンに行く」と答えました。村からレバノン国境までは歩いて三時間から五時間の距離でした。私たちは夜になって村を出ました。食べる物がなく、途中の村の女性から一塊のパンをもらって、家族で食べました。私や弟妹ら子供は馬に乗り、両親は歩いていました。レバノン国境を越えると、弟のファイズが馬から落ちて、母が大声で父を呼びました。四回も、五回も呼んで、やっと父が気付いて「どうしたんだ」と聞くと、母が「ファイズが馬から落ちた」と訴え、弟を助けあげたこともありました。国境を越えた村でロバ二頭を借りてさらに先へ進みました。

彼女の話から幼い八人の子供をかかえる難民家族の疲弊ぶりが伝わってくる。「パレスチナの記憶」サイトによると、アムカ村がユダヤ人部隊に制圧されたのは一九四八年七月一〇日。この年のイスラム暦を見ると、七月一〇日はラマダンの三日目である。ナジャフが言うようにラマダン初日ではないが、イスラム暦は太陰暦で毎年一一日ほど早くなり、季節も変わっていく中で、ナクバの記憶がラマダンの記憶とつながっているのは、彼女の記憶の確かさを裏付ける。

失われたパレスチナという「楽園」の記憶は、ナクバ世代の記憶の中だけにあるのではない。私はナクバから六〇年目の二〇〇八年五月一五日、シャティーラで行われる記念行事にＮＧＯ「不屈の子どもたちの家（ベイト・アトファル・ソムード）」の幼稚園の子供たちが参加するというのでキャンプを訪れた。キャンプのほぼ中央で三つの通りが集まる小さな広場が会場だった。周りの壁いっぱいに白い模造紙が貼られ、子供たちは絵具でパレスチナを描く。空に太陽が輝き、緑の草原に、黄色いオレンジの実がたわわにみのり、太い木の幹には無数のオリーブが小さな実をつけている。シャティーラにはオレンジの木もオリーブの大木もない。狭い路地には太陽さえないのだ。子供たちが描いているのは、ナクバ世代の老人たちが話すパレスチナである。六〇年を経ても子供たちにとって、失われた楽園は絵に描けるほどに意識に刻み込まれている。もちろん楽園の記憶だけではなく、その後の「楽園追放」の記憶も受け継がれる。

ナクバの記念日に子供たちが描くパレスチナの絵

シャティーラの取材を始めた時、まずナクバ世代の証言を得ようと思った。私の取材は二〇一五年から一八年の四年間にわたっている。旧パレスチナを覚えている世代は、少なくとも一九四八年の時点で一〇歳前後でなくてはならず、多くは八〇代以上だった。インタビューした老人を翌年訪れると亡くなっていることも珍しくなかった。歴史の記憶が消えていくことへの焦りと、一人一人の人生の長い苦難の歩みについて一時間や二時間、インタビューをしたところで、一体何になるのかという無力感が募った。ナクバという歴史を知るのに、ナクバ世代の何人かに話を聞いたところで、針の穴から天をのぞくような行為である。しかし、シャティーラでナクバの体験を聞くのは、パレスチナ問題が始まった原点に触れるためである。シャティーラで生きるすべての人々の意識にナクバの記憶が根を張っていることが分かってくる。

シャティーラのほぼ中央にある、パレスチナ解放機構(PLO)傘下の政治組織が集まる「民衆委員会」は住民についての情報源だった。私は取材を始めた初日に委員会事務所に行き、委員長のジヤード・ヒンモ(一九四四年生)と会って、四八年の出来事を覚えている人を紹介してくれるように頼んだ。ジヤードは六〇年代の解放闘争の草創期の証言者として後に登場するが、ナクバの時は四歳であり、パレスチナのことは覚えていない。ジヤードの紹介で家を訪ねたのは、九〇歳を超えたアブドッラ・サルハニ(一九二三年生)である。インタビューしたのは二〇一五年一〇月で、当時九二歳。彼の家はキャンプの中心部にあるシャティーラ・モスクのすぐそばにあった。いつも家の前に椅子を出して、隣人と話している。私もシャティーラの中を何度も行き来する中で、アブドッラと会うたびに、挨拶を交わした。彼の話は九〇歳を超える年齢からは信じられないほど、言葉も記憶もしっかりしていた。

レバノン国境から一、二キロのところにあるアッカ県バッサ村の農民で、ナクバの時は二五歳で、両親と一緒に村を出て国境を越え、レバノンに逃れた。私が村を出た時の状況について質問すると、「私たちはだまされた」と語った。

村にやってきたレバノン人の司令官が、「一週間だけ村を出ていろ。その後で戻ってくればいい」と言った。その言葉に従って、村人の多くが村を出た。村にはイスラム教徒もキリスト教徒もいた。私たちは村を出たが、それが最後となった。私はイスラエル軍を見ていない。私たちはアラブ諸国にだまされたのだ。

アブドッラ・サルハニ

アブドッラが言うのは、アラブ諸国が出した義勇軍組織「アラブ解放軍（ALA）」の司令官のことである。バッサ村は「パレスチナの記憶」サイトによると、一九四八年時点で戸数七〇〇、人口三四二二の比較的大きな村だった。アブドッラが言うように、二つのモスクと二つのキリスト教会があり、イスラム教徒とキリスト教徒の人口が半々と記録されている。バッサ村は、イスラエルが独立を宣言した四八年五月一四日にユダヤ人部隊によって制圧された。イスラエルの歴史家ベニー・モリスは『一九四八年 第一次中東戦争の歴史』で「〔作戦は〕西ガリラヤ地方をイスラエル領に組み込むことと、レバノンからパレスチナに海岸経由で至る〔敵の〕侵入を阻止することを目指した」としている。ナクバの証言を集めた文献に、バッサ村で抗戦したのは数十人で、ユダヤ人部隊は捕らえた村人五人または七人をキリスト教の教会で銃殺したという。「パレスチナの記憶」サイトにはナクバの時に一〇代だった祖母から聞いた話として、「イスラエル軍はバッサに入ってきて、すべての若い男たちに教会の前で整列するように命じ、処刑した。祖母は、二一歳の兄と、結婚したばかりの二二歳の兄が処刑されるのを見た」という記事が二〇〇〇年に掲示されている。この記事は、ユダヤ人の歴史家イラン・パペ著『パレスチナの民族浄化――イスラエル建国の暴力』でも紹介されている。

本書では伝聞情報は証言として採用していないが、バッサ村で村の若者による抗戦があり、村の制圧後に、ユダヤ人部隊による若者たちの虐殺があったのは事実であろう。「イスラエル軍を見なかった」というアブドッラの証言と合わせると、ユダヤ人部隊による攻撃が始まる前にアラブ解放軍の指示を受けて、多くの村人が村から退避し、村に残った若者が抗戦したということだろう。

インタビューの途中でアブドッラは立ち上がって「すぐに戻る」と家の中に入った。しばらくしてビニール袋を持ってきて、中から黄変した書類を出し、さらに二つの古い鍵を取り出した。

これは旧パレスチナ統治政府が出した納税証明書だ。ここにバッサ村の地方委員会と記されている。これは家の登記文書だ。部屋は二つで、広い土地ではないが、耕地もある。これは私の家の鍵だ。もう一つは私の兄の家の鍵だ。これらのものは、将来のために保管している。私の子供たちが自分たちの財産が分かるように。たとえ、誰かが私たちの家や土地を取っていても、これが証拠になるはずだ。

アブドッラがユダヤ人部隊が来る前に逃げたのは、単に戦争への恐れというよりも、すでに他のパレスチナの村でユダヤ人部隊による虐殺が起こっていたという背景もあるだろう。パペの著書では、ユダヤ人勢力はパレスチナ人を組織的に排除する「Ｄ(ダレット)計画」を一九四八年三月一〇日から実行に移した。その計画に基づいて実行されたのが、四月九日にエルサレム郊外であった「デイル・ヤシーン村の虐殺」である。女性、子供を含む一〇〇人以上の村人が虐殺され、ユダヤ人勢力はその情報を意図的に拡散させ、パレスチナ人に恐怖を吹き込んだ。

逃げ出したアラブ人部隊

シャティーラにいる第一世代で、ナクバの時に逃げ回った記憶を語ったのはサイード・アルハッジ(一九三七年生)だ。サイードにはシャティーラの中にあるＰＬＯ主流派ファタハの事務所で話を聞いた。二〇平方メートルほどの広さの部屋の奥に大きな机が一つあり、左右の壁にそって古びたソファーが四つ置かれた談話室、または休憩所のような場所だ。ここはシャティーラでの私の立ち寄り場所の一つであり、老戦士たちのたまり場のようになっていて、政治組織の堅苦しさはなかった。ここで何人ものファタハ関係者にインタビューすることができた。サイードはファタハ事務所に出入りしている常連メンバーの一人である。

サイードはパレスチナ北部の都市ハイファの南東約九キロのヤジュール村の出身である。ハイファ

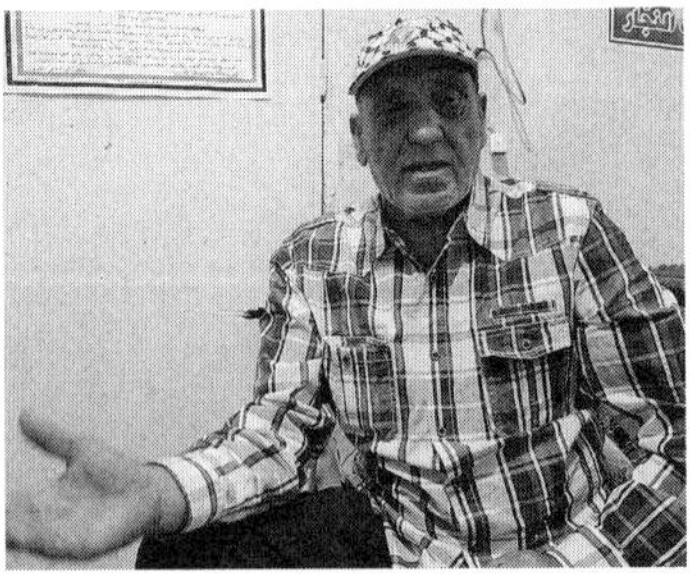

サイード・アルハッジ

は北部の主要都市で一九四八年当時人口約一四万。ユダヤ人とアラブ人がほぼ拮抗していた。五月一五日に戦争が始まる三週間前の四月二〇日、英国軍が撤退した後、ユダヤ人部隊とアラブ人勢力の戦闘が起こった。装備や指揮の統一で勝るユダヤ民兵組織ハガナによって、アラブ人勢力は総崩れになった。ハイファは二三日に陥落し、二日後の二五日にヤジュールも制圧された。ヤジュールの人口は約七〇〇。サイードの父親はハイファと村の間にある英国軍に石油を供給する会社で技師として働いていた。戦争が始まると、彼の家族はヤジュールからハイファに向かう道路沿いにある人口五〇〇〇のバラド・シェイクに移った。サイードは当時の状況について語った。

ヤジュールの近くに二つのユダヤ人入植地があった。戦争の前は、私たちとユダヤ人の間に問題はなかった。ユダヤ人は私たちの村に水を持ってきた。彼らはヤジュールでニワトリを購入したりした。私たちと彼らは知り合いで、互いに名前で呼び合っていた。すべての問題は、英国が撤退した後に互いの安全が保てなくなったために起こった。ヤジュールは小さな村だったので、より大きなバラド・シェイクに移った。アラブ人はハイファに向かう道を遮断し、ユダヤ人のバスが来た時に、火をつけて燃やした。ユダヤ人部隊の装甲車がやってきて、ユダヤ人司令官が「降伏して、広場に武器を持ってきて、差し出せ」と命じた。村の長が「我々は武器を持っていない」と答えると、司令官は「お前たちは武器を持っているはずだ。バスを焼き討ちした人間を引き渡せ」と言った。村の長は「バスを焼き討ちしたのは若者たちで、すでに山に入った。どうやって彼らを引き渡すことができるのか」と答えた。司令官は「お前たちに二四時間の猶予を与える。もし、降伏して武器を差し出さないならば、我々はお前たちを殺す」と言い残して去った。

サイードはこの時、一一歳だった。パレスチナ社会で一一歳と言えば、家の手伝いをしたり、店で使い走りをしたりする年齢であり、直接戦闘や大人の話し合いに参加してはいないとしても、大人たちの話を横で聞いて何が起こっているかは知っていたと思われる。この時、サイードの家族は叔父叔母の家族を含めて二二人いた。サイードは長男で兄弟姉妹は六人おり、一番下の弟は一歳半の赤ん坊だった。その弟はナクバの間に病気になったが、村に薬はなく、ハイファの町には行くことができずに逃げている途中で死んだ。ユダヤ人部隊が与えた二四時間が過ぎ、飛行機による村の爆撃が始まった。村人は村から出て、英国軍キャンプに助けを求めた。キャンプはサイードの父親が働いているところだった。サイードは英国軍キャンプでの出来事を語る。

キャンプにはまだ英国軍兵士が残っていた。中にはインド人兵士もいた。英国人の将校がやってきて、「私は第二次世界大戦に参加したが、このような戦争は経験がない。ユダヤ人はアラブ人を追放して、殺そうとしている」と語り、住民が安全に退避できるように手を尽くすと約束した。将校はハイファの司令部に連絡して、アラブ人を安全な場所に退避させるために軍の車両を出してくれるように求めた。英国軍の一四台の車両がキャンプに来た。「これに乗れ」と将校が言い、私たち住民は一台に三〇人ほどずつ乗って、午後、キャンプを出発した。車列は途中でユダヤ人がいる場所に差し掛かった。ユダヤ人の検問で車両を止められると、英国人将校が先に降りた。その時、車列の女たちが泣き叫び始めた。検問所の前に焼き討ちされたトラックがあったからだ。ユダヤ人の司令官が来て、「なぜ、お前たちは村を出ようとしているのか」と聞いた。女たちが「お前たちが私たちを撃つからだ」と答えた。司令官は「それはちがう。我々は我々を撃ってくる者だけを撃っている」と答えた。英国人将校がユダヤ人に「なぜ、検問をしているのか」と聞くと、ユダヤ人が「我々を攻撃した者を探している」と答えた。将校は「ここにいるのはすべて女性と子供だ」と答えた。ユダヤ人は「我々を攻撃した若者がいるはずだ」と言った。ユダヤ人兵士は若者を引き渡すように求めたが、英国人将校は「この住民たちは我々の保護下にある。誰も手を触れることはできない」と拒否した。私たち住民はこの将校の後ろに付き従って、山の方にあるシェファ・アムルにたどり着いた。

サイードらが避難したシェファ・アムルはハイファの東二〇キロにある、当時四〇〇〇人規模のアラブ人の村である。この村は三カ月後の七月中旬に陥落するが、四月下旬のユダヤ人部隊によるハイファ制圧作戦の外にあった。ハイファ陥落時に、バラド・シェイクが空爆を受けて制圧される前に、英国軍が村のアラブ人住民を二〇台の車列で移送したことはモリスの記述にも登場する。その時に車列に乗っていた一一歳の少年が八〇歳となってシャティーラにいて、その経験を語ったことは驚くべきことだった。シャティーラで聞く様々な事件の体験のうち、最悪の恐怖の場面は、この時サイードが語ったように、危地を逃れて安全地帯に移動するために、敵の検問を通過する時である。検問のユダヤ人司令官が「我々を攻撃した若者」の引き渡しを求めた。若者とは何歳以上を指すかと言えば、紛争では一五歳は確実に戦闘員とみなされる。この時、サイードは一一歳だからまだ幼いが、少年が武器をとって戦い始め、戦闘員とみなされる目安は一三歳以上である。サイードの家族はシェファ・アムルが空爆されるようになってさらに北部へ逃げた。レバノンの国境の手前で、サイードは次のような興味深いエピソードを語った。

父を先頭に朝早くレバノン国境に向かった。しかし、私は空腹のために歩くことができなくなった。父に「もう一歩も歩くことはできない」と訴えた。ちょうど「ヤフーディーヤ」というユダヤ人入植地があった。父は「ユダヤ人のところにパンを求めに行ったら、殺されてしまう」と言った。その時、入植地から出てきた二人のユダヤ人が近づいてきて、「ようこそ」と父にあいさつした。父もあいさつを返した。ユダヤ人が「ここで何をしているのか」と聞いた。父は「私たちはレバノンに行く途中だが、息子が空腹のために歩けなくなった」と答えた。ユダヤ人は「なぜ、レバノンに行くのか？」と聞いた。父は「あなたたちユダヤ人が私たちを撃つからだ」と答えた。するとユダヤ人は「あなたたちに〔パレスチナから〕出ろと言っているのは、アラブの指導者たちだ。あなたたちがそれに従わなければいいのではないか」と言った。続けて、「息子さんは何が欲しいのか」と問う。「何か食べる物があれば」と父が言うと、ユダヤ人は私に焼いた卵と肉を持ってきてくれた。私はそれを食べて、歩くことができるようになり、国境を越えてパレスチナ難民が集まっているキャンプにたどり着いた。

「ヤフーディーヤ」とはアラビア語でユダヤ教のことである。ファタハのメンバーであるサイードがシャティーラのファタハ事務所で、ナクバの際にユダヤ人に親切にされた話をするのを聞いて意外な気がした。生まれ育ったヤジュールの近くにあるユダヤ人入植地との関係でも、村人と日常的に交流があり、「互いに名前で呼び合っていた」と語っていた。サイードが育ったハイファ県ではユダヤ人とアラブ人の抗争が激化していたことが知られている。しかし、サイードがユダヤ人との共存の記憶を語ったことに意外さを感じるとともに、ほっとする思いがした。

サイードの家族はレバノン国境から車に乗ってシリアに向かい、シリアで難民としてダマスカス郊外のヤルムーク・キャンプで暮らした。その後、一九七〇年代半ばに仕事をみつけるためにレバノンに来て、シャティーラに住んだ。シャティーラの女性と結婚して、長女が四歳になったころ、八二年の「サブラ・シャティーラの虐殺」に遭遇した。虐殺で妻を失い、長女を連れてシリアに戻った。シリアでは病院の警備の職を得て安定した生活を送ったが、二〇一一年に始まったシリア内戦でヤルムーク・キャンプが破壊され、一二年に再度シャティーラに避難してきた。戦争に追われ続けた人生である。彼の証言は、後にも紹介することになる。

二〇一五年時点では、ナクバの時に戦闘に参加した人々の証言を得ることはできなかった。戦士として銃をとって戦うことができるのは最年少でも一三歳であり、ナクバ七〇年では元ナクバ戦士の年齢は八〇代後半となる。〇八年のナクバ六〇年の取材では、七〇代後半だった元戦士数人の話を聞くことができた。一四歳で銃をとったナイフ・アブアラブ(一九三四年生)はその一人である。

ナイフは旧パレスチナの北部の都市アッカの郊外に住んでいた。家族はアッカから東一五キロにあるマジュド・クルーム村の出身だった。アッカは一九四八年三月から戦闘が始まり、五月一五日に第一次中東戦争が始まって三日後の五月一八日にユダヤ人部隊に制圧された。一万二〇〇〇人の住民のほとんどがイスラム教徒とキリスト教徒のアラブ人で、ユダヤ人はごくわずかだった。国連パレスチナ分割決議では、レバノン国境からアッカにかけてはアラブ人国家として設定されていた。アッカの陥落は北部地域のアラブ人国家の消失を意味するものだった。ナイフは四八年三月から戦闘に参加した。一四歳という年齢で銃をとったのは、父親や兄が参加したためだろう。父親はアッカ中心部の戦いに参戦した。

ナイフ・アブアラブ

ライフルは手に入れたが、指揮官もおらず、指揮系統も何もなかった。私たちは通りを角から角に走り回って、ユダヤ人部隊に向けて銃を撃った。地区で四人が負傷して、アッカの病院に運んだ。私は死ぬことが怖いとは思わなかった。しかし、すぐに弾がなくなり、戦うことができなくなった。仲間の一人が自転車に乗ってアッカにいるアラブ解放軍から弾薬をもらってくると言って出発した。自転車を見送って道路わきに座っていると、軍事車両と装甲車の車列がアッカの方向から来るのを見た。味方が来たのかと思ったが、近づいてきて、ユダヤ人兵士が戦車に乗っているのが見えた。アラブ解放軍がいるはずのアッカからなぜ、ユダヤ人部隊がやってくるのか疑問に思った。兵士は私たちを見ると、銃撃してきた。私たちはみな逃げ出して、果樹園に身をひそめた。それか

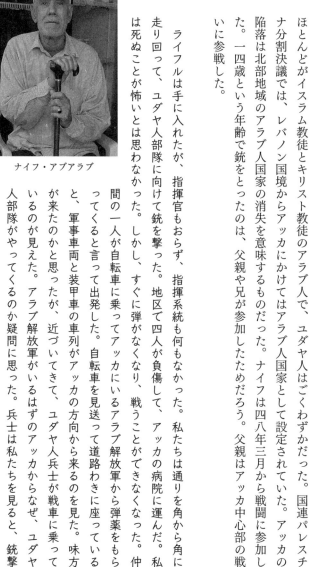

ら二五日間、私たちは果樹園にいた。二五日後に偶然、近くのビルワ村の知り合いと会った。「何をしているのか」と聞くので、「アッカに行った父が戻ってくるのを待っている」と答えると、その男は「アッカは陥落した」と言う。私は急に恐ろしくなり、果樹園から出て北に向かった。

戦闘に参加した一四歳の少年の記憶であるが、弾薬もなく、指揮もなく、横の連絡さえない、というアラブ人勢力の惨憺たる様子が分かる。ナイフはその後、ユダヤ人部隊によって制圧されていないレバノン国境に近い北の山地の村を転々とした後、アッカから戻った父と合流して、父の出身地であるマジュド・クルーム村に戻った。途中でアラブ解放軍と出会った。記録では解放軍がガリラヤ北部に入ったのは一九四八年六月である。この時、ナイフは次のような証言をしている。

道を歩いていると車で牽引する大砲を見た。解放軍のイラク兵だった。私に「ユダヤ人はどこにいる」と聞いた。私は「この先だ」と答えた。イラク兵は「一緒に来い」と言って、山のふもとのオリーブの林に着き、高台に大砲を設置し、そこからユダヤ人勢力に向かって大砲を撃った。ユダヤ人は逃げて、ビルワ村を奪還することができた。

実際にはこれほど単純ではないだろうが、アッカとマジュド・クルームの間にあるビルワは六月一〇日前後にユダヤ人部隊に制圧されたが、解放軍による急襲を受けて、六月下旬にはアラブ側に奪還された。ナイフはそのような動きの中にいたことになる。その後、ナイフはマジュド・クルームに戻る。そこにはシリア、イラク、ヨルダンなどからきた解放軍がいた。イスラエル軍は一〇月二九日から三一日にかけて北ガリラヤ地方制圧のための「ヒラム作戦」を実施した。この攻勢によって北ガリラヤはレバノン国境まで全域が制圧された。ナイフがいたマジュド・クルームも「パレスチナの記憶」サイトによると一〇月二九日に制圧された。この時の様子をナイフはこのように語った。

アラブ解放軍はパレスチナを守るために来たはずだが、イスラエル軍が近づいているという情報が来て夕方七時ごろ、村から退去し始めた。解放軍と一緒にいた私たちパレスチナ人の若者は何が起こったのか分からなかった。すると解放軍の将校が来て「我々は撤退する。本部から撤退の命令を受けた」と言った。私たちは「なぜですか」と聞いた。するとと将校は「ユダヤ人は国境沿いの村を攻撃し始めた。我々も無事に脱出できるかどうか分からない」と言った。私たち若者は「私たちはどうしたらよいか」と聞いた。将校は「お前たちは我々と一緒に来て撤退すればいい。老人や女たちはここに止まればよい」と言った。私は他の若者たちとともに解放軍と一緒に撤退し、レバノンに逃げた。ユダヤ人はすべての村を制圧していたので、村を避け山を歩いて、国境を越えた。

ユダヤ人部隊による虐殺の証言

ヒラム作戦はわずか六〇時間で北ガリラヤ全域を制圧した。空爆をしながら、地上部隊が進む戦術をとった。アラブ解放軍はこの時、四〇〇人の戦死者を出したとされるが、三一日までに崩壊し、ばらばらになってレバノンに逃れた。モリスの『パレスチナ難民問題の起源』では「マジュド・クルームは一〇月三〇日にイスラエル軍に征服されたが、村の三分の一の住民は、前日にアラブ解放軍が撤退した後に村から出ている。解放軍の司令官は村の若者たちに一緒に村を出るように忠告していたようだ」と記述している。ナイフの証言はモリスの記述と符合する。モリスは別の著書『一九四八年第一次中東戦争の歴史』で、いくつもの村でイスラエル軍による民間人の虐殺があったと記述している。マジュド・クルームも虐殺があった村の一つとして名前が上がっている。一方、パレスチナ側の証言や記録によると、マジュド・クルームにいた解放軍が村の若者たちとともに撤退したことで、村は武装解除して降伏する旨を一〇月二九日にイスラエル軍に伝えたが、翌三〇日に別のイスラエル部隊が村に入り、村人一二人を殺害したという。マジュド・クルームの陥落については、二〇〇八年に私がシャティーラでインタビューした別のナクバ世代であるハフィズ・オスマン(一九二九年生)も語った。当時一八歳で武器をとって村の防衛にあたった。

四カ月か五カ月戦った後の確か一〇月ごろ、私がマジュド・クルームから四キロ離れたところにいると、従兄がやってきて「アラブは敗北した」と言って泣いた。私はすぐに家に戻ると、父親が「イスラエルが入ってくるから、お前は姉と一緒に村から出て、レバノンの叔母のところに行け」と言った。レバノン南部のサイダに叔母が嫁いでいた。父は「ここに一〇パレスチナポンドと、一〇英国ポンドがあるから、それぞれ五ポンドずつ持っていけ」とお金をくれた。解放軍の戦士とともに村から出た家族は九〇家族程度で、ほとんどは村に残った。私の両親も弟たちも残った。私は姉とともに、国境を越えてレバノンに入った。

ハフィズの話とナイフの話を合わせれば状況の察しがつく。「アラブは敗北した」というのはマジュド・クルームに来ていた解放軍が撤退を決めたことをいうのだろう。ハフィズの話にはマジュド・クルームで起きた虐殺についての後日談がある。ハフィズが村を出た一週間後に、両親と弟たちが村から出てレバノンに逃げてきた。マジュド・クルームが陥落した翌日、村人たちは白旗を掲げて降伏したが、村に入って来たイスラエル軍が村の男たち一二人を拘束して、他の村人が見ている前で銃殺したという。ハフィズの母親がその場にいたことから、家族の身の危険を感じて村を出ることを決めた。シャティーラに隣接するサブラ地区のマーケットでクリーニング店を構えるムハンマド・カッダーフ(一九三九年生)はマジュド・クルーム出身で、村がユダヤ人部隊に制圧された後の虐殺を目撃したと語る。

ムハンマド・カッダーフ

当時、私は九歳だった。父は武器をとってアラブ解放軍とともに戦い、解放軍が撤退した時に、一緒に村を出て、レバノンに入った。私は母と弟、二人の姉妹とともに村に残った。翌日、ユダヤ人が村に入ってきて、アインという場所で一二人の若者を一列に並ばせて銃殺した。私はそれをこの目で見た。その後、村人は家にあったすべての武器を持ってきて、名前と武器を登録した。

英国製の銃だとか、フランス製とか、ドイツ製とか、すべて差し出した。差し出さねば拘束されて、処刑されただろう。私の家族はユダヤ人部隊が村に来てから一〇日間、村に残ったが、レバノンにいる父の伝言を受けたという男が村に来て、家族に村を出てレバノンに来いと言っているということだった。私は母や兄弟と一緒に村を出て、レバノンに入ってベイルートにいた父と合流した。

ハフィズの家族はユダヤ人部隊が村を占拠して一週間後に村を出た。ムハンマドの家族が村を出たのは一〇日後だった。二人の証言からはユダヤ人部隊による虐殺が、村に残っていた村人が村を捨てて出る原因になっていることが分かる。

シャティーラで聞いたナクバについての証言で最も生々しかったのが、二〇一七年七月にインタビューした、サファド県サフサーフ村出身のジャミール・ハマド(一九三五年生)だった。〇五年に妻に先立たれ、シャティーラ難民キャンプの住宅ビルで八〇歳を超えて、一人暮らしをしていた。高血圧や糖尿病を抱え、目がよく見えない。二男五女の子供のうち、息子の一人は米国にいて、別の息子はイラクにいる。ジャミールはシャティーラに二つの部屋を持っていて、シリア難民にそれぞれ月二〇〇ドルから二五〇ドルで貸し、その収入で暮らしている。家を訪ねると、目が悪いことから部屋の中を歩くにも不自由する様子だった。故郷のサフサーフは、ガリラヤ地方のレバノンとの国境地帯の標高九〇〇メートル近い場所にある人口一〇〇〇ほどの村だ。ナクバの前のパレスチナでの生活を語った。

村ではオリーブとイチジクをつくっていた。オリーブは一〇月か一一月に収穫を始める。実を収穫して村の搾油所に持っていく。大きな石臼をロバが回していて、油を搾る。それを濾《こ》して、油をとる。オリーブの実は食用として塩漬けにもする。サフサーフには川がなく、すべての水は井戸からとっていた。だから、水が必要なオレンジやリンゴなど食べられる果実の木はなかった。オリーブの他には、水がいらないイチジクの木が多かった。イチジクは一〇月中旬から実が食べられるようになる。その後、実を収穫して、乾燥させ、保存食にする。

ジャミールの話からは特に特徴がない山間の寒村のイメージがわきあがる。ジャミールはナクバの時は一三歳だった。ナクバの思い出を聞くと、「英国はユダヤ人にパレスチナを与えると約束したのだ。戦争が始まった時、英国はユダヤ人に武器を与え、アラブを排除し始めた」と歴史を語り始めた。パレスチナ人の年配者にインタビューすると、延々と歴史の講釈が始まることは珍しくない。私が

ジャミール・ハマド

「あなたの経験したことを話してください」と言うと、ジャミールはぼんやりとしか見えない目で一瞬、私を凝視し、唾をのみ込むような一息の沈黙があった。「私はその場を離れた。まだ子供だったから」と言い訳のような言葉を吐いて、「ユダヤ人が村に入ってきて、村人に手を上げろと命じた」と続けた。「いつのことですか」と聞くと、「九月か一〇月ごろで、まだ冬にはなっていなかった」という。高地にあるサファド県では冬になれば、雪も降る。一九四

八年五月に始まった第一次中東戦争で、ユダヤ人民兵組織がアラブ人の村を制圧していった。ジャミールの話は、一〇月末にあったイスラエル軍のヒラム作戦によってサフサーフの村人が降伏した後、ユダヤ人部隊が村に入ってきた場面だということはすぐに分かった。ジャミールは次のように証言した。

あいつらは家を回って、中にいた若者と大人たちを外に出そうとした。私はユダヤ人部隊から逃げて、家族が避難している家に戻ったが、その後、ユダヤ人部隊は家に来た。ドアの所に立って銃を構えていたユダヤ人は兄のマフムードに「外に出ろ」と言った。私は兄に抱き着いて、外に行かせないようにした。私は「兄は外には出ない」と叫んだ。すると、ユダヤ人は私の腕を兄から引きはがし、私を殴り、私は床に倒された。マフムードら若者と大人がみんな外に出され、ドアが閉められた。その後、ユダヤ人の一人が自動小銃を連射した。タタタタタタッと自動小銃の音が響いた。ユダヤ人が立ち去った後、家の中にいた女たちは外に出て、折り重なった家族の遺体にすがりついた。

ジャミールが「タタタタタタッ」と長めに自動小銃を口真似した音が、私の耳に残った。ジャミールは虐殺が起こった時の村の様子について次のように語った。

ユダヤ人は男たちを壁の前に並べ、壁の方を向くように言い、「両手を上げろ」と命じて、銃を撃った。私がいた家の前で兄とともに殺されたのは一五人ほどだ。しかし別の場所でも殺されているので村全体では一〇〇人ぐらいになるはずだ。私の父と叔父と、私より八歳上の長兄のアフマドは別の場所で殺害されたので、私は見ていない。この時、私がいたのは自宅近くの大きな家で、ここに村人が集まり、女や子供を合わせて三五人ほどになっていた。私たちの家は狭いので、村人は村にあるいくつかの大きな家に集まっていた。アブ・イスマイルの家とかアブ・ガマル・グズランの家とか、モスクにも人々が集まった。自分の家に家族だけで残っているものはいなかった。しばらくしてユダヤ人のトラックが来て、遺体を載せて運んでいった。ユダヤ人は大きな穴を掘って、遺体を入れて、ブルドーザーで土をかけて埋めたという話を聞いた。村人はその日の夜、すべて村を出て、国境を越えてレバノン側に逃げた。国境までは歩いて一時間半の距離だ。残った村人の多くは女性と子供だったが、二〇〇人から三〇〇人でかたまって、歩いて国境を越えた。みな、恐怖に取りつかれていた。

「アラブ軍は来なかったのか」と聞くと、「シリアからアラブ解放軍が来たが、戦うことにも慣れていなかったし、銃には弾が一〇発しか入っていなかった。ユダヤ人部隊がくると、すぐに村を捨てて逃げた」と答えた。アラブ軍の銃には弾が一〇発しか入っていないというジャミールの話は、彼の記憶というよりも、ナクバを振り返る時にパレスチナ人がアラブ軍の貧弱な装備をあざけって言うのを繰り返したものであろうが、解放軍に見捨てられたという思いがにじんでいた。

私はジャミールの話を聞いた時、サフサーフという村の名前も、そこで虐殺があったことも知らなかった。しかし、一三歳だった少年の生々しい記憶として語られた証言に信憑性を感じた。彼が村に入って来たユダヤ人を見た時、「私はまだ子供だったから」と語ったのは、一三歳だった自分が逃げたことの言い訳だった。民衆が参加する戦闘では一三歳が戦い始める年齢であることは、シャティーラで様々な戦いの体験を聞く中で分かってきた。ジャミールは虐殺の後、殺された長兄の妻と生まれたばかりの七カ月の娘と一緒に国境を越えた。六年後の一九五四年にジャミールが一九歳になった時、長兄の妻と結婚した。死んだ兄弟の妻と結婚することはその妻を扶養する意味もあり、アラブ世界では珍しいことではない。妻との間に、さらに四人の娘と二人の息子をもうけた。

私はジャミールの話を聞いた後で、サフサーフについて調べた。「パレスチナの記憶」サイトには一〇月二九日に制圧されたとされ、「目隠しをされた男たち七〇人が虐殺され、三人の女性がレイプされた」と記載されている。さらにモリスの『一九四八年 第一次中東戦争の歴史』でもヒラム作戦では「一〇カ所以上で二〇〇人ほどの民間人と戦争捕虜が殺害された」とし、「主要な虐殺」があった六つの村の一つとしてサフサーフを挙げ、「五〇人から七〇人の民間人と戦争捕虜が殺害された」と記している。モリスは「このような虐殺について、イスラエル軍の北部戦線本部からの命令があったという証拠はない」としながらも、「敵対行為の数と集中度、さらに関わっている部隊が多いことを考えれば、現場の指揮官たちが〔アラブ人の〕離散を促進するという上層部の政策を実施していると考えていたのではないかと疑う根拠がある」という見方を示している。

ユダヤ人との共存の記憶

ここで紹介したナクバについての証言は、どの村の出身者かも、何歳かも分からず、シャティーラ・キャンプの中で高齢の難民を訪ねて、偶然ともいえる出会いで話を聞いたものだ。なぜ、約半年という短期間に七〇万人ものアラブ人が土地を捨てて逃げ、難民となったかを理解する糸口にはなるだろう。パレスチナ人が大挙して離散した理由の一つが、ユダヤ人部隊と創設されたばかりのイスラエル軍によって各地で行われた虐殺であった。それ自体は新しい事実ではないが、ナクバにまつわる七〇年前の虐殺の証言を当事者本人から聞くのは衝撃的な経験だった。その虐殺の記憶は一九七六年の「タルザアタルの虐殺」や、八二年の「サブラ・シャティーラの虐殺」などで繰り返されることになる悲劇の原型である。ここで登場したサフサーフでもマジュド・クルームでも、虐殺は戦闘が終わった後に丸腰の民間人に対して行われた。サブラ・シャティーラの虐殺はイスラエルによるベイルート包囲によってパレスチナ解放機構(PLO)の武装勢力がアラファトとともにベイルートから退去した後に起こった。紛争が起これば、国際社会は敵対する勢力の間での戦闘を終わらせて一段落となるが、民間人の悲劇はそこから始まるというのが、ナクバ以来、シャティーラの人々の記憶に刻み込まれている教訓である。

ファタヒヤ・ハリファ

シャティーラでインタビューしたナクバ世代の証言として、女性のファタヒヤ・ハリファ(一九三八年生)を紹介しよう。彼女は、現在のイスラエルのテルアビブに隣接するアラブ人の都市ヤフォの出身である。ヤフォは七万人が住む都市だったが、北部のハイファと同様に、英国委任統治の終了を待たずに四月下旬にユダヤ人部隊とアラブ側の戦闘が始まった。特にユダヤ人部隊による迫撃砲攻撃によってヤフォのアラブ人は船で大挙して逃げた。ファタヒヤは当時一〇歳だった。父親は迫撃砲にあたって死に、母親とともに船に乗ってベイルートに到着した。ヤフォには現在、三〇〇〇人ほどのアラブ人しか残っていない。親戚の多くはヤフォからガザに難民として避難した。「私たちは戦争が終われば、また戻れると思っていました。一カ月くらいで戻るつもりでした」と語った。父親はヤフォで八百屋をしていた。イスラム教徒だが伝統的なベールではなく、スカーフを髪に巻いた姿はヤフォという都会育ちを感じさせた。彼女が語ったのはヤフォでのユダヤ人との関係である。

ヤフォではユダヤ人も一緒に住む隣人でした。ユダヤ教のシナゴーグもありました。ユダヤ人はうちの店にも買い物にきていました。子供の時にはユダヤ人の子供とも一緒に遊んでいました。パレスチナではイスラム教徒とキリスト教徒とユダヤ教徒はみな一緒に暮らしていました。ヤフォから隣のテルアビブに物を売りにいくアラブ人もいました。私は昔のようにユダヤ人と一緒に暮らすことができると信じています。レバノンは私の国ではないし、いつかパレスチナに戻って、また昔のように普通に暮らす生活が戻るように願っています。

ファタヒヤは母親と一緒にベイルートにきて、結婚してタルザアタル難民キャンプに住み、一〇人の子供を持った。しかし、「タルザアタルの虐殺」で夫を殺され、その後、避難生活で転々として、九〇年代になってシャティーラに住んだ。タルザアタルの虐殺の後に孤児や母子家庭を支援するためにNGO「不屈の子どもたちの家」が創設され、ファタヒヤも支援を受けた。私が二〇〇八年にファタヒヤに合ったのは「子どもたちの家」の紹介だった。一五年一一月にも会って話を聞いた。しかし、一六年にシャティーラを訪れた時、ファタヒヤは亡くなったと知らされた。

ヤフォに戻りたいと言っていた彼女の願いはかなわなかった。彼女には二回、話を聞いて、いずれも彼女がヤフォの子供時代にユダヤ人との関係について話したことが私の記憶に残った。そういえば元ファタハ戦士のサイードも故郷の村でのユダヤ人との交流や、逃げる途中でユダヤ人から食べ物をもらったことを語った。ナクバ世代はユダヤ人に故郷を追われた経験を持つが、一方でユダヤ人と一緒に暮らしていた旧パレスチナを懐かしんだ。ナクバ世代がいなくなるということは、ユダヤ人を隣人として共存した古い記憶が消滅するということでもある。

第2章

難民キャンプの始まり

国境が開いていた三年間

シャティーラ・キャンプの主要な通りのわきでアラビア語、英語、フランス語の三カ国語で書かれた「記憶の博物館」という看板を見つけた。看板に誘われて、幅六〇センチほどの暗い路地を二〇メートルほど入ると、博物館の入り口がある。私が最初に訪れた時は、ちょうど停電中で、中にはろうそくの明かりでチェス盤をにらむ老人がいた。医師ムハンマド・ハティーブ(一九四七年生)である。ムハンマドはいつも友人とチェスをしている。彼は旧パレスチナ北東部サファド県のハレッサ村に生まれた。英国委任統治政府の治安部隊員として働いていた父親は、ナクバでレバノンに逃れた。ムハンマドは一歳であり、パレスチナのことは覚えていない。スペインで医学を学び七九年以来、パレスチナ赤新月社の医師としてシャティーラで働き、二〇〇四年にシャティーラの家々に残るパレスチナから持ってきた品々を集めて博物館を開いた。七〇平方メートルほどの広さの室内には、農機具から鍋や釜、食器といった生活雑貨などが床に置かれ、衣類、ブレスレット、髪飾り、ペンダントといった装飾品などが壁にかけられている。ムハンマドは「日が当たらないし、通気も悪いので、展示品の傷みがひどい」と言いながら、展示品を説明してくれた。

ここにあるのは難民の第一世代が故郷のパレスチナから持ってきたものだ。第一世代のおじいさん、おばあさんが亡くなると、これらの物は捨てられてしまうから、私が集め始めた。この古いランプは七〇代の女性から譲り受けたものだ。その女性が「私が捨てようとした時、夫は「パレスチナの村から持ってきたものだぞ」と怒った。夫は死んだけれども、捨てるわけにもいかない」と持ってきた。これは女性たちのアクセサリーだが、銅でつくったものは貧しい階層のもので、こっちの銀を使ったものは金持ちのものだ。このラジオはもちろん金持ちのものだ。村でラジオがある家には、みんなが聞きにきたそうだ。この足踏み式のミシンはシンガーのミシンで、私の母親も一台持っていた。これはパレスチナの家の鍵だ。みんな戻ってくるつもりで家を出たんだ。

ムハンマド・ハティーブ

展示品の中には、婚礼用の木製の大きなつづらや石臼や大きな鉄製のたらいのようなものもあった。「これもナクバの時に持ってきたのですか」と問うと、ムハンマドは私の疑問を察したようで、「レバノン国境に近いガリラヤ北部の村では四八年に村を出た後も、夜の間に村に戻って家財道具を運んでいた。ユダヤ人はしばらく昼間だけアラブの村に来て、夜はいなかった」と語った。ナクバから三年間は国境を越えた行き来があったという。ナクバの後、レバノン南部の村に借りたムハンマドの家には、パレスチナの家から運び込んだ家財道具がたくさんあった。「叔父がラクダを持っていて、夜、国境を越えて、ハレッサ村の家から運んできたものだった」という。家財道具だけではない。「農家の家には収穫した小麦があった。難民生活になって食べ物に困るようになり、村人は夜の間に国境を越えて、倉庫に保管していた小麦を持ってきた。オリーブの収穫もそうだ。何でも村から持って来た」と語った。イスラエルも独立したばかりで国境の管理、警備ができていなかったのだろう。しかし、時間が経つにつれて国境を越えることが難しくなった。「イスラエル側だけではない。レバノン軍も国内のパレスチナ難民が勝手にイスラエル側に入らないようにした」と補足した。通常の紛争は、戦闘が終わった後、難民や国内避難民が故郷に帰還することで終結する。パレスチナ問題が特異なのは、七〇万人という大規模な難民が出たことよりも、戦争が終わった後も難民帰還の道が閉ざされたことである。

●パレスチナ難民の帰還権

一九四八年一二月の国連総会は「故郷に帰還を希望するパレスチナ難民に可能な限り速やかに帰還を許す、そう望まない難民は損失に対する補償を行う」とする決議一九四号を可決した。それがパレスチナ難民の帰還権の根拠になっている。しかし、イスラエルは難民の帰還を拒否し、五〇年に「不在者財産没収法」を施行し、四七年一一月の国連パレスチナ分割決議から四八年九月までの間に居住地を離れて不在だったアラブ人の家屋・財産を没収することを決めた。パレスチナ難民の帰還が閉ざされたために、パレスチナ・イスラエル紛争は未解決のまま現在にいたっている。

ナクバから三年間は国境の行き来ができたというムハンマド・ハティーブの話を裏付けるのは、ムハンマド・オマル(一九三一年生)の証言である。ムハンマド・オマルはマジュド・クルームとアッカの間にあるビルワ村の出身で、ナクバの時一七歳で銃をとって戦った。その時、父親はすでに他界し、母親と五人兄弟姉妹でムハンマドが最年長だった。ビルワが陥落した後、アラブ解放軍とともにレバノンに逃げた。彼はレバノン南部のティールにしばらくいた後、シリア中部のハマにたどり着いた。その後、一九五〇年、レバノンとイスラエルの国境を秘密裏に越えて、パレスチナの母親のもとに戻った。家族はアッカに近いマルカという村に国内避難民として生活していた。

私は家族と一年間一緒に暮らしたが、イスラエルが発行した身分証明書を持っていなかったために、一九五一年にイスラエル警察に捕まった。一週間拘束された後、ビルワ出身の他の五人の若者と一緒に車に乗せられて国境で降ろされ、「レバノンに行け」と追い出された。その時、私は二〇歳だったが、一緒だった五人の中には、当時一三歳だった私の甥がいた。

ムハンマド・オマルが再追放されたのは五一年であり、イスラエル側で国境管理・警備が厳しくなり、不法入国者の一斉取り締まりがあったことが推測できる。ムハンマド・ハティーブが語ったようにナクバから三年を過ぎて国境の行き来ができなくなるころである。イスラエルは国連が求めるパレスチナ難民の帰還受け入れどころか、一度国外に出て、故郷に戻っていた一三歳の少年まで追放するほどにアラブ人帰還の道を閉ざすプロセスを進めていた。

シャティーラにあるＮＧＯ「子供と青少年センター」の所長マフムード・アッバス（一九四八年生）の家族は旧パレスチナ北東のサファド県でレバノン国境から五、六キロのところにあるアルマ村の出身で、ナクバの後もレバノン側の国境近くのビント・ジュメイルに住んでいた。「私が幼いころ、ロバに乗って村に戻り、五〇キロの穀物を載せて運んできたことを覚えている」と語る。しかし、イスラエルはレバノン政府に国境管理で圧力をかけ、その結果、レバノン軍司令官は五四年に国境近くに住むパレスチナ人に対して四八時間以内に国境から二〇キロ以上離れるように命じた。マフムードの家族はビント・ジュメイルから移り、パレスチナの村に戻ることはできなくなった。

ムハンマド・ハティーブは幼いころ、レバノン南部のハッブーシュという町の民家を借りて住み、六歳になって、レバノン南部にあったナバティエ難民キャンプに移った。ムハンマドはハッブーシュでの忘れられない幼い日の記憶を語った。

私が四、五歳のころ、家の前で三人の友人と一緒に遊んでいた。一人が急に「畑に行かなくちゃ」と言って去り、その後の二人も「畑に行く」と言って去った。私は母親に「うちには畑はないのか」と聞いた。母親は悲しそうな顔をして、「パレスチナのハレッサにうちの畑があるよ」と答えた。私はうれしくなって「僕もパレスチナの畑に行く」と言うと、母親は「いまは行けないのよ」と言った。私は次の日も「パレスチナの畑に行こう」と母に言った。母は「いまは行けない。行ったら、ユダヤ人に殺されるからね」と答えた。私は「なぜ、ユダヤ人は私たちを殺すのか」と食い下がった。このようなやりとりを一週間ほど繰り返した後、母は「お前がパレスチナに行きたいならば、学校に行って、ちゃんと勉強して、賢くなったらパレスチナに行くことができる」と言ったのを覚えている。

ムハンマドは小学校に入る年齢になって、ハッブーシュからナバティィエ難民キャンプに移った。家族が移ったのは、ムハンマドを国連パレスチナ難民救済事業機関（ＵＮＲＷＡ）の小学校に入れるためだったようだ。ナクバから五年たった五三年の時点でもＵＮＲＷＡの小学校は大きなテントだった。一年生は約一二〇人で、男女共学の三〇人が一クラスで四クラスあった。ムハンマドは「冬にテントが風で倒れて子供たちが逃げ回ることがあり、その後、建物になった」と語った。父親は旧パレスチナで学校に通っていたが、母親は学校に通っていない。それでも母親は教育熱心で、いつも縫物の内職をしながら、「お前が大きくなって大学に行くことができるように、お金を貯金するよ」と言った。レバノンに来たパレスチナ難民の多くが農民だったから、誰もが教育があったわけではなかったが、キャンプでは親たちはみな子供の教育に熱心だった。ＵＮＲＷＡも子供の教育を難民支援の柱にした。「当時のパレスチナ難民キャンプでは、子供に与える土地はないし、お金もないが、教育は与えるという親たちの強い思いがあった」とムハンマドは語る。

ムハンマドは学校に通うようになって「パレスチナに戻るためには勉強するしかない」と考えた。それは当時のパレスチナ人の共通の思いだっただろう。ナバティィエ難民キャンプには最初は小学校しかなかったが、その後、中学校もできた。中学校を卒業してキャンプの外にある高校に進む子供には、ＵＮＲＷＡから一〇〇ドル程度の援助があった。高校を卒業した後、スペインの大学は費用が安いと聞いて、スペイン大使館を通じて進学の手続きをとった。父親はナバティィエ難民キャンプで雑貨店を開き、スペイン留学を応援してくれた。彼は六九年から七九年まで一〇年間、スペインで医学を学び、シャティーラのパレスチナ赤新月社系の診療所の医師になった。貧しい難民生活の中で誰もが教育に希望をかけ、「パレスチナ人は教育熱心」という評判ができ上がる。ムハンマドはその夢を体現する例である。

「パレスチナ奪回」のためのキャンプ

シャティーラ・キャンプはナクバの翌年の四九年に開設された。難民キャンプと言えば、紛争に際して、国連や国際赤十字が土地を用意してつくられるのが普通である。しかし、シャティーラ・キャンプは「村人を集めてパレスチナを奪還する」と考えた一人の人物の意志によって生まれた。その人物は、マジュド・クルーム出身のアベド・ベシュルというアラブ民族運動の活動家だった。アベドは一八九六年生で、一九三六年に旧パレスチナのアラブ人が英国委任統治政府に対してユダヤ人移民の停止などを求めて主要都市で起こした「一九三六年暴動」に参加した活動家だった。アラブ人勢力は政治組織を糾合して「アラブ高等委員会」を結成し、エルサレムのムフティ(イスラム最高法官)のアミーン・アルフセイニが議長に就任した。アベドは戦士として、ハイファで反英武装闘争を率いたイスラム宗教者イッザディン・アルカッサームの活動に加わった。アルカッサームはアルフセイニと連携しつつ、農民に武装訓練をした。一九四八年にハイファが陥落し、マジュド・クルームが制圧されると、アベドはレバノンに逃げた。彼は家族とともにダマスカスに数カ月住んだ後、四九年にベイルートに戻った。草創期のシャティーラ・キャンプとアベドについて話を聞くために、キャンプの外に住んでいるアベドの息子のジハード・ベシュル(一九三九年生)に会った。ジハードは父アベドについて語った。

父はいつも「戦ってパレスチナを取り戻す」と話していた。さらに「パレスチナ人がばらばらになったら、パレスチナを取り戻すことはできない。人々を集めなければならない」とも語っていた。父はパレスチナの奪還のために、ベイルートにあったアラブ高等委員会の事務所に毎日のように行っていた。そこにはベイルートの名望家も集まっていた。その中にサードディン・シャティーラがいた。父はシャティーラ家がベイルートの南郊で管理している土地があると聞いて、「そこに国際赤十字委員会の支援を受けて、テントを集め、パレスチナに帰還する日のためにパレスチナ人が集まって住む場所にしたい」と言い、シャティーラ家は無償で提供することに同意した。父は一年か二年でパレスチナに戻ることができると考えていた。最初はベシュル家と、(アベドの妻の実家である)サッリース家だけだったが、すぐに二〇家族がテントで暮らし始めた。さらに父はレバノン南部やシリアのダマスカスまで行き、マジュド・クルーム出身の村人や、その近くのビルワ、シャーブ、アムカなどの村の元住民を訪ねて、一緒に住んでパレスチナを奪還する時まで結束を維持しようと勧誘して、人々を呼び集めた。

ジハード・ベシュル

シャティーラ・キャンプの開設から一年後には、二五〇家族が集まって来た。うち、六〇家族がマジュド・クルーム出身だった。ジハードの話から、シャティーラには反英・反ユダヤ運動の活動家だった父アベドの「パレスチナ奪還」の拠点づくりという明確な意志があったことが分かる。シャティーラ難民キャンプは四九年に開設され、国際赤十字委員会の支援を受けた。五〇年からはパレスチナ難民支援のための専門機関として創設されたUNRWAに管理が移された。のちに「解放闘争の象徴」となるシャティーラには、開設の当初からの因縁があったのだ。

私が二〇〇八年に話を聞いたマジュド・クルーム出身のハフィズ・オスマン(一九二九年生)もまた四八年に両親と兄弟でレバノン南部からシリアに行ったが、四九年末にシャティーラにやってきた。

シャティーラ・キャンプには最初、一二張りのテントがあった。そのころは「ムジャヒディーン〔殉教者〕キャンプ」と呼ばれていたが、途中から、シャティーラ・キャンプと名前が変わった。キャンプに来たものは、みんな親類を呼び集め、すぐに九〇家族になった。私の家族も、まず私がシリアからシャティーラに来て、その後、家族が移って来た。シャティーラに来た時、私は二〇歳で、何も持っていなかった。テントさえなかった。私は一人だったので、しばらく砂の上に寝ていた。そのうちテントの支給を受け、食料配給を受けて、一カ月一〇キロの小麦をもらうようになった。五二年の初めに結婚し、五三年に長女が生まれた。私は家族を支えるためにキャンプの外の工事現場で石を運んで働いたが、パレスチナ人が働くことは認められていないため、一二時間働いても安い賃金だった。五七年、五八年ごろになると、キャンプの生活はいくらかよくなったが、六〇年ごろまで、キャンプはテント生活だった。

ハフィズが食料の配給を受けたというのはＵＮＲＷＡからである。キャンプ開設者のアベド・ベシュルはキャンプがＵＮＲＷＡの管理になってから、「キャンプ長」となった。ＵＮＲＷＡから給料を受け、住民のニーズをＵＮＲＷＡに伝える立場だ。住民の代表として両者をつなぐ役割だった。アベドは六九年に息子のジハードにキャンプ長の仕事を継がせた。ジハードは八〇年までキャンプ長を務めた。その後、ジハードの後を継いだのは、ジハードの甥で、アベドの妻の出身家族であるサッリース家のナイフ・サッリース（一九五三年生）である。サッリース家もマジュド・クルーム出身である。シャティーラの開設の根底に「パレスチナへの帰還」の意志があったことは既に述べたが、それはマジュド・クルーム村の有力者だったベシュル家とサッリース家がＵＮＲＷＡの下で住民を束ねるという、パレスチナの村落の古い伝統意識とつながったものである。

ジハードは草創期のシャティーラを過ごした子供時代の記憶について、次のように語った。

シャティーラではマジュド・クルームの子供たちがたくさん増えてきて、また一緒に遊ぶことができるようになってうれしかったのを覚えている。キャンプにはひときわ大きな二つのテントがあった。一つは「病院」と呼ばれ、もう一つは「ピラミッド」と呼ばれていた。「病院」は第二次世界大戦の時に外国軍が病院として使っていた大テントで、それは長さ八メートル近くあり、学校として使われた。「ピラミッド」はピラミッドのような大型のテントだった。シャティーラは周りに何もない場所で、冬は風が吹き曝しで、雨も降った。大風でテントは倒れることもあったが、キャンプの中の人々の協力関係は強く、何かあればたとえ午前二時でも、全員出て対応した。ある夜、私の家族のテントの中に水が入ってきて、私のベッドが水の流れに押されて、テントの中をあっちからこっちに動いた。その時には一晩中寝ることができなかった。

学校はすぐに始まり、UNRWAに雇われた三人の先生がいた。小学校は二クラスか三クラスしかなくて、一人の先生が同じテントの中の一カ所で授業をして、その後、すぐに別のクラスに移って授業をした。生徒が五〇人くらいになると、テントは二つになった。学校がテントだったのは五四年までの五年間だった。学校ができて一年後の五〇年に、一メートルほどの土台の上にテントを張る形式になった。それによって雨が降っても水が入ることはなくなった。五四年にキャンプの近くにレバノン人がビルを建てたので、UNRWAがその一部を借りて小学校にした。ビルの中の小学校になった時、黒板や椅子、机などがみんな新しくなったのを覚えている。

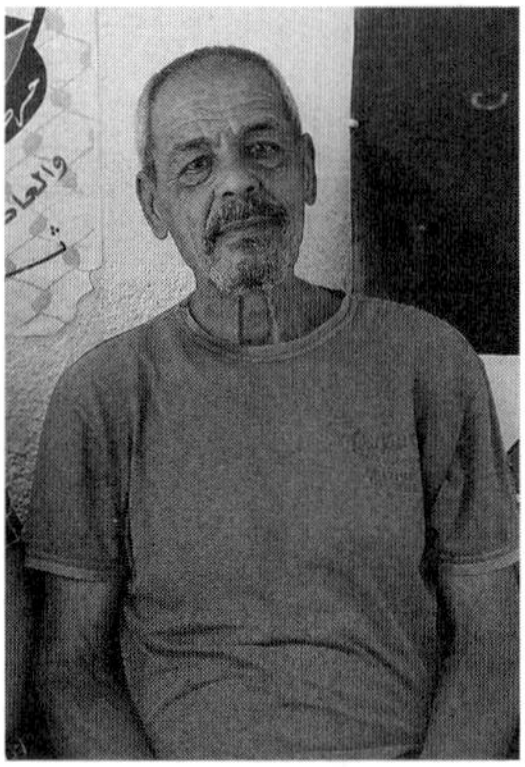

アリ・アルマスリ

シャティーラで年配の人物に話を聞けば、五〇年代のシャティーラの悲惨な話はすぐに出てくる。いつもファタハの事務所の横にあるカフェに座っている老人アリ・アルマスリ(一九四六年生)はパレスチナのハイファで生まれ、ナクバでベイルートに逃れてきた。彼の父親は旧パレスチナに駐留する英国軍が管理する鉄道の作業員の現場監督をしていた。ナクバの前に、ベイルートに旅行にきて知りあったレバノン人女性と結婚した。アリの母親である。一九四八年にハイファで戦闘が始まった時、父親は残ろうとしたが、母親は二歳のアリを抱えて逃げることを主張し、家族三人で海路ベイルートに着いた。最初は母親の家族の家に身を寄せた。五二年、アリが六歳の時に家族はシャティーラに移って来た。

子供のころシャティーラの生活は悲惨なものだった。何ら社会基盤もなく、水も、電気もなかった。私が子供だったころはキャンプの中に雑貨店が一カ所あるだけだった。キャンプの近くには家もなく、砂漠が広がり、無人地帯だった。洗い物の水を得るにも、遠くまで汲みに行くしかなかった。電気はなかったから、ランプを使っていた。家には便所も風呂もなかった。キャンプにはUNRWAがつくった男女別の共同便所とシャワーが数カ所あり、住民はそこで列をつくって、用をたし、シャワーを浴びなければならなかった。レバノン政府が家で便所と風呂を持つことを許さなかった。私は子供だったから通りでもできたが、女性たちにとってはそういうわけにはいかない。これはパレスチナ人にとっての大きな辱めだった。

アリはナクバの後もレバノン人の母親の家族の家に暮らしていたことから、難民キャンプの生活の不便さを人一倍強く感じたものだろう。父親は一九〇〇年生というから、五〇歳を超えて、妻の一族の家からテント生活に移ったのは事情があるだろうが、六歳のアリの知るところではない。六〇年代になると、キャンプの家はトタンぶきになり、六五年にはブロックづくりになったが、家は平屋だけという建築規制があり、さらに家に水を貯めるタンクを置くことを認めないという、様々な規制があった。違反すると罰金をとられた。レバノンではパレスチナ難民に、ことさら不便を強いる政策が取られた。レバノンでのパレスチナ難民は、イスラム教徒とキリスト教徒が拮抗する複雑な宗教・宗派関係の下で、イスラム教徒が圧倒的に多いパレスチナ難民がレバノンの力関係を変えないように、あくまで一時的に居住する存在として、公的な権利を与えられなかった。そのまま、七〇年が過ぎてしまった。

一〇年間は風が吹けば飛び、水が出れば浸水するテント生活だったことは、いまではとても考えられない。五九年にシャティーラに移って来たファラハト・サリーム(一九四七年生)は当時、一二歳で、家族はレバノン東部のベカー高原で家を借りて住んでいたが、父親がベイルートで工事現場の仕事をするために移ってきた。

ファラハト・サリーム

私がシャティーラに来た時、住民たちは互いによく知っていた。そのころキャンプではテントからトタンぶきの家に変わった。私の父がトタンぶきの家をつくる仕事をしていた。トタンぶきの家作りは、まず、コンクリートブロックやトタン板などの建築資材を夜の間にテントの中に運び込む。テントを張ったまま、その中で家をつくる。家は外からではなく、内側からつくる。家ができ、屋根をふいたら、ペンキ屋がきて、白いペンキを壁に塗ってから、テントを取り除く。すると警察がきて、家主に罰金を科す。罰金は家主だけではなく、それをつくった私の父にもかかってくる。警察にはわいろを払って、一件落着となる。何も公式なものはない。いまキャンプには七階、八階の住宅が建っているが、これもなんら公式の基準も許可もない。元をたどればテントからトタンぶきになった時に始まったことだ。

ベイルートは六〇年代に金融、観光、メディアなどが急速に発達し、「中東のパリ」と呼ばれるようになる。ファラハトの家のようにベイルート郊外にあるシャティーラに職を求めて新住民が入ってきたことは、マジュド・クルームの村人らが集まってつくった「みな、顔見知り」というキャンプが多様化していく変化の始まりでもあった。

レバノン政府からの圧力

アベド・ベシュルが「パレスチナ奪還」の拠点として村人を集めたと書いたが、レバノン政府にとっては、パレスチナ人の政治意識の高まりは国の治安を乱しかねない懸念要素だった。息子のジハードはシャティーラの外の高校を卒業して、五九年に二〇歳でUNRWAの小学校の教師として職を得た。一年後の六〇年にUNRWAの教育部門に移った。ジハードはキャンプに対するレバノン当局の圧力について語った。

キャンプの開設当初から二週間に一回くらい、レバノン軍が難民キャンプを包囲した中で、軍がテントを一張りずつ回って中を調べた。これが五五年くらいまで続いた。六〇年ごろになると、キャンプの北の入り口に「第二事務所(マクタブ・サーニ)」と呼ばれる軍の出先ができて、夕方になると、キャンプの中をうろついて、若者たちを捕まえては暴力的な尋問をし、刑務所に放り込んだ。誰も何が原因で捕まるのか分からなかった。私もUNRWAに雇われた後で拘束されて六時間ほど尋問された。昨日の夜何をしたか、というような質問を繰り返しされた。彼らは私がUNRWAで働いていることは知っている。第二事務所は私たちパレスチナ人が常に支配され、何もできないほどに弱いことを思い知らせることで、パレスチナ人が自分たちのために戦うことを抑えようとするものだった。

「第二事務所」は軍情報部の出先であり、レバノンの全てのパレスチナ難民キャンプにつくられた。先に紹介したシャティーラの「記憶の博物館」のムハンマド・ハティーブ(一九四七年生)は大学進学のためにスペインに渡るまでレバノン南部のナバティエ難民キャンプに住んでいたが、やはり第二事務所の抑圧の記憶を語った。

私が家の前に立っていると、部下を引き連れた第二事務所の将校が「お前は何をしているのか」と聞いた。「家の前に立っています」と答えると、「お前は私に口答えしているのか。こいつを連れて行け」と部下に言い、第二事務所に連行され、気を失うまで殴られた。気が付くと、別の軍人が私の前に立っていて職業を聞かれた。「高校二年生です」と答えた。「なぜ、将校に口答えしたのか」と問われ、「何をしているのかと聞かれたので、家の前に立っています、と答えました」というと、軍人は「お前はまだ口答えするのか」と言い、また殴られた。私はなぜ、殴られるのか分からなかった。拘束は五時間続いた。このようなことは日常的に起こった。

パレスチナ解放闘争の始まり

パレスチナ人は長い間、イスラエルと対抗する政治闘争の主体とはみなされてはいなかった。イスラエルと戦う主体はあくまでもアラブ諸国であり、エジプトのナセル大統領に代表されるアラブ民族主義運動とイスラエルの対決だった。アラブ諸国はパレスチナ人が表に出て政治運動や武装闘争を行うことを禁じていた。五〇年代初めにベイルート・アメリカン大学に通うジョージ・ハバシュらパレスチナ人学生を中心に「アラブ民族運動（ＡＮＭ）」という小さなサークルが生まれた。さらに五九年には、カイロ大学工学部で学び、クウェートでエンジニアとして働いていたヤセル・アラファトを中心にファタハ（パレスチナ解放運動）が創設された。

六四年にアラブ連盟がパレスチナ人の統合組織としてのパレスチナ解放機構（ＰＬＯ）の創設を決定した。初代議長にアフマド・シュケイリが選出された。ＰＬＯはアラブ諸国の統制下にあったが、パレスチナ人の間に「パレスチナ人による解放闘争」という考え方が広がったきっかけとなった。一六歳だったマフムード・アッバス（一九四八年生）は六四年にベイルートであったシュケイリの演説会を聞きにいった時のことを振り返った。

演説は、後にＰＬＯの本部ができるベイルートの南郊のコルニシュ・マズラア地区の屋外広場であ

マフムード・アッバス

った。ベイルート市内の難民キャンプからだけでなく、レバノンの北部や南部の難民キャンプからもパレスチナ人が来て、数千人が集まった。私は政治のことは何も分からない少年で、単に好奇心で行っただけだった。シュケイリがパレスチナ解放について語ったことを頭で理解したとは言えないが、パレスチナ人の代表がパレスチナ人に向けて公に演説したことに感動した。集まっているパレスチナ人がうれしそうにしているのを見て、私もうれしくなった。それまでパレスチナ人はレバノンの公安に抑圧され、嫌がらせを受けてきたのだから。

この演説の後、私は演説を聞きに来ていた他のパレスチナ人の若者グループと一緒にレバノンの警察に拘束された。警官は講演で集まったパレスチナ人の聴衆を遠巻きにし、講演が終わると、手当たり次第に若者を警察車両に連行した。この時に私は二週間拘束された。それまでパレスチナの秘密の政治活動に参加していなかったし、政治への関心もなかったが、この時、パレスチナについて様々な尋問を受けたことで、初めてパレスチナとは何か、と考えるようになった。私は監獄から両親に出した手紙に、初めてパレスチナの旗を描いた。この時拘束されたことで、まさに政治に目を開かれ、その後、私が政治に入っていく転換点となった。

六五年一月には「パレスチナ人によるパレスチナの解放」を唱えるパレスチナ解放組織のファタハが反イスラエル武装闘争を始めた。この年、ＵＮＲＷＡで働いていたジハード・ベシュルはキャンプ長の父アベドから一つの提案を受けた。パレスチナ人に結束を訴え、一緒に行動する用意をするよう訴えるビラをつくって、イスラエルの中にいるパレスチナ人に配布しようというものだった。もともとアラブ民族主義者のアベドは、「故郷への帰還運動」の拠点として自分の村マジュド・クルームや周辺の町村出身の住民を集めるためにシャティーラ・キャンプを開いた。前年のPLOの創設も含めて民族主義者の血が騒いだのだろう。ジハードは「父のアイデアは結果的に実施されることはなかった。当時、闘争の中心はヨルダンで、多くのパレスチナの若者たちがヨルダンに向かったからだ」と語った。政治とは無関係でなくてはならない国連職員であるキャンプ長のアベドがそのようなことを言いだすくらいだから、キャンプのパレスチナ人の中に、PLOやファタハの動きに呼応する動きが広がっていたことは想像にかたくない。

アラファトが率いるファタハが六五年に武装闘争を始めたことを、パレスチナ人は「パレスチナ革命」と呼んだ。難民第一世代のムハンマド・オマル(一九三二年生)は「六五年にパレスチナ革命が始まった時に、シャティーラの人々はセメントを使って家をつくり始めた」と語った。ムハンマドは五二年にシャティーラで結婚し、八年間テント生活を続けた。やっと六〇年にトタンぶきの「小屋」をつくった。「第二事務所」が目を光らせていたことを考えれば、ファタハの武装闘争開始宣言の後、シャティーラの人々がセメントの「家」をつくったというのは、パレスチナ革命に呼応する住民たちの「抵抗」だったのである。

六五年以降、シャティーラでも秘密の政治活動が始まっていた。父親がトタンぶきの家をつくるためにシャティーラに来たファラハト・サリーム(一九四七年生)は六六年、一九歳の時に工事現場で働きながら、草創期のファタハに参加した。その経緯について証言した。

当時、レバノンでパレスチナ人の政治運動は認められていなかったので、すべてが秘密の活動だった。初めはビラをつくるのも全て手作業だった。夜、一つの部屋に集まって、ビラをつくるのだが、青いカーボン紙を使って一人で五、六枚ずつ手書きした。「パレスチナ革命」という標語を掲げて、イスラエルによるパレスチナの占領のことや、貧しい者、抑圧された者、食べる物もない困窮家族を助けるために募金活動をしようなどと訴えた。ファタハという名前は使わず、「黒い手ゲリラ」などの名前を付けた。ファタハと記してビラを配って軍情報部に捕まれば、拷問されて、組織について自白を迫られることになるからだ。つくったビラは、シャティーラ・キャンプの中でも、外でも配った。外ではレバノン人のアラブ民族主義者の家の前や窓に置いておく。キャンプの中では「第二事務所」があったから、ビラ配りにも用心が必要だった。

アブドイラフ・ムハンマド

六七年の第三次中東戦争の前にファタハの活動に参加した人間として、現在、シャティーラ・キャンプの住宅ビルの四階で一人暮らしをするアブドイラフ・ムハンマド(一九四二年生)がいる。七〇年から七九年までシャティーラの民衆委員会の委員長を務めた人物である。アブドイラフはマジュド・クルームの出身で、家族はアベド・ベシュルの呼びかけに呼応して、シャティーラに住むことになった。五七年、アブドイラフが一五歳の時、父親が死亡したため、学業を諦めて、ペンキ屋で働き始めた。六七年に二五歳で、ファタハの秘密活動に勧誘されて入った。彼はそのころ、東ベイルートにあったパレスチナ難民キャンプ、タルザアタルに住んで働いていた。

私はタルザアタルの学生たちがつくるサッカーチームのメンバーだった。私は学生ではなかったので名誉メンバーとして参加していた。ある日、チームを指導している学校の先生から「ちょっと歩こう」と言われた。彼は歩きながら、「お金を寄付してくれないか」と言った。私は「もうクラブ費は払っていますよ」と答えると、「クラブではなく、ファタハへの寄付だ」と言った。私は「お金を寄付するのではなく、仕事で払いましょうか」と言った。先生は「ファタハに参加するというのか」と問い、「参加しましょう」と答え、それで参加が決まった。夜、ベイルートのハムラ通りにあるアパートに四、五人が集まった。それはファタハの秘密の事務所だった。私はカイロから放送されるパレスチナラジオのニュースやPLOの声明を書きとって、タイプライターで打ち、数人で手分けして、手で複写して、声明文をつくった。それを持って車でいくつかの新聞社を回って、入り口にいる守衛に手渡した。仕事が終わって未明にキャンプに戻る時は、入り口に「第二事務所」があるので、私は酔っぱらったふりをしてその前を通りすぎたものだ。

第三次中東戦争(六日戦争)

一九六七年、イスラエルが六日間でアラブ諸国に大勝した戦争。イスラエル軍はヨルダンが支配していた東エルサレムとヨルダン川西岸、エジプトが支配していたガザを占領した。さらにエジプトのシナイ半島、シリアのゴラン高原をそれぞれ占領し、アラブ諸国は決定的な敗北を喫した。この戦争の後、国連安保理は安保理決議二四二号を採択し、①イスラエル軍の占領地からの撤退、②地域のあらゆる国家の主権、領土の保全と政治的独立性を認めること、平和に生存する権利の尊重を求めた。この決議は、イスラエルが占領地から撤退し、アラブ諸国がイスラエルの主権を認めるという「土地と平和の交換」として、その後の中東和平交渉の原則になった。

アラブ大敗の衝撃

パレスチナ人の武装闘争が本格化する要因として、六七年の第三次中東戦争によるアラブ諸国の大敗という大きな契機がある。しかし、この敗戦は初め「アラブ軍勝利」のニュースとして流れた。UNRWAに勤務していたジハード・ベシュル(一九三九年生)は当時の記憶を語った。

私は当時、UNRWAの登録部門にいた。戦争が始まった日に事務所に行くと、誰もがこれで全てうまくいく、と話していた。当時、イスラエルとエジプトの間は、いつ何が起こってもおかしくない状態だった。私たちは勝利を信じて、これでパレスチナに戻ることができる、と語りあった。しかし、一週間もしないで、勝利ではないことが明らかになり、パレスチナへの帰還が夢だと分かった。単に戦争に負けただけでなく、土地を失い、信頼も、威厳も失った。この敗北はパレスチナ人に大きな衝撃を与えた。

マフムード・アッバス(一九四八年生)は第三次中東戦争の時、一九歳だった。アラブ諸国の大敗を知った時の衝撃を次のように語った。

> 私はタルザアタル・キャンプのガラス工場で働いていた。イスラエルがエジプトとシリアとヨルダンを打ち負かすなどと考えたことはなかった。戦争が始まってアラブ世界のメディアは「我々はイスラエルを打ち負かしている」と報じていた。四日目には、情勢は敗北に向かっていることが分かってきた。当時、私が働いていた工場にはキリスト教徒が多かった。彼らが「戦争は終わりだ」と言った。私はエジプトやアラブ諸国が敗れたのではなく、自分自身が負けたように感じた。私たちは(エジプト大統領の)ナセルが軍を集めて、パレスチナの土地を取り戻すと信じていたが、そんな期待はすべて無意味となった。私は悔しくて涙を流した。

ジャード・ヒンモ

二〇一七年時点で、シャティーラでパレスチナの政治勢力が集まる民衆委員会の委員長をしているジャード・ヒンモ(一九四四年生)は、第三次中東戦争の時、二三歳でイラクのバグダッドの大学に留学中だった。ジャードは高校生一年生の時に、パレスチナ人キリスト教徒のジョージ・ハバシュが創設した「アラブ民族運動(ANM)」に参加した。六六年にANMの活動を通じて、イラク政府から奨学金を受けて、バグダッド大学の政治経済学部に進学した。この時、レバノンからジヤードを含めて三人のパレスチナ人がバグダッド大学に行った。ジヤードは第三次中東戦争の敗北についての記憶を語った。

戦争が始まってアラブ世界のラジオはすべて勝利を報じていたが、私たちにはヨルダンやヨルダン川西岸、さらに四八年以前のパレスチナ〔現在のイスラエル〕からの情報、さらにエジプトやシリアからの情報が入ってきたため、一般の民衆よりも早く、実際には敗北だということを知った。もちろん現在のように同時ではないが、私たちは商売の取引をしている会社からの情報を通じて、戦争は六日間どころか六時間で終わったことを知った。情報は一般的な内容だが、その中に何が起こったかという事実を読み取ることができた。私たちはアラブ諸国の敗北に大きな衝撃を受けたが、イスラエルとの武装闘争はパレスチナ人が中心となって行わなければならない、という思いに変わった。

ジヤードが「戦争は六日間どころか六時間で終わった」というのは、戦争初日の朝、イスラエル空軍がエジプト、シリア、ヨルダンなどで空軍基地に奇襲攻撃をかけて、アラブ諸国の空軍力を奪ったことを言っている。

ジヤードによると第三次中東戦争の後、バグダッドでPLOの軍事訓練が始まったという。ジヤードは政治部門だったが、指導部からの命令で軍事訓練に参加し、銃や爆弾、迫撃砲などの使い方の訓練を受けた。PLOの軍事部門であるパレスチナ解放軍(PLA)が指導する訓練は三カ月から半年続いた。ジヤードが参加した時は、ファタハやアラブ民族運動が発展したパレスチナ解放人民戦線(P

FLP)など、PLO傘下のすべてのパレスチナ政治組織から若者が集まり、参加者は一〇〇〇人以上だった。バグダッドでの軍事訓練キャンプには六八年、シャティーラからファラハト・サリーム(一九四七年生)も参加した。「バグダッドに一年丸々滞在し、そのうち三カ月は武器の使い方の訓練を受け、さらに三カ月は軍情報部での訓練を受けた」と語った。

第三次中東戦争がアラブ諸国の大敗で終わった後、パレスチナ人の若者たちの間にパレスチナ解放軍の軍事キャンプに参加する動きが熱病のように広がった。マフムード・アッバスはこう語る。

第三次中東戦争でのアラブの敗北は、パレスチナ人にとっては第二のナクバ〈大厄災〉と言うべきものだった。ナクバから二〇年を経て、アラブ諸国がイスラエルを追い出して、パレスチナを解放するのは、夢にすぎないことが明らかになった。その一方で、パレスチナ人はエジプトでもヨルダンでもレバノンでも政治的には抑圧されていた。ところが、敗北から数日、数週間と時間がたつうちに、突然、フェダイーン〔パレスチナ戦士〕とか、「パレスチナ革命」という言葉を聞くようになった。アラブ諸国が「我々はみなフェダイーンだ」と言い出したのだ。パレスチナ人の怒りを鎮めようとするものだった。シリアでパレスチナ解放軍が軍事訓練を始めたというニュースが、レバノンのパレスチナ人の間にも広がった。もう、アラブ諸国はパレスチナ人が自ら武装闘争に出ることを止めることはなかった。私はシリアに行くことを決めた。

第三次中東戦争から三カ月後の六七年九月、私は一人でレバノンとシリアの国境を歩いて越え、シリアに入り、その後、シリア南西部のカタナにあったパレスチナ解放軍の軍事訓練キャンプに参加した。そこには数千人のパレスチナ人が集まっていた。軍事訓練は三カ月から六カ月だった。レバノン、シリア、エジプト、湾岸諸国、さらに欧米からも来ていた。それまで秘密裏に行われていたパレスチナ人の軍事訓練が、白日の下に行われることになった。

そのうち、ヨルダンやシリアの国境地帯でパレスチナ人のフェダイーンによるイスラエルへの軍事攻撃があったというニュースが毎日のように流れてきた。攻撃で死んだ若者の遺体が「殉教者」としてシリアやヨルダンから帰ってくると、キャンプの若者が総出で葬儀に参加した。当時、若者たちの頭にあったのはフェダイーンになるかどうかではなく、どうすればフェダイーンになれるかだった。

秘密活動への参加と弾圧

五二年に六歳でシャティーラに住み始め、五〇年代の悲惨な生活について語ったアリ・アルマスリ(一九四六年生)も第三次中東戦争の後の六八年、二二歳で秘密活動時代のファタハに参加した。

私は一五歳で高校をやめて、働き始めた。高校をやめたのは学業に失敗したからだ。私は大工になり、キャンプの外のレバノンの会社で働き、家具を修理したり、つくったりしていた。私の幼なじみの大学生がある日、「話したいことがある」と言い、「お前はパレスチナが好きか?」と聞いた。「パレスチナ人でパレスチナが好きでない人間がいるのか」と答えた。彼は「パレスチナのために働くつもりはないか」と言った。私は「パレスチナは占領され、レバノンでは抑圧されている。どうすればいいのか」と聞いた。彼は「レバノンで働くパレスチナ人のための労働組合がある」と言った。失業したり、職場でけがをした時に、パレスチナ人の権利を守るものだと話した。私は「私の名前を登録してくれ」と答えた。その時は、ファタハの話は出なかった。

金曜日にシャティーラの中にあるモスクに行くことになった。その大学生と私と、もう一人いて、三人が集まった。大学生は「我々はファタハだ」と言った。「ファタハはパレスチナの解放のための組織だ」と語り、その考え方について説明した。組織は三人の細胞でできていて、他の細胞については知らないという。大学生はメンバーになる条件について説明した。「もし、レバノン政府に拘束されても、あなたは私たちのことを知らないし、私たちもあなたのことに責任がないということに同意することだ」と言った。「捕まっても仲間のことはしゃべらず、「私は自分自身でやっているだけだ」と答える。もし、あなたがけがをしても、組織には責任はない。もし、それでもいいならば、参加して欲しい。それではできないというならば、参加しなくてもよい」と語った。私はこの参加条件が気に入った。条件を受け入れ、参加を誓約して、メンバーとなった。私たち三人は金曜日ごとにモスクに集まって、パレスチナの政治やユダヤ人によるパレスチナの占領について話をした。

アリは六八年三月か四月にファタハのメンバーになり、五カ月ほど経った七月か八月にレバノンの軍情報部に拘束された時のことを話した。

午前四時ごろ、ドアをノックする音で起こされた。ドアを閉めたまま、「誰だ」と聞いた。「ボスがお前を呼んでいる」という声がした。「会いたいなら家に来てくれ」と答えると、すぐにどんどんとドアを強く殴る音が聞こえて「我々はセキュリティ〔治安機関〕だ」という声が聞こえた。私が出ていくと、家の前にカブトムシのようなフォルクスワーゲン車が停まっていて、乗せられて、布で目隠しをされた。そのままベイルートの中心部の軍情報部の本部に連行された。軍情報部では暗い地下壕のような部屋に入れられた。最初、何も見えなかったが、次第に目が慣れて、大勢の人間がいることが分かった。捕らえられているパレスチナ人だった。「お前は何をしたんだ」と聞かれた。私は「俺は何もしてない」と答えた。他にもいろいろと聞かれたが、「何も知らない」という答えを繰り返した。

朝一〇時になり、尋問室に連れて行かれて、将校の前に引き出された。名前を聞かれた後、将校は「ファタハとはどういう関係だ」と聞いてきた。「ファタハなんて人は知りません」と答えると、「馬鹿にしているのか」と言って、将校は私の顔を平手でたたいた。「ちゃんと答えろ」と将校は言うので、「ちゃんと答えていますよ。ファタハなんて人は知りません」と真剣な顔でいうと、将校は「組織のファタハだ」といい、「お前の家にきて話している男たちは何者だ」と聞いた。「単なる酒飲み友達で、トランプをしているんです」と答えた。そのようなやりとりの後、将校は「どこで働いているのか」と聞くので、私が働いているレバノン人の会社を答え、そのレバノン人経営者の名前を言った。その後、「お前がキャンプで親しくしている人間の名前を言え」と聞かれて、第二事務所の通報者として知られている人間の名前を数人挙げた。「彼らに私のことを聞いてください」と言った。将校は「謀反を起こすような奴らと親しくするんじゃないぞ」と言って、私は釈放された。

取り調べでは殴られはしたが、それほどひどくはなかった。私は何も情報を出さなかったから起訴もされなかった。キャンプには通報者がいて、若者たちの行動を探って知らせていた。私は釈放されてから、二〇日間は誰とも連絡をとらなかったし、ファタハからも連絡は来なかった。その後、三人組の仲間から連絡があり、キャンプの外のカフェで第二事務所での取り調べについて話をした。仲間は「お前はキャンプでは監視されているから、会うのはキャンプの外にしよう」と言った。

アリは軍情報部に拘束された後、初めて秘密の軍事訓練に参加した。

レバノンから秘密裏に国境を越えて、シリアに入った。中部にあるハマという都市の近くにある山に、テントが並ぶ軍事キャンプがあった。レバノンのすべての難民キャンプから大勢の若者が集まり、一〇〇人から一二〇人くらいのグループに入れられた。キャンプにはいくつものグループがあり、同時並行で訓練を受けた。集中訓練と呼ばれ、銃の使い方から迫撃砲の撃ち方などあらゆる訓練が行われた。指導したのはファタハだが、シリア軍も協力していた。一五日間の訓練の前に頭髪を丸坊主にし、訓練で日焼けして真っ黒になった。そのままシャティーラに帰ると、丸坊主にしたことも、日焼けしたことも、秘密の軍事訓練を受けたのではないかと疑われて、軍情報部に拘束される。私はレバノン人の祖母の家に一〇日間ほどとどまってからキャンプに戻った。

アリら軍事訓練を受けたパレスチナ難民の若者たちはレバノンの南部で、イスラエル軍や国境地帯のユダヤ人入植地を攻撃する作戦を激化させた。レバノン政府は国境地帯の安全を確保するために、パレスチナ人の闘争を抑えようとしたが、レバノン国内の左派や民族主義者には、イスラエルと戦うためにパレスチナ人の武装闘争を認めるべきだとの意見もあった。アラブ世界でもエジプトのナセル大統領がアラファトを支援する姿勢を示した。六九年二月にアラファトがＰＬＯ議長に任命される。この年の一一月に、ナセル大統領の仲介で、アラファトとレバノンの軍司令官の間で「カイロ合意」が結ばれた。ＰＬＯの支配のもとでのパレスチナ難民キャンプの武装を認め、さらにパレスチナ人がイスラエルへの越境攻撃を行うことを認めるという内容だった。この合意によって、軍情報部「第二事務所」はキャンプから撤退し、ファタハやＰＦＬＰなどの事務所がシャティーラに開かれた。家に風呂と便所がない生活も終わりを告げた。

シリアで軍事訓練を受けたマフムード・アッバス（一九四八年生）は六九年に二一歳でレバノン南部のティールの南にあるラシュディィエ難民キャンプのＰＦＬＰ指導部に入った。イスラエル国境まで二〇キロのところにある最南端のパレスチナ難民キャンプである。カイロ合意によって、レバノンのパレスチナ難民キャンプが対イスラエル攻撃の拠点となったことで、ラシュディィエは最前線になった。当時の状況を次のように語った。

私は軍事部門でキャンプの警備全般の担当だった。当時、キャンプではファタハとＰＦＬＰが二大勢力で民衆に基盤をもっていた。私たちはイスラエル軍やレバノン軍がキャンプに入ってこないように、キャンプに一二カ所のチェックポイントをつくって警備した。警備にあたったのはキャンプの若者たちだった。二時間ごとに交代させる方針だったが、誰もが六時間警備につき、見返りを要求しなかった。若者たちは警備の任務を終えてから、仕事に出た。私たちは警備にあたる者たちに食べ物を支給することさえできなかったが、住民たちが食べ物を用意した。若者たちにも、住民にも、キャンプを自分たちで維持するという強い意志があった。

ＰＦＬＰには政治部門があり、軍事部門よりも五歳から一〇歳年長の若者が率いていた。しかし、攻撃でも守りでも重要な役割を演じていたのは軍事部門だった。当時、報道関係の記者会見があり、「あなたたちがキャンプを支配するようになったことをどう思うか」と質問された。私は「イスラエルに到達する道の半分まで来たという思いだ」と答えたのを覚えている。前に話したように五四年に国境地帯二〇キロからパレスチナ人を排除したのはレバノン軍だった。我々パレスチナ人とイスラエルの間にレバノンがたちはだかっていた。我々がキャンプでの自由を得て、レバノン政府の抑圧がなくなったことで、パレスチナ奪回のための武装闘争に進むことになった。

マフムードの証言は当時のパレスチナ難民キャンプの高揚ぶりを伝えている。シャティーラ・キャンプからの「第二事務所」の撤退は、パレスチナ難民キャンプの中で最後になった。当時のＰＬＯ指導部の七〇年二月二六日付の声明で、カイロ合意の実施について話し合うパレスチナ側とレバノン政府の交渉についての記述がある。「パレスチナ戦士がキャンプ内のすべての問題や違反について対応し、レバノン警察はキャンプの外に事務所を設けることで双方は協議を続けている。パレスチナ戦士がキャンプの外に出ていくこともないようにする」としている。さらに、「キャンプの保健や民生、住宅などの問題を改善するためにキャンプの人々でつくる地域委員会を創設する」としている。

ファタハのメンバーとなったファラハト・サリーム(一九四七年生)は七〇年のこととして次のように証言した。

私たちはレバノンのPLO指導部の決定を受けて、キャンプにあった第二事務所に行き、そこにいた責任者に「いまは午後四時だ。午後八時までにすべての兵士の退去を求める」と通告した。責任者は「どういうことだ」と聞くので、私は「これは我々の指導部の決定だ。あなたたちに四時間の猶予を与える。キャンプにあるすべての軍・警察の詰所に連絡して、必要なものを運び出せ」と答えた。我々は二〇人だったが、銃を持っていたのは一人だけだった。結局、第二事務所は抵抗することなくキャンプから出て行った。第二事務所が出て行った後、住民は石材を買って、家を建てた。さらにお金があればバイクを買った。それまでキャンプでは石造りの家も、バイクも禁止されていたのだ。

カイロ合意に基づいてレバノン軍情報部の「第二事務所」がパレスチナ難民キャンプから退去したことで一つの時代が終わった。ナクバから二〇年にわたって、難民たちが生活の不便を強制されていたことは驚くべきことである。この時代はシャティーラ・キャンプの創設者のアベド・ベシュルがキャンプ長を務めた時期とほぼ重なる。「パレスチナ奪還」というアベドの目的は果たせなかったが、集まって住むことでパレスチナの村の結束を維持しようとした彼の思いは生きた。息子のジハードが子供時代の記憶として、「何かあればたとえ午前二時でも、全員出て対応した」と語ったようなキャンプの住民の結束が、人々の厳しい状況を耐える力になったことは疑いない。

アベドはカイロ合意が結ばれた六九年にキャンプ長の職を息子のジハードに引き継いだ。アベドからジハードへの交代によってシャティーラを取り巻く環境もまた大きく変わった。キャンプに拠点をおくパレスチナ政治勢力が集まる民衆委員会が生まれた。政治運動に参加していたアブドイラフ・ムハンマドが七〇年にシャティーラの民衆委員会の委員長となった。アブドイラフは二八歳だったが、活動家の中では年長で政治部門だったことから調整役を任されたのだろう。レバノンの難民キャンプはやっとレバノンの軍と治安警察から自由になったのである。

シャティーラ・キャンプの五〇年代、六〇年代を振り返ると、イスラエルからは帰還の道を閉ざされ、レバノンからは抑圧されるというパレスチナ難民の二重の苦難が浮き彫りになる。難民となって二〇年以上、軍情報部の抑圧の下に置かれた。そのような状況で、パレスチナ人の解放をめざす政治運動が起こってくるのは自然なことであった。パレスチナを解放する前に、難民キャンプの解放が必要だった。

第三次中東戦争でアラブ諸国が大敗した後、パレスチナ人による闘争を掲げるファタハの流れが主流となり、武装闘争が激化する。シャティーラで最初にファタハに参加したのは、いずれもナクバ前後に生まれた世代である。難民キャンプの悲惨な生活しか知らない若者たちが「パレスチナ解放闘争」に身を投じたことは、闘争の拠点となる難民キャンプの解放を実現し、自分たちの奪われた尊厳を取り戻すことから始まったのである。

●ファタハ

一九五九年にヤセル・アラファトを中心にクウェートで創設されたパレスチナ解放組織。六五年に正式に設立が発表され、イスラエルに対する武装闘争を開始する。六八年にヨルダン川東岸でイスラエル軍との間で戦われた「カラメの戦い」(第3章参照)で抗戦したことでパレスチナ人の支持を集め、六九年にファタハはPLOの最大勢力となり、アラファトがPLO議長に就任。以来、PLOの主流派として、七〇年代は武装闘争を主導したが、八〇年代には政治外交闘争に転じた。九三年九月にPLOとイスラエルとの間で調印された「パレスチナ暫定自治合意(オスロ合意)」はPLO内部、さらにファタハ内部でも強い反発があったが、アラファトと、現PLO議長のアッバスが決断した。パレスチナ自治政府を主導したのもファタハだった。

第3章

パレスチナ革命

解放闘争の伝説「カラメの戦い」

シャティーラ・キャンプでインタビューをしていると、年配者から「七〇年代は黄金時代だった」という言葉を度々聞いた。アラビア語で「アスル・ザハビー」はまさに、英語の「ゴールデン・エイジ」である。一九七〇年代は六九年のカイロ合意によって開かれた。レバノンのパレスチナ難民キャンプはパレスチナ解放機構（PLO）の支配下に置かれ、イスラエルを攻撃するための軍事拠点とされ、武装が認められた。難民キャンプはレバノンの中の〝解放区〟となった。

六七年の第三次中東戦争でのアラブ諸国の大敗の後に本格化したパレスチナ解放闘争の口火を切った出来事は、ヨルダン川東岸のカラメ村でファタハがイスラエル軍に打撃を与えた六八年三月の「カラメの戦い」である。伝説の戦いと言えるものだが、二〇一七年七月に、シャティーラ・キャンプにあるファタハの事務所を訪れた時に、その戦いに参加した元戦士の老人に会った。アブドルラティフ・サイバニ（一九四七年生）である。アブドルラティフは「私はエルサレムで生まれた」と語った。

サイバニ家はエルサレム旧市街の旧家だという。一キロ四方の旧市街にはイスラムの「アルアクサ・モスク」、キリスト教の「聖墳墓教会」、ユダヤ教の「嘆きの壁」という三つの宗教の聖地がある。旧市街を含む東エルサレムは、一九四八年の第一次中東戦争で、ヨルダン川西岸とともにヨルダンの支配下となった。アブドルラティフの父親は学校の教師で、四八年以降はヨルダン政府の下で働くようになり、五五年にヨルダンの首都アンマンの北にある都市ザルカの学校に移った。彼もザルカで学校に通った。高校を卒業した後、六六年にヨルダン川西岸の都市ラマラにある「教員養成所」に一年通って教員資格を得た。その後六七年の第三次中東戦争が始まり、東エルサレムもヨルダン川西岸もイスラエルに占領された。

アブドルラティフはヨルダンに移って、ヨルダン教育省に登録して、小学校教師となった。しかし、教師として働いたのは四、五カ月で、すぐに辞めて、パレスチナ人の友人と一緒にファタハに参加した。ファタハに入ると、シリアのダマスカスの軍事訓練キャンプで三カ月間の軍事訓練を受けた。その後、ヨルダンの南西部の死海に近いヨルダン川東岸にあるアグワールのパレスチナ解放軍(PLA)キャンプに編入された。ヨルダン川東岸は標高マイナス二〇〇メートルから三〇〇メートルで冬でも温かく、様々な野菜が栽培される農業地帯である。パレスチナ人戦士の基地はヨルダン川東岸の樹木が並ぶ中にあった。彼は当時のゲリラ戦についてこう語った。

私たちフェダイーン〔パレスチナ戦士〕は五人から一〇人のグループ〔分隊〕でヨルダン川を渡って、イスラエルが占領する西岸に潜入し、ユダヤ人兵士に向け銃撃して戻ってくるという作戦を繰り返していた。だいたい一日置きに攻撃に出ていた。攻撃の前に銃を点検整備し、弾薬を揃えて、夕方の出立の準備をする。ヨルダン川の川幅は二〇メールから三〇メートルで、まず泳ぎが得意な「先導」がロープを持って西岸に渡り、残るメンバーは張ったロープにつかまって川を渡る。西岸に入るとイスラエル兵が徒歩や車両で巡回するのを待ち伏せして、来たら銃撃して退く。銃撃で死んだり、負傷したりすることもあった。そのころ戦士はみなフェダイーンで階級はなかった。ただし、戦闘能力によって五人のリーダーとか、一〇人のリーダーなどがあって、攻撃を率いた。

カラメの戦いは六八年三月二一日、イスラエル軍がヨルダン川東岸にあるカラメ村の近くにあったパレスチナ人基地の掃討作戦のために越境攻撃をしかけたのに対し、ファタハが抗戦した。この戦闘で負傷したアブデルラティフは、次のように語った。

この時は私たちが出ていくのではなく、イスラエル軍が戦車と戦闘機でヨルダン川東岸に入ってきて、私たちは戦わざるを得なくなった。アラファトが我々の指揮官だった。三月二一日の早朝五時ころ、イスラエルの攻撃が始まった。我々フェダイーンは四〇〇人ほどだった。アラファトは、イスラエル側に戦車の動きがあるため越境攻撃があるかもしれないから警戒態勢をとれと事前に指令を出していた。私たちはみな起きて戦闘準備についていた。フェダイーンの間では、イスラエル軍が攻めて来た時、逃げるのか、戦うのかという議論があった。この時、アラファトの指令として伝えられたのは、撤退しないで戦うということだった。アラファトも我々と一緒に戦うということだった。午前五時ごろ、爆撃機の爆撃と西岸から東岸への砲撃が始まった。その後、イスラエルの歩兵部隊が戦車、装甲車を先にたててヨルダン川にかかる三つの橋を渡って前進してきた。地雷を敷設して装甲車を破壊する部隊に所属するアブ・オマイマという男が、地雷を胸に抱いて、戦車の下に潜り込み、爆発させて、戦車を破壊した。アブ・オマイマは私の友人でもあり、カイロ大学の四年生だった。彼の英雄的な殉教作戦があったのは午前一〇時ごろだ。この作戦は上から指令があったのではなく、戦士が自らの意志で行ったもので、彼に続く者も出た。私はドイツ製の機関銃を持ち、爆撃機やヘリコプターに向けて掃射していた。午後一二時半ごろ、爆撃機からの銃撃を頭に受けて負傷した。私はその場で意識を失ったが、気が付いて助けを求めた。しばらくして、機関銃を撃っていた知り合いの戦士が私を抱き上げて、カラメの野菜市場まで運んでくれた。まだ戦闘は続いていた。二時間ほどして、救護チームが負傷者を集めて車で病院に搬送し始め、私もカラメから一〇キロほど離れた病院に搬送された。

アブドルラティフは地雷を抱えて戦車の下に潜り込んだフェダイーンのことを語ったが、この戦いは、パレスチナ人による初めての「殉教作戦」として知られている。しかし、訓練された作戦ではなく、戦闘機や戦車などの圧倒的な戦力を持つイスラエル軍に対抗するための、フェダイーンによる自発的な行動だった。イスラエル軍はパレスチナの武装陣地を破壊し、カラメ村も制圧して、同日夜に引き上げた。カラメにあるパレスチナのゲリラ拠点を制圧するというイスラエル軍の当初の軍事目的は達成された。この戦いで、パレスチナ側は一〇〇人以上の死者を出しながらも抗戦を続けて、イスラエル軍に死者三〇人前後という打撃を与えた。イスラエル軍の損害について、イスラエルの歴史家ベニー・モリスは、中東紛争の歴史を扱った著書『正義の犠牲者たち』の中で「カラメでのイスラエル軍の死者は三三人、負傷者一六一人。二七両の戦車が被弾し、そのうち四両は現場で遺棄され、戦闘爆撃機一機が撃墜され、ミラージュ戦闘機一機は不時着した」と記している。その前年の第三次中東戦争で六日間でアラブ諸国に大勝したイスラエル軍に対して、パレスチナ人が捨て身で抗戦し、少なからぬ打撃を与えたことは、アラブ世界では「パレスチナ人の勝利」のニュースとして広がった。

アブドルラティフは搬送された病院で一五日間、入院した。最初はしゃべることができなかった。話そうとしても声が出ず、薬を服用しながら、リハビリもして、少しずつ声が出るようになったという。彼はカラメの戦いに対する人々の反応について退院後に仲間から聞いた。「戦いのニュースが広がって、カラメに数千人がやってきたという。志願兵になりたいと言う者たちや、フェダイーンのために食料や医薬品を持って来た者たちだった」

アブドルラティフは退院した後も、ファタハのフェダイーンとしてイスラエル軍に対するゲリラ作戦を続け、カラメの戦いから七カ月後に銃撃を受けて再度負傷した。その後、ファタハのヨルダンでの拠点があったザルカに戻って、組織づくりの任務についた。七〇年九月、ヨルダン政府が国内のパレスチナ戦士を排除しようとしてヨルダン内戦が始まった時、彼も銃をとって戦った。しかし、他の多くのパレスチナ戦士と一緒に拘束され、ザルカにある拘留センターに入れられた。一五日後にセンターを出て、シリアに出国し、七〇年の末に、レバノンに移った。戦士としてレバノン南部に配属され、イスラエル軍との銃撃戦で負傷したこともある。インタビューの最中にズボンのすそをたくし上げて「これは銃弾が貫通した跡だ。こっちはまだ弾が中に残ったままだ」と、ふくらはぎやすねに残る傷跡を見せた。「私は傷跡を子供たちにも孫たちにも見せる。私がイスラエルと戦ったことを証明するためにな」と力を込めた。

ヨルダン内戦で、ヨルダンを追われたアラファトが率いるPLOもレバノンに本拠を移した。アブドルラティフはシャティーラからさほど離れていないファクハニ地区のＰＬＯ本部の事務所で、政治部門の仕事についた。外国からの訪問客や使節団を迎え、自らの軍事経験を話した。カラメの戦いに参加して、負傷したという経歴は、彼の勲章だった。八〇年から二年間、旧ユーゴスラビア連邦のクロアチアで軍事技術の勉強をし、蓄積を深めた。一介の戦士から軍事専門家に転身した経歴をみても、七〇年代の黄金時代を体現する人物といえるだろう。

七〇年にシャティーラの民衆委員会委員長になったアブドイラフ・ムハンマド（一九四二年生）は語る。

民衆委員会はＰＬＯに参加するすべての政治組織の代表が集まっていて、ＰＬＯの資金を受けて、キャンプで様々なプロジェクトと住民サービスを行った。困窮する住民に対する金銭的支援や、学生に対する奨学金を出したり、パレスチナ関連の本や冊子を配布したり、キャンプの中の社会活動全般に関わった。さらに、キャンプ内での政治組織間の争いの和解や調整は重要な仕事だった。各キャンプの民衆委員会は、キャンプの中の各戸に上下水道を敷き、キャンプ内の道路を整備、舗装するなどのインフラ整備に乗り出した。各家庭に風呂と便所を設置することも、民衆委員会の重要なプロジェクトとなった。

一九七〇年代はヨルダン川東岸に代わって、レバノン南部がＰＬＯにとっての対イスラエルの出撃拠点となり、ベイルートはＰＬＯの都となった。このような政治状況の変化の中で、シャティーラはベイルートからみればレバノン南部に向かう出口、レバノン南部から見ればベイルートの入り口という戦略的な要所となった。

シャティーラは小さな難民キャンプだが、隣接するサブラ地区も含めてPLO本部があったファクハニ地区まで一・五キロの距離であり、PLOを支える足場となった。シャティーラでの四〇年代、五〇年代の悲惨な状況を聞いた後では、難民キャンプが〝解放区〟となった七〇年代の自由と高揚を「パレスチナ革命」と呼ぶ思いは理解できる。一方で、シャティーラのようなパレスチナ難民キャンプは、レバノンでの「国家内国家」となり、当然の帰結として、軍事基地化が進むことになった。

学校をやめて軍事キャンプへ

七〇年代に一〇代で武装闘争に身を投じた世代は、いま五〇代、六〇代になっている。シャティーラではその年代の男たちに話を聞けば、かなりの確率で元戦士に出会う。コーヒー店を営むアブデルサラーム・ハワシュ(一九六六年生)は、レバノン南部での戦闘で左腕を失った。小学三年生の九歳の時に、ファタハの少年キャンプに参加し、学校には行かなくなった。

小学三年生で少年キャンプに行ったのは、パレスチナの革命に参加したかったからだ。私の父も母も、いつもパレスチナ、パレスチナと言っていた。ユダヤ人は我々の土地を占領している。我々は我々の土地を解放するために、戦うことを学んで、戦闘に出なければならない、と繰り返し言っていた。私は最初、銃をとって南部で戦うフェダイーンになりたくて志願した。その後、一五歳で正式の軍事訓練を受けて、戦士になった。

アクラム・フセイン(一九六六年生)は二歳年上の兄に続いて一一歳で学校をやめて、ファタハの少年キャンプに参加した。

学校をやめたのは、フェダイーンになって、武器の使い方を覚えてイスラエルと戦い、自分たちの土地を取り戻して、土地に戻るためだ。私はシャティーラ・キャンプの外にある広い場所で、二〇人一組で訓練を受けた。カラシニコフ銃の使い方から、分解や手入れの仕方を学び、射撃の訓練もあった。私たちは毎月約五〇ドルの給料をファタハから受けた。当時、一一歳でこの収入はよかった。いまなら六〇〇ドルくらいの価値になるだろう。当時は誰も学校に行けとは言わなかった。私は一四歳まで少年キャンプで訓練を受けた後、戦士としてレバノン北部のトリポリに移った。

シャティーラ・キャンプのカフェで話を聞いたヌールッディン・カイド(一九五八年生)は、六九年に一一歳でレバノン南部ティールのラシュディエ・キャンプで「子供軍事キャンプ」に参加した。その後、七二年に家族がシャティーラに移ったが、ヌールッディンは学校をやめて、ファタハの軍事訓練キャンプに参加した。すると、シャティーラにいた父親が学校に行くために家に戻るよう連れにきたという。ヌールッディンは「私は父親が帰れというのを拒否した。一緒にいる若者たちは誰も訓練キャンプをやめようという者はいなかった。誰もがフェダイーンになることを望んでいた」と語った。

フェダイーンになって軍事作戦に参加する舞台はイスラエルと接したレバノン南部である。七〇年代前半のレバノン南部でのパレスチナ人の武装闘争の経験を語るのは、現在NGO「子供と青少年センター」の所長を務めるマフムード・アッバス(一九四八年生)である。マフムードは、レバノン南部の都市ティールの南にあるラシュディエ・キャンプでのPFLPの軍事部門の幹部だった。

レバノン南部ではパレスチナのフェダイーンによるイスラエル軍に対する武装闘争が繰り返されていた。例えば、七一年に私たちPFLPは三つのグループに分かれてイスラエル兵を人質にとるための作戦を実施した。最初のグループがイスラエル軍の車両を攻撃し、二番目のグループはその援護に入り、三番目のグループは二つのグループが戦っている間にイスラエル兵を拉致するという計画だった。私は三番目のグループに参加した。レバノンの国境近くにイスラエル軍の車両が来て、第一のグループが車両に向けてロケットを発射して、車両の一部に命中したが、イスラエル軍の車両は速度が速くて、その場で止まらなかった。二番目のグループと私のグループは先に進んだため、レバノンとイスラエルの間の国境に残ってしまった。作戦が失敗したことで、すぐにイスラエル軍の攻撃があることは予想できた。それはレバノン側に対する無差別砲撃か、イスラエル軍の機械化部隊がくる可能性もあった。我々は大急ぎで国境から撤退しなければならなかったが、一五分以上、危険地帯に身を置くことになった。それは軍事的には非常に長い時間であり、生きた心地はしなかった。

これはマフムードが経験した緊迫の軍事作戦の一つであるが、レバノン南部では日常的にこのようなパレスチナ戦士によるゲリラ戦が続いていた。レバノン南部は、六八年にカラメの戦いがあったヨルダン川東岸のような状態となっていたことが想像できる。第2章で軍情報部に拘束された経験を語ったアリ・アルマスリ(一九四六年生)は七一年にファタハでシャティーラの軍事部門の責任者になった。アリによるとシャティーラの南西の方向に、大きな軍事訓練場があったという。訓練は一〇歳前後から一三歳くらいまでの子供向けのキャンプと、一五歳前後の少年を対象とした本格的な軍事訓練キャンプに分かれていた。

訓練には、兵士としての訓練と、市街戦を含む特殊作戦の訓練の二種類があった。兵士は装甲車と大砲と一緒に動く。それに対して市街戦は拳銃、自動小銃や手榴弾《しゅりゅうだん》、軽機関銃、携帯型ロケット砲などの武器を持ち、家やビルの間に身を隠し、通りを移動しながら戦う。さらに暗殺などの特殊な任務では、身を隠して、標的を待ち、速やかに実行するなど、肉体とともに精神的な強さが求められる。兵士には市街戦の訓練はなく、銃を持って撃つだけだ。レバノン南部でイスラエル軍と戦うには、特殊作戦の訓練はしない。

アリによると、軍事部門にはフルタイムの戦士と、別に職業を持ちながら、軍事作戦にも参加する民兵があった。軍事作戦は、ファタハの中央指導部で方針が決められ、実施は各地の地域指導部に任されていたという。

ファタハは解放組織であって、軍隊ではない。軍隊は上の命令を受けて部隊は実施するだけだが、ファタハでは常に議論をして物事を決める。その意味で民主的だ。議論では誰もが意見を言うことができるし、意見に反対することもできる。我々は組織である以上、誰もが一つの目的を共有している。ファタハの原則の一つは、「決定は中央で、実施は現場で」である。このように軍事作戦の実施が現場にゆだねられることは軍隊では起こりえないが、我々のような政治組織では普通なのだ。つまり、中央指導部が攻撃目標を決めるが、それは純粋に政治的な決定であり、もし、その実施が私のグループに求められたら、私たちは状況に応じて、どのように実施するかを決める。指導部はどこに行けとか、何をしろとは言わない。その実施の方法をまかされているのは現場ということになる。作戦を実行するために、戦士の中から実行者を選び、訓練する。戦士たちは主義のために戦うフェダーイーであって、死は覚悟している。それも軍隊の兵士とは異なるところだ。

ミュンヘン五輪襲撃事件

パレスチナ戦士をさす「フェダーイー」とは、アラビア語で「自己を犠牲にするもの」という意味で、複数形が「フェダイーン」である。アリには、パレスチナの解放闘争に参加する戦士は、自分が信じることのために死ぬことを覚悟して自由意思で戦う「フェダーイー」であって、国に徴兵されて戦うことを強要される兵士とは異なるのだという強烈な意識があった。アリ自身が、ファタハに誘われた時、「拘束されても、けがをしても組織は何も責任を持たない」という条件を提示されて、それをよしとして受け入れて参加した。家族とコミュニティーを解放するために命をかけて戦うという意志である。

アリに「フェダーイー／フェダイーン」の話を聞いているうちに、話題は七二年のミュンヘン五輪襲撃事件の話になった。私は取材をする中で、この事件の実行犯八人のうち五人が、シャティーラ・キャンプの出身者だということを知った。「五人を知っているのか」とアリに質問すると、「私は彼らの基礎軍事訓練の教官だった」と語り、「ジャマール・ジェッシュ、アドナン・ジェッシュ、ユーセフ・マンナ、ハーリド・ジャワド、ムハンマド・サファディだ」と、シャティーラ出身の五人の実行犯の名前をフルネームで挙げた。ただし、「ミュンヘン事件は特殊訓練なので、戦士の一般的な軍事訓練を担当していた私は秘密作戦の訓練には関わってない。作戦は実施されるまで秘密になっていたが、事件が起こってからは組織の情報として入ってきた」と付け加えた。

ミュンヘン五輪襲撃事件

一九七二年九月、当時の西ドイツでミュンヘン・オリンピックの開催中に、パレスチナ武装組織「黒い九月」の八人のゲリラが選手村のイスラエル選手団宿舎に侵入し、選手団の二人を殺害し、九人を人質にとった。犯人グループはイスラエルに収監されているパレスチナ人政治犯二〇〇人以上の釈放を求めたが、イスラエル政府は要求を拒否した。その後、ドイツの地元警察による突入作戦が失敗し、ゲリラとの銃撃戦となり、実行犯八人のうち五人が死亡し、三人が逮捕された。人質九人も全員死亡した。

当時、その様子はテレビで中継されて世界に衝撃を与えた。「黒い九月」という組織名は、七〇年九月に、ヨルダン政府がPLOを排除しようとして始まったヨルダン内戦が「黒い九月事件」と呼ばれることに由来する。スティーヴン・スピルバーグが『ミュンヘン』というタイトルで二〇〇〇年に映画化している。

事件の後、イスラエル軍による激しい報復攻撃があったために、実行犯の家族はキャンプには残っておらず、ミュンヘン事件とシャティーラの関係についてはなかなか情報が集まらなかった。その中で実行犯の五人は当時シャティーラにあった「カルメル・クラブ」というサッカークラブのメンバーだったという話を、七八年に一一歳でカルメル・クラブに参加し、現在はクラブのコーチを務めるタレク・アブドルラフマン(一九六七年生)から聞いた。彼の家族は、マジュド・クルームの出身で、レバノン南部の難民キャンプに住んでいたが、七二年のイスラエル軍による爆撃でキャンプが破壊されたために家族でシャティーラに移ってきた。この空爆は、ミュンヘン事件直後にイスラエルが報復攻撃としてレバノン南部のパレスチナ難民キャンプに実施したものである。タレクはカルメル・クラブについて語った。

カルメル・クラブは、シャティーラから南に五〇〇メートルほど離れたキャンプの外に広い敷地を持っていた。一九六七年にレバノン人女性がパレスチナ難民の子供や女性たちを支援する「インナーシュ協会」という教育・文化施設を設立し、六九年にカルメル・クラブが創設された。クラブ名である「カルメル」とは旧パレスチナのハイファ県にある山の名前であり、旧パレスチナ北部からシャティーラに来ている難民たちの故郷を象徴する名前であり、「パレスチナ革命」を体現するクラブ名だ。カルメル・クラブではサッカーだけでなく、バレーボール、卓球、空手、チェスなどの活動をしていて、図書館など文化施設もあった。シャティーラ・キャンプにはほかにもサッカークラブができ、レバノンにある他の難民キャンプにあるサッカークラブとサッカーリーグをつくって、試合をしていた。カルメルは広いグラウンドを持っていたので、パレスチナ難民キャンプのクラブとしてはトップクラスだった。レバノンのサッカークラブとも交流して、よく試合をしていた。カルメルはパレスチナを代表するサッカーチームだった。

タレク・アブドルラフマン

パレスチナの故郷を象徴する山の名前を冠したサッカーチームが創設されたのが、カイロ合意が結ばれた六九年というのは偶然ではないだろう。これもパレスチナ難民キャンプが自己主張を始めた証しである。クラブは独立組織だが、ファタハとの関係が深かった。カルメル・クラブのグラウンドは、ファタハの軍事訓練場に隣接する。

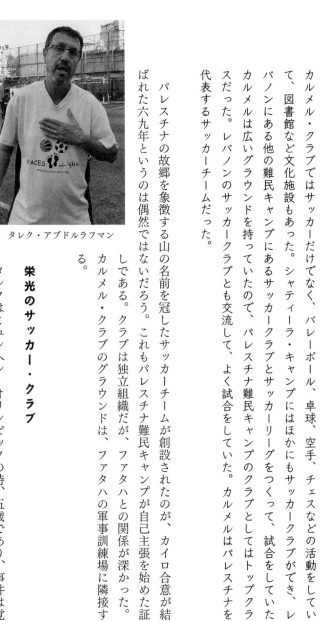

栄光のサッカー・クラブ

タレクはミュンヘン・オリンピックの時、五歳であり、事件は覚えていない。彼自身は事件から六年後の七八年にカルメル・クラブに参加した。ミュンヘン事件を実行したフェダイーン五人を出したことは、カルメル・クラブに「伝説」を与えた。タレクはコンピューターに保存されたカルメル・クラブの古い画像を見せた。その中に、ミュンヘン事件でシャティーラ出身の五人のメンバーの顔がプリントされたTシャツを着た若者がうつっていた。ミュンヘン事件から八二年のイスラエルのレバノン侵攻まで、レバノンのパレスチナ難民キャンプのサッカーリーグでは「ミュンヘン作戦杯」が毎年行われた。五人はパレスチナ人の英雄だった。

マジュディ・マジュズーブ

八人の実行犯のうち三人は生き残って拘束された。しかし、同じ年の一〇月末に起こったPFLPによるルフトハンザ機のハイジャック事件で実行犯の要求を受けて、三人全員が釈放された。その一人のジャマール・ジェッシュは、カルメル・クラブの五人の一人だった。ジャマールは釈放された後、時々、カルメル・クラブの練習を見にきたという。タレクは「ジャマールは足を負傷していたが、サッカーに情熱を持っていた。私が大人を出し抜くようなプレーをするので、よく声をかけてもらってかわいがってもらった」と語った。

カルメル・クラブは八二年にイスラエル軍のレバノン侵攻とベイルート包囲の下で、サブラ・シャティーラの虐殺が起こって活動を停止した。シャティーラを包囲したイスラエル軍はカルメル・クラブがあったグラウンドに兵を置いた。シャティーラでは、八二年にシャティーラが虐殺の舞台になったことについて、「ミュンヘン事件の報復だ」という声をよく耳にする。八九年にシャティーラでカルメル・クラブが再結成された時に、選手として参加し、その後、キャプテンにもなったマジュディ・マジュズーブ(一九七二年生)は、カルメル・クラブを選んだ理由について、「カルメル・クラブは栄光のクラブとして知られていて、私は参加した時に、誇らしい気持ちだった」と語った。彼は偶然にもミュンヘン事件があった七二年九月に生まれた。タレクも内戦終結後に活動を再開したカルメル・クラブに選手として参加し、九〇年代には一緒にプレーしていた。

マジュディは現在、シャティーラで「シャバーブ・ファラスティン(パレスチナの若者)」というサッカーチームを率いて、スポーツを通じての欧州諸国との交流を進めている。

ミュンヘン事件のフェダイーン五人がカルメル・クラブのプレーヤーだったということは、当時は闘争の時代だったことを示している。サッカーをして体を鍛えるのは、スポーツというだけでなく、パレスチナ人としての目標を達成するためだ。私もサッカーはスポーツだけとは考えていない。ただし、いま私たちの戦いは、武装闘争ではない。平和の中でパレスチナ人として心身ともに健康な青少年を育て、世界と交流していくことが私たちの戦いだ。時代が変わったのだ。

ミュンヘン事件は、平和の祭典であるオリンピックを標的とした最悪のテロ事件として記憶されているが、パレスチナやアラブ世界ではいまなお「英雄的な行動」と受け止められている。当時、クウエート紙に次のようなアラファトの声明が掲載された。

我々は野蛮な敵〔＝イスラエル〕との長い戦いを続けている。彼らは〔ミュンヘン事件について〕人間性云々と主張するくせに、パレスチナの地では権利と土地を所有するアラブ人に対して暴力と恐怖を持って対応している。オリンピックを標的にしたのは、世界がパレスチナ問題を無視しているためであり、パレスチナ人はこのような闘争方法をとらざるを得なくなっている。

この事件はいまもオリンピックの時期になると、テレビなどで繰り返し、記録映像が出てくる。スピルバーグだけでなくいくつかの映画になり、英語では事件に関する書籍も何冊も出ている。しかしほとんどが欧米側の取り上げ方であり、それを読んでも、アラファトが言うところの「パレスチナ人がこのような闘争方法をとらざるを得なくなっている」理由はよく分からない。ミュンヘン事件があった七二年は、イスラエル軍がレバノンのパレスチナ人の拠点への攻撃を激化させた年である。ただし、イスラエルの攻撃激化は、ミュンヘン事件の後ではなく、事件の半年以上前である。

七二年二月二五日、イスラエルは空爆の援護を受けた地上軍をレバノン南部に送って、戦車、装甲車、重火器でPLOの基地を攻撃した。軍事作戦は二月二八日まで続いた。これに対して、国連安保理は決議三一三号を採択し、「イスラエルは直ちにレバノンに対する地上部隊と空軍による軍事行動を停止し、レバノン領から撤退する」ことを要求した。「テロに対する報復」とは、現在にいたるまでイスラエルが武力行使を正当化する論法であるが、そのイスラエル軍のレバノン侵攻に先立つ七二年は、イスラエル外務省が発表する「主なテロ攻撃」を見ても、パレスチナ武装勢力によってユダヤ人の市民が殺害されたテロ事件の記録はない。イスラエル軍の攻撃は、レバノン南部に拠点をおくパレスチナ解放組織に対する先制攻撃と考えるしかない。

その後、五月三〇日にPFLPと協力関係にあった日本赤軍がイスラエルのロッド空港で銃を乱射し、観光客ら二六人を殺害するテロ事件があった。イスラエル空軍は六月二三日にイスラエル国境に近いレバノンのデイル・アシャイル村に対する空爆で村人一九人を殺害した。それに対して国連安保理はイスラエルの「暴力行為と報復」が国連憲章に違反していると非難した。七月にはPFLPのスポークスマンで作家のガッサン・カナファーニが、ベイルート市内で車に仕掛けられた爆弾で爆殺された。イスラエルの仕業とされ、その二カ月後にミュンヘン五輪襲撃事件が起こる。暴力の連鎖に火をつけたのは、その年の初めにあったイスラエル軍による武力行使だったと考えるしかない。

ミュンヘン事件について、当時、シャティーラの軍事部門の責任者をしていたアリ・アルマスリ(一九四六年生)は次のように語った。

この作戦はファタハの中央指導部が作戦の実施を決定し、レバノン指導部が実施したものだ。レバノン指導部が中央の政治的な決定を受けて、作戦を立案し、実行者を選び、訓練し、送り出した。若者たちはレバノンの難民キャンプから選ばれ、秘密裡に訓練が実施された。シャティーラの五人は一九歳から二〇歳で、一人を除いて高校生または高校卒業生だった。シャティーラの五人がカルメル・クラブのメンバーだったことは偶然であって、カルメル・クラブ自体は「黒い九月」とは関係ない。

ミュンヘン作戦の目的は政治犯の釈放だった。しかし、イスラエルは政治犯の釈放を拒否し、ドイツの地方警察が人質を解放する作戦を強行したために銃撃戦が始まり、実行犯の一人がヘリコプターの中で手榴弾を爆発させ、人質全員が死ぬという悲劇の結末になった。実行グループは現在のように携帯電話があるわけではないから、現場でのすべての判断を自分たちで行わなければならない。作戦が失敗した時に、彼らが死を選んだのは現場の判断であり、それは勇気ある決断だった。

アリがシャティーラのファタハ事務所わきのカフェに座って、柔和な表情で若者たちと話をする様子からは、かつてシャティーラで軍事訓練を指揮していた人物を想像するのは難しい。「いま誰かが私に戦士としての任務を示しても、私はノーと言うだろう。あのころはパレスチナに対する愛国心に燃えていたが、いまはもうそうではない」と語った。それは半世紀近くたった後の老戦士の思いだが、七〇年代を振り返れば、レバノンのパレスチナ難民キャンプは「革命に殉じるフェダイーン」という熱に取りつかれた時代だった。世界中にテレビ中継で作戦の一部始終が流れたミュンヘン事件は、そのようなフェダイーンの象徴だった。五人はレバノンのパレスチナ人の間の英雄であり、彼らを輩出したカルメル・クラブは英雄チームであり、五人の出身地であるシャティーラ・キャンプは、その栄誉を担う難民キャンプだった。

七〇年代に学校をやめてフェダイーンに参加した元戦士の話を聞くと、当時のシャティーラ・キャンプに充満していたフェダイーン熱を知ることができる。最初に火をつけたのは六八年のカラメの戦いであり、その次は七二年のミュンヘン事件だった。

イスラエルによる報復作戦

ミュンヘン事件の後、イスラエルはスピルバーグの映画『ミュンヘン』が描いたように、一連の報復作戦を実行した。報復作戦の一つが、七三年四月九日にイスラエルが「若者の春」作戦と名付けたベイルート特攻作戦である。イスラエル軍の特殊部隊がベイルートに船で上陸し、ファタハの中央委員会の三人を、三カ所の居所で射殺した。アリは事件発生直後、現場の一つに駆け付けた。

イスラエルはミュンヘン事件の報復として、事件の立案者と考えたファタハの中央委員会メンバー三人を殺害した。暗殺作戦は未明の午前二時から四時の間に三カ所同時に行われた。事件が明らかになった後、ファタハの指導部から私たちに出た指令は、キャンプでの動員と防衛強化とアラファト以下の指導部の護衛の強化だった。私は一〇日午前五時ごろ、ニュースを受けて、一人の幹部が暗殺された住宅ビルに行った。現場にはまだ幹部の遺体があった。ビルの警備によると、襲撃者はレバノン警察の車両に乗り、レバノン警察の制服を着て入って来たため、警備はそのまま通したのだという。イスラエル人はレバノン警察の車三台を用意して、ファタハ幹部がいる三カ所に入ったのだった。私はその話に驚き、イスラエル軍とレバノン政府が協力している可能性を疑った。真実は分からないが、イスラエル軍が準備をし、レバノンに協力者がいたことは疑いないことだった。この暗殺事件の後、幹部たちの動きはすべて秘密になった。誰がいつ、どこに行くかはすべて秘密行動になった。

アリの話からも、この暗殺作戦によってパレスチナ側がレバノン政府への不信感を強めたことが分かる。レバノンではイスラエル軍の暗殺作戦に何ら対応できなかった政府や軍への非難が沸き上がり、政府を批判するデモが起こる。一方で、イスラエル軍の特攻作戦の原因をつくったパレスチナ武装勢力への非難も強まった。この暗殺作戦から一カ月後の五月初め、レバノン軍とＰＬＯの軍事衝突が起こった。シャティーラ・キャンプの近くでパレスチナ人武装勢力がレバノン軍の下士官二人を拉致したことが発端となり、軍がシャティーラを包囲し、パレスチナ武装勢力と軍の間で交戦が続いた。銃撃はレバノンの他のパレスチナ難民キャンプにも広がり、戦闘収束までに二週間を要した。途中でレバノン空軍がシャティーラ・キャンプや隣接するサブラ地区を空爆する事態にさえなった。この戦闘によって、レバノン軍はパレスチナ武装勢力を武力で制圧することができないことが明確になった。

一一歳でファタハの少年キャンプに参加したヌールッディン・カイド（一九五八年生）は、この時一五歳で、初めて戦闘に参加した。この時の戦闘について、ヌールッディンはこう語る。

> 私はカラシニコフを手に、キャンプの守護にあたった。キャンプでは一〇代から五〇代までみな、銃をとった。〔レバノン〕軍はキャンプを包囲し、砲撃をした。ミラージュ戦闘機による空爆もあった。しかし、軍はキャンプを制圧することはできなかった。キャンプには私が参加したファタハがあり、ＰＦＬＰがあり、誰もが協力して、銃をとって戦ったからだ。最後には、軍はキャンプの周辺から撤退した。この戦闘の後、キャンプでは事務所も軍事キャンプもすべてについてＰＬＯの支配が確立し、制約はなくなった。私は七九年の二一歳の時に、八〇人の戦士を統括する中隊長になり、ＰＬＯが設

立した「革命裁判・軍事法廷」の六カ月間の訓練を受けて、シャティーラの軍刑務所の責任者となった。革命裁判・軍事法廷は七五年に始まり、窃盗や殺人、スパイ行為などあらゆる犯罪行為を裁いた。

ヌールッディンの話でも分かるように、パレスチナ武装勢力はイスラエル軍の報復作戦に端を発するレバノン軍との衝突の後、さらなる武装強化への道をたどることになる。PLOが独自の軍事法廷を設立したことも、パレスチナ難民キャンプを拠点として「国家内国家」となる一端を示している。

現在、ファタハとは対立するパレスチナ解放人民戦線総司令部派（PFLP-GC）幹部のスレイマン・アブドルハディ（一九五三年生）は、七〇年代はファタハに参加していた。もとはレバノン北部のパレスチナ難民キャンプ、ナハル・バレドの出身で、高校を終えて、七一年に働くためにベイルートに来て、シャティーラに住んだ。彼は難民第二世代で、両親は旧パレスチナのアムカ村の出身だった。彼は当時のシャティーラの空気を語る。

私たちは幼いころから親に「お前はパレスチナに自分の土地があり、それを取り戻さねばならない」と言われて育った。UNRWAの学校の先生たちはほとんどがパレスチナで生まれた世代で、パレスチナの伝統や文化、歴史などについて熱心に話す先生たちもいた。学校の活動ではパレスチナの旗を振り、パレスチナの歌を歌った。私たちの世代にとって解放闘争に参加するのは、当然のことだった。六八年のカラメの戦いの時、私は高校一年生だった。前年のアラブの大敗（第三次中東戦争）で落胆したが、カラメの戦いでの勝利で生き返ったような気がした。これでいつかイスラエルを倒す日がくると思ったのを覚えている。シャティーラに移って、軍事訓練を受け、レバノン南部での軍事作戦に参加した。イスラエル側に入って軍事作戦を行うこともあった。私は参加しなかったが、一九七四年のキリヤト・シモナへの攻撃はその最大のものだった。

キリヤト・シモナ事件は、七四年四月にPFLP-GCに属する武装した三人のパレスチナ人がレバノン国境に近いイスラエルの町キリヤト・シモナに侵入し、住宅ビルで住民一八人を殺害した事件である。この一カ月後の五月にはパレスチナ解放民主戦線(DFLP)の武装グループがイスラエル北部のマアロットの学校に押し入り、一〇〇人以上の高校生らを人質にとって政治犯の釈放を要求したが、イスラエル軍の部隊が突入して、二五人の人質が死んだ。さらに翌七五年三月には、イスラエルの商業都市テルアビブに八人のパレスチナ人武装グループがゴムボートで上陸し、その直後にパトロール中の警官との銃撃などを経て、海岸近くに建つサボイ・ホテルに人質をとって立てこもり、政治犯の釈放を要求した。イスラエルの特殊部隊が突入して、七人のパレスチナ人を殺害し、一人を逮捕した。人質のうち五人が死亡し、作戦に参加したイスラエル兵二人も死亡した。この作戦についてPLOが犯行声明を出した。

サボイ・ホテル作戦はミュンヘン五輪作戦と同様にファタハが実行したもので、当時のシャティーラ・キャンプの軍事部門の責任者アリ・アルマスリは、「これらの軍事作戦は、どこであろうと作戦を実行できるということを示す、ファタハの政治指導部からイスラエルへの政治的メッセージだった。ミュンヘン作戦の方が有名だが、軍事的にはサボイ・ホテル作戦の方が、イスラエルの国内であり、困難な作戦である」と語る。イスラエル軍はミュンヘン事件の直後にレバノンやシリアのパレスチナ難民キャンプを爆撃し、計五〇人以上の死者を出した。さらに七四年五月のマアロット事件の翌日に、レバノン南部にあるナバティエ難民キャンプを空爆して、三〇人から四〇人の死者を出した。ミュンヘン事件を経て、パレスチナ武装勢力のテロが激化する一方で、イスラエルの報復的軍事作戦も激化する。双方の武力行使の応酬が続く泥沼の構図となっていた。

現在、シャティーラ・キャンプで食品雑貨店を営むムハンマド・アフィフィ(一九五九年生)は、七四年に中学三年生の時に一五歳でファタハに参加し、「サボイ・ホテル作戦のための訓練を受けた」と語った。彼の父親スブヒは三六年にハイファ県のヤジュール村で生まれ、六〇年代初めにジョージ・ハバシュが率いたアラブ民族運動(ANM)、さらにPFLPに参加した。長男であるムハンマドは学校に通いながら、週末などにファタハの民兵コースの訓練を受けた。サボイ・ホテル事件の前年の夏休みに三カ月、シャティーラとブルジュバラジネの二つの難民キャンプから三五人の若者がシリアでの集中軍事訓練に送られ、ムハンマドもその一人だった。後になって、その訓練はサボイ・ホテル事件の準備のためのものだったことが分かった。ムハンマドが参加したグループからは、サボイ・ホテル事件の実行メンバーに選ばれたものはいなかった。ファタハは何組もの集中訓練を重ねて、実行グループのメンバーを選んだ。

ムハンマド・アフィフィ

ムハンマドはシリアから戻った後、軍事専属の兵士ではなく、民兵として活動した。学校のある日は、放課後にファタハの拠点の警備をし、週末や休日にはレバノン南部に送られてイスラエル軍と抗戦するゲリラの拠点に行き、フェダイーンと持ち場を代わるなどの手助けをした。彼には三歳下のユーセフ、五歳下のオスマン、一三歳下のハーレドという弟がいたが、いずれもファタハの戦士になった。

ムハンマドは一八歳で高校卒業後、PLOの経済組織の一つで、戦闘や軍事作戦で死んだ戦士の家族への補償や支援を扱う「パレスチナ殉教者労働協会(SAMED)」で働き始めた。

SAMEDはいくつもの工場を持って、パレスチナ難民キャンプの難民たちに就業機会を与えていた。私は最初、ベイルートのファクハニにあった縫製工場の工員として働き始めたが、次第に職場で指導的な立場となり、数年で工場の責任者となった。SAMEDは、一〇〇人規模の労働者が働く工場が数か所にあり、計五〇〇人ほどが働き、同時に家庭内で仕事をする女性たちもいた。私は八〇年ごろには縫製工場のベイルート地区の代表からPLOのレバノン地区の生産活動の幹部となり、さらにレバノンのパレスチナ縫製組合代表やパレスチナ労働組合連合会の評議員にもなった。SAMEDは七〇年代にレバノンで強い影響力を持ったPLOの経済的な力を象徴する存在だった。SAMEDは日本政府からの経済協力も受けていた。

PLOの経済を担ったSAMEDは、パレスチナ人が言う「黄金時代」を形成した要素の一つでもあった。ムハンマドと三人の弟たちは政治活動に参加していたナクバ世代の父親の影響と、若者たちがフェダイーンになる時代の流れの中で育った。ムハンマドは途中で経済活動の管理部門に入っていったが、戦士となった三人の弟たちはいずれも八〇年代の戦争で死んだ。ムハンマドに話を聞いた時、彼が一三歳の時にあったミュンヘン五輪襲撃事件に大きな影響を受けたことを語った。

ミュンヘン事件の前、世界にとってパレスチナ人は難民としてしか認識されていなかったし、世界はPLOを認知しようともしなかった。ミュンヘン事件によって、国連と欧米はパレスチナ問題とPLOの存在を認識し、アブ・アンマール(アラファト)は一九七四年に国連に招かれて有名な演説をした。そのような変化をもたらしたミュンヘン事件を主導したのはシャティーラの若者たちだ。

アラファトの国連演説

ムハンマドの話は、作家のガッサン・カナファーニの代表作『太陽の男たち』を思い起こさせた。タンクローリーの中に入ってイラクからクウェートの国境を越え、密入国するパレスチナ難民三人を描いた小説である。運転手は国境の検問所で役人の無駄なおしゃべりに引き留められて手間取り、タンクローリーは灼熱の中に放置される。運転手がやっと検問の手続きを終え、国境を越えてタンクのハッチを開けた時には、三人の男はすでに死んでいた。運転手は三人の遺骸を外に出し、砂漠にあるごみ処理場の近くの道路わきに置き去りにして、死者のポケットからお金を抜き出し、腕時計をもぎ取って車に戻る。あらためて車に乗り込もうとした時、運転手ははっと気づいて叫ぶ。「なぜ、お前たちはタンクの壁を叩かなかったんだ」——

この小説はカラメの戦いの前の六八年初めに書かれたとされる。悲惨な状況を前にしても、壁を叩かず沈黙のもとで耐え、死に至るパレスチナ難民の姿は、その当時のパレスチナ人の状況と重なる。タンクローリーの中での沈黙の死は、四八年のナクバ以来二〇年にわたって、狭い難民キャンプの中に閉じ込められて声を上げることもなく死んでいったパレスチナ難民のアナロジーであろう。作者のカナファーニは、ミュンヘン事件の二カ月前である七二年七月に三六歳で暗殺された。五月にあった日本赤軍によるロッド空港銃乱射事件に対するイスラエルの報復と考えられている。カナファーニ暗殺の直後に、世界の耳目を集めるオリンピックを狙ったミュンヘン事件が起きたのは、悲惨な逆説と言うしかない。

事件の二年後の七四年一一月に、アラファトはPLO議長としてニューヨークの国連総会で初めて演説した。アラファトは「私は今日、オリーブの枝と自由の戦士の銃を持ってきました。どうかオリーブの枝を私の手から落とさせないでください」と訴えた。テロを含めたパレスチナ人の武装闘争とイスラエルの軍事的報復の連鎖によって、国際社会は、これが新しい戦争であることを理解した。だからこそ、パレスチ武装勢力を代表するアラファトが「紛争の当事者」となり、国連総会に招かれる存在になった。

パレスチナ人の一〇代半ばから二〇代の若者フェダイーンの熱情に駆られた行動が、イスラエルを戦争に引きずりこんだ。ミュンヘン事件を主導したシャティーラの若者が、アラファトの国連演説を可能にしたというムハンマド・アフィフィの話は、問題を単純化しすぎているだろう。しかし、ミュンヘン事件が沈黙を強いられていたパレスチナ人が銃を手に声を上げ始めたことの象徴であることは疑いない。ただし、パレスチナ人が武装闘争を激化させたことが、七五年のレバノン内戦をもたらす大きな要因となり、パレスチナ人にとっての地獄への道となった。そして最も多くの地獄を見たのが、闘争の象徴となったシャティーラであった。

レバノンでは、パレスチナ人の反イスラエル闘争を支援するアラブ民族主義勢力や左派勢力と、パレスチナ人の勢力伸長を警戒するキリスト教右派勢力との亀裂が広がった。パレスチナ人はキリスト教徒主導のレバノン政府やレバノン軍に対する不信感を強め、難民キャンプのさらなる軍事化、要塞化を進める。一方、PLOの脅威が増大する中、キリスト教右派勢力はイスラエルと手を組んで、PLOを排除しようと動く。パレスチナ人がレバノンで「自由を手にした」と考えた七三年のレバノン軍との衝突は、二年後の一九七五年から始まるレバノン内戦の前触れでもあった。シャティーラが深く結びついた七二年のミュンヘン事件は、一〇年後の一九八二年に、イスラエルとレバノン・キリスト教右派勢力の協力の下で行われた「サブラ・シャティーラの虐殺」につながっていく。

第4章 消えた二つの難民キャンプ

高校受験前の空爆

シャティーラ・キャンプで二〇一六年に取材をしていた時に、「タルザアタル四〇年」というポスターをキャンプのあちこちで目にした。東ベイルートのキリスト教地区にあったタルザアタルというパレスチナ難民キャンプが、一九七六年八月にキリスト教右派民兵組織の包囲攻撃にあって陥落してから四〇年目になるという話である。七五年にレバノン内戦が始まった翌年のことである。この時に一五〇〇人から二〇〇〇人の非武装のパレスチナ難民が死んだとされ、「タルザアタルの虐殺」と呼ばれる。八二年の「サブラ・シャティーラの虐殺」については日本でも知られているが、タルザアタルの方はいまではほとんど知られていない。さらにレバノンでは七四年にも一つ、パレスチナ難民キャンプがなくなっている。レバノン南部のナバティア県にあったナバティエ・キャンプである。こちらはイスラエルの空爆によって全域を破壊され、住民はキャンプを捨てて、他の難民キャンプに移った。

ナバティエ・キャンプの登録難民は七〇〇〇人、タルザアタル・キャンプは九〇〇〇人だった。難民キャンプと言っても難民以外も住んでいるため実際の人口は、登録数よりもはるかに多かった。三年間に二つのパレスチナ難民キャンプが消失したことからも、当時の激動ぶりが分かる。シャティーラ・キャンプの「記憶の博物館」を開いている医師ムハンマド・ハティーブが、ナバティエ・キャンプのUNRWAの小学校に通ったことはすでに書いたが、彼の弟のアリ・ハティーブ（一九五七年生）はナバティエ・キャンプで生まれ、空爆された時にもキャンプにいた。空爆によって父親が死んだ後、アリとその家族は、タルザアタル・キャンプに移り、タルザアタルの虐殺も経験している。アリは二つのパレスチナ難民キャンプの消滅を自ら体験した。アリは現在、シャティーラに住み、UNRWAの技師として働いている。

アリによると、ナバティエ・キャンプは七二年、七三年、七四年と三年連続でイスラエルの空爆を受けた。「私の記憶によれば」と前置きして、「キャンプが初めてイスラエルに空爆されたのは一九七二年二月二七日で、一〇分から一五分間、爆撃が続いた」と語り始めた。この時、アリは一五歳だった。この空爆は第3章で触れたイスラエルによる二月二五日から二八日までのレバノン侵攻時のことで、国連安保理は二月二八日に「イスラエルは直ちにレバノンに対する地上部隊と空軍による軍事行動を停止し、レバノン領から撤退する」ことを求める決議三一三号を採択した。アリの記憶の正確さには舌を巻くしかない。アリはナバティエ・キャンプが消滅した一九七四年の空爆について、次のように証言した。

アリ・ハティーブ

空爆があったのは五月一六日の午後四時くらいだった。その日は、早くから多くのイスラエル軍機が飛んでいることから、人々は大規模な空爆が始まるのではないかと言い、実際に多くの人々がキャンプから出て、隣接するナバティエの町に避難した。私の父はキャンプで雑貨店をしていた。私は父に「イスラエルの爆撃が始まるかもしれない。店を閉じて、ナバティエの町に行ったらどうでしょう」と聞いた。父も「今日の飛行機は異常だな」と答えた。私は店の前にあった家に戻って片付けをし、父は店を閉じて、ナバティエの町に向かおうとした。その時に、爆弾が店の上に落ちた。雷のような音がした。私は爆弾が落ちた時に、家の外で気を失った。

どれほどの時間がたったか分からなかったが、気が付いて周囲を見回して、夢を見ているのではないかと思った。キャンプは破壊され、私の家は跡形もなくつぶれていた。私は立ち上がって、逃げなければと思って、建物が残っている方に動き、建物の間に身を隠した。イスラエル軍機の空爆は続き、爆弾を落とし続ける。学校に逃げようと思って走っている途中で爆弾が近くに落ちた。片足を失った男が「助けてくれ」と叫んでいたが、誰も助けることはできなかった。少し行くと、壁の陰に身を隠している人々を見つけた。近づくと、「こっちに来るな。人が多くなると、見つかって爆撃される」と怒鳴られた。キャンプの端まできたが、まだ空爆は続いていた。

私はキャンプから出て、ナバティエの町に行った。空爆は四時間にわたって続いた。日が落ちて、空爆が終わった後、人々は遺体を探しに行った。夜になって、親戚の男が、「お前の父親を見つけたぞ」と言って、遺体が並べられたモスクに連れて行かれた。そこに体中傷だらけになった父の遺体を見つけた。キャンプはほとんど破壊された。当時の家はトタンぶきで、私の家の周辺は爆弾を投下された巨大な穴しか残らないような状態だった。爆弾の残骸もあちこちにあった。みんな二五〇キロから五〇〇キロの爆弾だと話していた。

この時、長兄のムハンマドはスペインに留学中だった。母親と二人の妹は、七二年の空爆の後で、東ベイルートにあったタルザアタル・キャンプに移っていた。アリは雑貨店をしている父親と一緒にナバティエに残っていた。この時のナバティエ・キャンプでの死者は二七人以上とされ、四九人という記述もある。アリは続けた。

「この時、私は一カ月後の六月にある高校入学資格共通試験の受験勉強をしていた。いつも一緒に勉強していた友人の一人であるジャアファルは、この空爆で死んだ。彼の母親の話では、この日、ジャアファルは用事があって母親とナバティエの町に出ていたが、受験勉強をしなければならないから、と言って母親と別れて、キャンプに戻った。彼がキャンプに戻って一五分後に空爆が始まり、彼は犠牲になったという。この時、ナバティエ・キャンプで受験したのは二八人で、そのうち私を含む四人だけが合格した。受験生の多くは空爆によって勉強をやめた。私は父親が死んだ後、地下の防空壕で寝泊まりしながら受験勉強をした。合格の結果が出た時、学校の担当教諭が「父親が亡くなったのに、お前が合格したことに驚いた」と言ったのを覚えている。

アリの話を聞いた後、私はナバティエ・キャンプへの空爆について調べた。空爆によってキャンプが破壊された事実はすぐに分かったが、詳細はなかなか分からなかった。しばらくして、パレスチナ映画の草創期の映画監督ムスタファ・アブアリがナバティエ・キャンプの破壊を記録したモノクロのドキュメンタリー映画『彼らは存在してない』(一九七四年)が、インターネットの動画サイトＹｏｕＴ ubeで公開されているのを知った。それを見ると、空爆の後、キャンプにはところどころレンガ造りの家が半壊のまま残っているが、大部分は何もない更地で、ねじ曲がったトタン板の残骸が散乱している。キャンプの四分の三が破壊されたという。アリが語っていることと合わせると、更地になっている場所には、トタンで屋根をふいた家が並んでいたのであろうが、空爆によって跡形もなく消えたということだろう。驚くべき破壊である。

映画の中で「高校受験中の息子が空爆で死んだ」と訴える母親が登場する。その母親は「息子のジャアファルは空爆で行方不明になったので、病院を探したが見つからず、翌日、崩れた家の瓦礫の下から遺体が見つかった」と語った。ジャアファルとは、アリが空爆の話をした時に空爆で死んだ級友として出てきた名前である。翌年、アリに会った時に映画に出てくるジャアファルについて聞いてみた。アリは「あの映画に出てくるのが私と一緒に高校受験勉強をしていたジャアファルだ」と言う。「彼はジャアファル・スレイマン・ハティーブと言って、私と同じ家系で親戚にあたる。ジャアファルの家は私の家から三〇〜四〇メートルの距離にあり、いつも行き来していた」と付け加えた。

シャティーラの人々にインタビューをした後で、証言に出てきた事実についてできるかぎり検証する作業が必要だった。何十年もたった記憶には記憶違いもあるし、目撃証言と言いながらも実際には伝聞であることもある。インターネットの時代になって、事実の検証ができる領域は飛躍的に広がった。アリが語ったジャアファルの話がでてくる当時の記録映画が動画サイトに公開されているように、古い時代のニュース映像やドキュメンタリー映像が公開され、確認できることもある。数多の公文書、私文書、研究文献も利用でき、事実確認の作業を可能にしている。

ナバティエ・キャンプへの空爆は、七〇〇〇人のパレスチナ人が住む国連の難民キャンプが消滅するという重大な事件である。背景を調べると、その前日にイスラエル北部の町マアロットにレバノンからDFLPの三人の戦士が侵入し、学校を占拠して、一〇〇人以上の高校生を人質にとってパレスチナ人政治犯二三人の解放を要求する事件があった。それに対してイスラエル軍情報部特殊部隊が急襲作戦に出たことで、銃撃戦となり、二五人の人質が死亡し、パレスチナ戦士三人も死亡した。イスラエル軍は報復としてナバティエ・キャンプを含むレバノンにあるパレスチナ難民キャンプ七カ所への大規模な空爆を行った。

パレスチナ・ゲリラが市民を人質にとって政治犯解放の要求を突きつけた事件が起こり、急襲作戦が失敗して人質は死に、イスラエルが報復空爆を繰り返すというのは、「ミュンヘン五輪襲撃事件」と同じ構図である。パレスチナ側もイスラエル側も、犠牲を払うのは民間人である。イスラエル軍は常に「武装組織の軍事拠点への攻撃」と発表するが、実際にはパレスチナ難民キャンプへの無差別空爆であることは、父親や級友を失ったアリの証言から明らかである。

アリはナバティエ・キャンプが消滅した後、母親がいた東ベイルートのキリスト教地区にあったタルザアタル・キャンプに移り、そこから高校に通った。翌年の一九七五年にレバノン内戦が始まる。アリは七六年の「タルザアタルの虐殺」に遭遇することになる。

●レバノン内戦

一九七五年から九〇年まで一五年間続いたレバノンの内戦。レバノンではもともとキリスト教徒が政治を主導していたが、五〇年代、六〇年代のアラブ民族主義の隆盛の中で、パレスチナ解放戦線（ＰＬＯ）と連携してイスラエルと対抗し、レバノン国内でも主導権を得ようとする動きがイスラム勢力の一派のドルーズ派や左派勢力から起こった。それに対して、レバノンの最大宗派であるキリスト教徒のマロン派では、レバノンの独立を守る立場から「レバノン・ナショナリズム」を掲げる右派勢力が台頭した。イスラエルはレバノンのキリスト教右派を支援し、シリアはＰＬＯやイスラム勢力を支援するなど、外からの干渉もあり、宗教・宗派の利害が絡む複雑な内戦となった。内戦によって一五万人から二〇万人が死んだといわれる。加えて一〇〇万人が戦火を逃れて出国した。

レバノン内戦の勃発

レバノン内戦のきっかけになったのは七五年四月一三日、ベイルート中心部のキリスト教地区アイン・ルンマーナで起こった「バス虐殺事件」である。キリスト教右派民兵の「レバノン軍団」の検問を通ろうとしたパレスチナ人を乗せたバスが軍団に襲撃され、乗客二八人以上が殺害された。バスには西ベイルートで行われた政治集会からの帰途だったタルザアタル・キャンプのパレスチナ人が乗りこんでいた。それに先立って、何者かが運転する乗用車が、軍団の検問を突破して銃撃し、軍団側の四人が死んだ。軍団はパレスチナ人の攻撃と思い込んで、バス襲撃に及んだ。この事件をきっかけにベイルート市内でレバノン軍団とパレスチナ武装組織の激しい衝突が数日続いた。ベイルートは東のキリスト教地区と、西のイスラム地区に分断された。シャティーラは西ベイルートにあるが、タルザアタルは東ベイルートのキリスト教地区の真っただ中にあった。

私はシャティーラで人々へのインタビューを重ねるうちに、アリ・ハティーブだけでなく、タルザアタルから移って来たという住民が非常に多いことに気付いた。タルザアタルで包囲攻撃を受け、キャンプが陥落した後に起こった虐殺で父や兄弟、息子を殺されたという記憶は、シャティーラの記憶の一部となっている。ナバティエ・キャンプ空爆の後、タルザアタルに移ったアリの話を聞く前に、タルザアタル・キャンプで生まれて、現在、シャティーラに住んでいるマフムード・ハシム(一九六七年生)の話を紹介しよう。彼は内戦の発端となった「バス虐殺事件」があった日のことをよく覚えていた。

その日、西ベイルートでフェダイーンの集会があるというので、タルザアタルからも四台のバスが出た。九歳の私も集会に参加しようと考えていたが、母が「一リラを小遣いに上げるから、集会に行かないで家で手伝いをしておくれ」と言うので、行かなかった。当時、店番をして一週間でもらうお金が二リラだったから、一日で一リラの小遣いはうれしかった。ところが集会が終わって戻ってくるバスが途中で、キリスト教民兵に銃撃されたことを知った。

●タルザアタルの虐殺

キリスト教地区の東ベイルートにあったパレスチナ難民キャンプ、タルザアタルが、一九七六年六月からキリスト教民兵の包囲攻撃を受けて八月一二日に陥落し、西ベイルートに退避するパレスチナ人一五〇〇人から二〇〇〇人が殺害されたとされる。タルザアタルでUNRWAに登録されていた難民は九〇〇〇人だったが、当時のキャンプの人口は五万から六万とされている。アリ・ハティーブの家族のようにイスラエルの空爆を受けた南部の難民キャンプから移り住んだ難民たちもいた。さらにシリア人やエジプト人など、ベイルートで働くアラブ人も住んで、人口が膨れ上がっていた。

マフムードは七六年にはキャンプにあったUNRWAの小学校三年生で、九歳だった。両親と五男五女の一〇人兄弟姉妹の四男。彼はキャンプにあったパレスチナの政治組織の軍事訓練を受けた記憶を語った。

パレスチナ政治組織の人間から「いざという時に武器を使うことができれば、自分を守ることができる」と言われて、放課後、自主的に三カ月の軍事訓練を受けた。壁に垂らしたロープを上り降りしたり、ロープを張って、その上を飛び越えたり、火を燃やした輪の中を飛んでくぐったりした。実弾を使った銃撃訓練もあり、ガラスの瓶を狙って撃った。私は射撃が上手で、一三人のグループの中で最高の成績だった。教官からは「お前は狙撃手になれる」と言われた。私は軍事訓練が好きだった。包囲攻撃が始まった後、三人の兄はすべて戦士として戦ったが、母は私を家の外に出さなかったために、戦いには参加していない。包囲攻撃では周囲からキリスト教右派民兵の狙撃手に狙われ、外に出る時には身を屈めて、通りの端を歩き、通りを横切るときは命がけだった。最大の危険は家から三〇〇メートルほど離れた水場への水汲みだった。その周囲は常に狙撃手に狙われているので、毎日夜になってから、母親と私が水を汲みに行くのが日課だった。

家には春に生まれたばかりの妹マナールがいた。マナールが生まれた後、〔六月の〕完全包囲がきた。食料は底をつき、母の母乳もほとんどでなくて、授乳ができなかった。マナールはいつも泣いていた。家族の誰が抱いてもマナールは泣き止まなかったが、不思議に私が抱いた時だけ泣き止んだ。私はマナールのことが大好きだった。しかし、生後一カ月半で、マナールは死んでしまった。彼女が死んだ日、私たち家族はキャンプの中にできていた墓地に小さな亡骸を埋葬した。

その後、別の妹が外に出た時に狙撃手に足を撃たれて骨を砕かれた。母は車を頼んで、妹を外の病院に連れて行った。その時に私と一八歳の兄が車に乗り込んだが、兄はキャンプを出る時にキリスト教右派民兵に殺されることを恐れて、キャンプを出る直前で車を降りた。私たちは妹をシャティーラ・キャンプの近くにある病院に連れて行って、手術を受けさせた。私と母はそのまま、母の実家があったシャティーラに来た。車から逃げ戻った兄はキャンプが陥落した八月一二日の前日に、他の戦士とともに山に退去したと言われているが、いまだに消息は分からない。途中でキリスト教右派民兵に殺害された者も多く、兄もその一人だと思う。


第1章の冒頭でパレスチナの故郷の記憶を語った女性ナジャフ・アブドルラゼク(一九三七年生)も七六年にタルザアタルにいた。彼女はパレスチナを追われた後、家族とともにレバノン南部に逃れ、五五年、一八歳の時、従兄と結婚した。結婚後、ベイルート港に近い東ベイルートのカランティナ地区に移り二〇年間住んだ。カランティナとその周辺は難民キャンプではなかったが、二万人以上のパレスチナ人が住み、ＰＬＯが強い影響力を持っていた。七五年に始まったレバノン内戦で真っ先にレバノン軍団の包囲攻撃を受けて、パレスチナ人が追われたのがカランティィナ地区である。七六年一月にカランティィナのパレスチナ人は排除された。その攻撃でパレスチナ人が一五〇〇人死んだとも言われ、「カランティィナの虐殺」と呼ばれた。ナジャフはカランティィナからタルザアタルに逃げたが、半年後にはタルザアタルを追われてシャティーラにきた。

私はカランティィナでは四男四女の八人の子供がいて、九人目を妊娠していてお腹が大きかった。陥落の時には砲撃の中を、子供の手を引いて、建物に隠れながら脱出しました。命からがらでした。タルザアタルに逃げたのは、そこに私と夫の親戚が住んでいたからです。移って間もなくして、タルザアタルの包囲攻撃が始まりました。私は包囲攻撃の下に四〇日間いて、その間に五男を出産しました。包囲されて食料は底をつきました。いつも銃撃が続いていました。水を汲みに行く時に、狙撃手に狙われて、何人も死にました。私は妊娠していたので、水汲みは夫が行きました。私は子供を連れて、八月にタルザアタルが陥落する一カ月前の七月に車に乗って脱出することができたので、そのままシャティーラに来ました。

狙撃恐れ、命がけの水汲み

シャティーラの医師ムハンマド・ハティーブやその弟のアリ・ハティーブの従弟で、現在、シャティーラで電気修理の店を開いているイブラヒーム・ハティーブ（一九六五年生）はタルザアタルで生まれ、育った。陥落の時は一二歳で、家族は両親と四男七女の一三人だった。イブラヒームは包囲攻撃の悲惨な記憶を次のように語った。

父はタルザアタルでパン屋を始め、窯を持って自分で焼いていたので人気があった。しかし、包囲攻撃が始まってからは小麦が入手できなくなり、店は閉じた。包囲攻撃が始まった後は、地下にあった縫製工場を転用したシェルターで暮らした。広いシェルターで一〇〇人ほどが生活していた。包囲攻撃で最も困ったのは水だった。キャンプには当初、水道の水が来ていたが、砲撃によってキャンプに水を送るタンクが破壊されて、給水は途絶えた。キャンプの周辺部で地下の水道パイプが爆弾投下で破壊され、水が地上に噴き出しているところがあり、人々はそこに行ってポリタンクをいっぱいにした。人々は狙撃兵から身を隠しながら通りを進んだ。水汲み場まで一時間以上かかった。

キャンプが陥落する一カ月ほど前だから七月のことだ。水汲みに行った時に、私の親戚のアミーナという若い女性が水汲みに来ていた。彼女が誰かを見つけて手を振って何か叫んだ時に、狙撃の弾丸が彼女の腹部に命中し、腹部が破裂した。私は彼女から一〇メートルほど離れたところにいて、一部始終をこの目で見た。彼女はそのまま数メートル歩いたが、そのまま前に倒れて、あたりは血の海となった。水汲み場の周辺では毎日一〇人以上が死傷した。

私には一八歳の兄がいて、ＤＦＬＰの戦士として戦っていた。キャンプが降伏した八月一二日の前夜、兄は出発する前に父親と抱き合って、家を出た。他の戦士と一緒に山を登って、退去したが、兄はそのまま行方不明になった。戦士の中には、途中でキリスト教右派民兵によって殺害された者もいた。

現在、シャティーラの南東の角でタバコ店をだしているザカリヤ・サクラン(一九六六年生)もタルザアタル生まれで、包囲攻撃を生き延びて、シャティーラに移った。陥落の時は一〇歳だった。家族は両親と、六男四女の一〇人の子供で計一二人。ザカリヤは兄弟の中の末弟である。五人の兄はすべて戦士として戦い、ザカリヤが母を助けた。

タルザアタルのパレスチナ人の抵抗は強くて、初めのうちはキャンプの周辺のキリスト教地区も支配下に置いていた。しかし、シリアがキリスト教右派勢力の加勢に入ったことで、状況は大きく変わった。それでも二カ月間抗戦したが、キャンプには食べ物がなくなった。私の家はトタンぶきの家だったので、砲撃によって崩れ、近くの地下壕やコンクリート造りの家に避難した。最後は食べ物もなくなり、キャンプにいる犬も猫も生き物はすべて殺して食べた。私の兄のうち二人は戦闘で負傷し、別の兄は水を汲みに行って狙撃手に足を撃たれて負傷した。いずれも重傷ではなかった。

陥落は八月一二日だが、PLO指導部から三日前に、戦闘員はすべてキャンプから退去し、民間人は投降するという決断がくだった。私の父と五人の兄は一一日の夜、家を出て退去し、私は母と妹たちと残った。キャンプの外には山が迫っており、戦士たちは山を登って、PLOと共闘するドルーズ派の村に行って安全を得た。私の兄三人は足を負傷していたが、山を登って生き延びた。しかし、戦士の中にはひどいけがをしている者もいて、途中で動けなくなり、取り残された者もいたという。

シャティーラ・キャンプの南東の角にタルザアタルの住民が集まっている二棟の住宅ビルがある。そこに住むムハンマド・ナジャミ(一九六〇年生)は、タルザアタルの包囲攻撃の時、一六歳で中学三年生だった。一六歳と言えば普通は戦士として戦う年齢だが、父親が彼を家の外に出さなかった。ムハンマドの家は六男二女で、ムハンマドは長男だったというから兄弟はみな小さかった。

私の家族が地下のシェルターに寝泊まりしていた七月下旬、キリスト教右派民兵が侵入した。私は家にいて、ドアを開けて外を見た時に民兵に見つかり、銃撃を受けて足を負傷した。この時、祖母は胸を撃たれた。祖母は一九〇〇年にパレスチナで生まれ、七六歳だった。病院も薬もなく、傷を塩とお湯で消毒するしかなかった。祖母は一週間苦しんで、陥落する四、五日前に死んだ。私の傷は銃弾が筋肉を貫通し、一週間は激しい痛みが続いたが、陥落までには歩けるようになった。

ムハンマド・ナジャミ

同じくキャンプに侵入してきたキリスト教右派民兵による銃撃で負傷した記憶を語るのは、現在、シャティーラのPFLP系の「青少年センター」の責任者をしているイマード・ラアド(一九七一年生)である。包囲攻撃の時は五歳だった。

キャンプにキリスト教右派民兵が侵入し、家にいた家族に銃撃した。母は銃撃を胸に、姉は太ももに受け、私の右足にも銃弾の破片が入った。薬もなく、包帯で巻いているだけで、足がはれ上がり、激痛が一週間続いた。一週間後に、家族は国際赤十字の救急車でキャンプから出て、西ベイルートの病院に運ばれた。この時、従姉が私と母、姉に付き添った。キャンプを出たところで、私たちが乗った救急車への銃撃があり、付き添いの従姉は胸に銃撃を受けて負傷した。全員が病院に収容された。私の足の傷は深刻で、三年の間、病院に入院し、最後は切断しなければならないと宣告を受けた。しかし、運よく、一九八〇年にPLOを通じてロシアに治療に行き、切断せずに回復した。タルザアタルでは私の家は大きく、父親には多くの兄弟がいた。父親を含めて、みな、フェダイーンとして戦ったが、父親の兄弟六人が死亡した。ラアド家の四分の三は死んだ。

マリアム・アルフセイニ

彼の話から、負傷者を搬送する国際赤十字の救急車さえ銃撃を受けたことが分かる。ムハンマド・ナジャミの祖母が胸を撃たれたころ、タルザアタルで女児を出産した女性がいた。シャティーラでパレスチナの家庭料理をつくって売る店を開いているマリアム・アルフセイニ(一九五二年生)だ。マリアムは赤ん坊のころに両親が死に、タルザアタルの叔父の家に引き取られて育った。「叔父の子供たちはみな学校に行っているのに、私は学校に行かないで召使のように家事を手伝わされた」と、辛い子供時代を語った。二〇歳で結婚して四年目、二人の子供をもうけた時にタルザアタルの包囲攻撃に遭遇した。七六年七月下旬に三女シルバナを出産した。

キャンプにはお医者さんもいなかった。消毒のために赤ん坊の体を塩水のお湯に入れてふいた。食べ物は完全に底をついていた。私も立ち上がれないほどで、赤ん坊もぐったりとしていた。ひどい状況だったが、赤ん坊は生き延びた。私たち家族は八月一二日にキャンプが陥落する前日の、午後一一時にキャンプから出た。この夜、PLOとレバノン軍団の合意によってパレスチナ・フェダイーンはキャンプから退去した。私の夫が四歳の長女サマルと次女を抱き、私が赤ん坊のシルバナを抱いてキャンプから出た。キャンプを出る時に民兵の検問があり、夫の身分証明書を調べた。私はおびえているサマルに「怖がることはないよ。このおじちゃんは何もしないからね」と言い聞かせた。民兵は夫を含めて家族を通した。検問の向こうにいたパレスチナ人を助けにきた車で退避した。落ち着いたレバノン東部のバールベックでシルバナはすぐに病院に入院した。

半年の間、断続的に包囲攻撃が続き、六月に入って完全封鎖となった状態で無事に出産し、その娘が生き延びたのは奇跡のようなことである。ザカリヤやマリアムが語ったように、PLOの決定に基づいて一一日の夜のうちにフェダイーンがすべて退去し、タルザアタルは丸腰になった。翌一二日は「タルザアタルの虐殺」の日として記録されている。

シリア軍からの離脱

キリスト教地域の真っただ中にあったにもかかわらず、タルザアタルが包囲攻撃に半年以上持ちこたえたことから、キャンプの徹底抗戦ぶりが分かる。当時、一一歳のザカリヤの五人の兄はすべてフェダイーンになったと語ったように、一五歳以上の男性は銃をとって戦った。タルザアタルが簡単に陥落しなかったのは、レバノンでPLOが軍事的に勢力を持っていた証拠でもある。

タルザアタルの戦いの転換点になったのは、七六年六月初めにシリアがレバノン政府の要請に基づいて軍事介入し、タルザアタルの反PLO包囲に加勢したことである。シリアはそれまでイスラエルに対抗するためにパレスチナ人に対する武装訓練に協力し、パレスチナ人の武装闘争を支援していた。シリアが反PLOで介入した思惑についての見方は様々にあるが、レバノン内戦によってPLOがレバノンで軍事的影響力を強めることに懸念を抱いたためというのが一般的である。

この時、シリア軍兵士として包囲攻撃に参加していたという人物とシャティーラで会った。ホスニ・シャーベイヤ(一九五四年生)というシリア人のPFLPのメンバーである。

私はシリア南部でヨルダンに近いダラアで生まれた。父は農民だったが、五〇年代からアラブ民族運動の支持者で、パレスチナ人のフェダイーンを助けていた。家にはヨルダンとシリアを往来するパレスチナ人が訪ねてきて、私もフェダイーンに憧れるようになった。六七年の第三次中東戦争でのアラブ諸国の大敗の後、シリアの町では若者たちがパレスチナのフェダイーンに志願する動きが始まった。父は私に農業をしてほしかったが、私はフェダイーンになりたくて、父に黙ってパレスチナの一カ月の軍事訓練キャンプに参加して、武器の使い方を身につけた。その後、シリアでイスラエルの国境地帯に近いゴラン高原に行き、一時間から二時間の夜の見張りについた。しかし、父が探しにきて、私を見つけて殴り、ターバンの布で身体を縛られて、家に連れ戻された。その後、フェダイーンのもとに逃げ帰り、また父に連れ戻されるということを数回繰り返した。

そのうちパレスチナ解放民主戦線（DFLP）に参加するようになって、ヨルダンの国境近くで武装闘争に参加した。七三年にシリアの徴兵がかかったため、DFLPが密かにレバノンに逃がしてくれて、レバノンでの武装闘争に参加した。七五年にはレバノン内戦が始まり、キリスト教右派民兵との戦いにも参加した。七六年に結婚しようと考えたが、シリア軍の徴兵を終えていないので、シリアの身分証明書がない。シリアに戻って軍に出頭し、軍役についた。その時、私は二二歳で、兵役は三年遅れになっていた。シリアでは戦車部隊に配属された。七六年八月にレバノンに駐留したシリア軍に合流し、タルザアタルの包囲に参加した。

私はタルザアタルにもパレスチナ人の友人がいて、以前はよく行っていた。シリア軍はレバノン軍団とともに戦っていた。私は戦車部隊の中で三両の戦車を指揮していた。部下は乗員と歩兵で計三六人いた。司令官から無線で、タルザアタルの目標を砲撃するように指令を受けた。私はわざと目標を外した。再度、軌道を修正して砲撃するように指令が来た。砲撃したが、また外した。さらに命令がきて、もし、次に標的を外したら、お前を逮捕する、という無線がきた。私は戦車の乗員に「私は離脱する」と宣言して、戦車を降りて、立ち去った。それはタルザアタルの陥落の数日前のことだ。私は軍の命令に背いた。裏切り行為だった。政治指導者は「相手はテロリストだ、やっつけろ」と言うが、私たちが戦っている先には子供たちがいることを知っていた。子供たちに向けて砲撃することはできない。その時、私の部下三六人のうち二〇人が私とともに戦線を離脱した。離脱したのは政治的な理由ばかりではない。人道的、道徳的に市民を殺すことを拒否した者もいた。私はシリア軍を離脱した後、ＤＦＬＰに戻った。

ホスニはその後、ＰＦＬＰに移り、いまはＰＦＬＰのメンバーとしてシャティーラで暮らしている。レバノン内戦が九〇年に終わった後、シリアに戻り、軍務命令違反の罪で七年間、シリアで服役し、その後、二〇〇一年にシャティーラに戻ってきた。ホスニの話を聞きながら感銘を受けたのは、タルザアタルの包囲戦から離脱した理由について、自身が属するパレスチナ政治組織への忠誠心ではなく、砲撃をする先に子供たちがいるという、市民を巻き込む無差別砲撃に対する人道的な拒否感を語ったことである。

タルザアタル陥落の日

さて、「タルザアタルの虐殺」の日である八月一二日の朝の記憶をたどろう。フェダイーンは前日夜にキャンプから退去し、キャンプは武装解除されていた。残った住民たちはキャンプのいくつかの出口から外に出た。出口はすべてキリスト教右派民兵が固めている。住民たちはキャンプの西の出口からデクワニ広場に出た者が多かった。その広場から西ベイルートの入り口である国立博物館までは三キロ弱であり、国際赤十字が安全に退避させてくれるはずだった。ザカリヤ・サクラン（一九六六年生）はこの朝のことを次のように語った。

ザカリヤ・サクラン

午前六時ごろ、私は母と四人の妹とともに白旗を持って家を出て、投降する一〇〇人ほどの集まりに合流した。キャンプを出てすぐのところにあるデクワニ広場で投降することになっていた。デクワニ広場までは歩いて一五分から二〇分の距離だ。人々の間からは「先に出発した者の中には広場に到着する前に殺された者がいるそうだ」という話を聞いた。キャンプを出たところはキリスト教地区だが、戦闘があったため無人地帯になっていた。その向こうにデクワニ広場がある。道路の両側には銃を持ったキリスト教右派民兵が並んでいる。その間を私たちはグループになって進んだ。デクワニ広場にはたくさんのパレスチナ人が集まっていた。

広場につくと、キリスト教右派民兵がパレスチナ人の中から四〇代、五〇代の男たちや一五、六歳以上の若者を選んで、次々と連れて行った。連れて行かれたものが、どうなったかは分からない。私はまだ幼かったが、連れて行かれるかもしれないと恐ろしかった。母は私が民兵の目に留まらないように、私を上から抱きしめて隠してくれた。どの家族もそうして男の子を守った。午前中はキャンプからの投降が続いた。午後の遅い時間に、西ベイルートに人々を乗せて移動する小型トラックの車列が来て、移動が始まった。車は普通の車両だったが、赤十字の旗がついていた。東西ベイルートの間のグリーンラインで車を降りて、検問を歩いて西側に移った。この検問で民兵に連れていかれる者もいた。西ベイルートについた人々は、国連の関係者に「私の息子が連れていかれた」「夫を取り戻して欲しい」と訴えていた。

タルザアタルのパレスチナ人が投降してデクワニ広場に集まり、イスラム地域の西ベイルートに退避するまでの間に、キリスト教右派民兵から様々な報復的暴力を受けたことは、現在のシャティーラでいくらでも話を聞くことができる。シャティーラでUNRWAの清掃事業で働くアクラム・アフマド(一九六七年生)は当時九歳だった。

一二日の午前中、両親と兄弟、叔父家族など一〇人以上が固まってタルザアタルを出た。父親は大きな鍋を背負っていた。デクワニ広場から西ベイルートに向かって歩くことになった。しばらくして若いキリスト教民兵が父に銃を向けて「お前はレバノン人か、パレスチナ人か?」と聞いた。父親が「私はレバノン人だ」と答えると、民兵は「お前は嘘つきだ。パレスチナ人のくせに」と父親を銃底で殴り倒した。父親が立ち上がったところを、民兵は至近距離から銃で撃った。崩れ落ちた父親に母親が大声をあげてすがりついた。すると民兵は「お前たちみんな殺すこともできるぞ。立ち去れ」と怒鳴った。その後、家族は父の遺体を残したまま動き、迎えに来た車に乗って西ベイルートに到着した。目の前で父親を殺された光景が、いまも目に焼き付いている。

シャティーラで理髪店を開いているムハンマド・フレイジ(一九六八年生)は家族一一人で古いメルセデスのタクシーに乗って西ベイルートに移動する途中で、キリスト教民兵の検問で止められた。民兵が車の中を覗き込んで体を低くして身を隠していた父親を見つけて、「外に出ろ」と命じ、持ち物検査をして出てきたお金をとり、そのまま連れていった。「いまだに父の行方は分からない」とムハンマドは語る。

シャティーラで小さな木工所を持つムハンマド・アルハッジ(一九六三年生)は、デクワニ広場から小型トラックに三〇人以上で「羊のように」詰め込まれて、西ベイルートに向かった。境界の手前にあるガソリンスタンドにトラックは止まり、全員が下車した。境界に向かって歩いていた時、キリスト教右派民兵が三〇代半ばだった彼の父親を見つけて、銃を突き付けて連行した。彼は「父がどうなったかは分からない。この日、二〇〇〇人ほどが連れ去られて殺されたと言われている」と語った。

ナバティエ・キャンプをイスラエル軍の空爆で破壊されて、タルザアタルに移ったアリ・ハティーブ(一九五七年生)の話に移ろう。

タルザアタルが陥落した八月一二日の朝、キャンプには戦闘員は残っていなかった。この時、アリは一九歳になっていた。私はアリに「あなたは一九歳なのに、なぜ、一二日までキャンプに残っていたのか」と聞

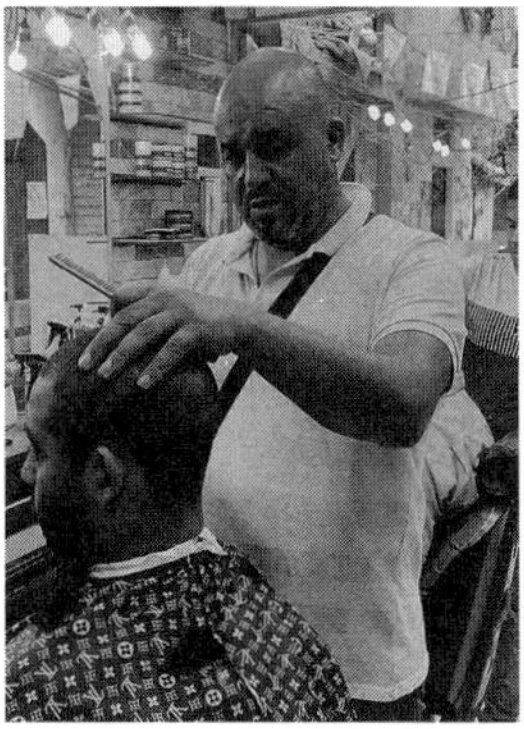

ムハンマド・フレイジ

いた。アリは「私は投降すれば危害は加えないという話を信じていた」と答えた。続けて、「母親と姉のアディーベの幼い娘たちの面倒を見なければならなかった」と付け加えた。アディーベは包囲攻撃の間に砲弾で負傷し、幼い五人の娘たちを家に残して、外の病院に入院していた。先に紹介したように、家族とともに投降した父親が民兵に連行された例は多い。戦闘員でなければ、相手は危害を加えない、と考えて父親たちは家族とともに残ったのだろう。しかし、キリスト教民兵は成人男性と見れば見境なく敵視し、父親たちが犠牲になった。アリは、その日の出来事を話し始めた。

八月一二日に投降するといっても、誰もどうしたらよいか分からなかった。キャンプの周りには、デクワニの他に、サラフ、カラアと呼ばれるキリスト教地区の出口があった。どこに出るかは自分たちで決めなければならなかった。二歳上の兄のアディーブが「私が母や妹を連れて行こう」と言った。「兄さんは年上で民兵に狙われるから、私が連れて行くのがいいだろう」と私が言い、母親と幼い姪たちを連れてデクワニ広場に出ることになった。キャンプには戦闘員はいないので、キリスト教民兵が攻めてくることを恐れ、早朝に出た者も多かった。一方で、アラブ連盟軍がキャンプに来てパレスチナ人を護衛するという話もあった。私たちは何が起こるか見極めるために、午前一一時まで待ってから、白い旗を持って家を出た。

キャンプを出てデクワニ広場に向かう道の両側に、キリスト教右派民兵が銃を持って並んでいた。デクワニ広場まで一〇〇メートルか一五〇メートルを歩かねばならない。少し歩くと道のわきに女性の死体が見えた。私は一緒にいた母親に「私はキャンプに戻る。このまま行けば殺される」とささやいた。母は「お前が戻ればあいつらは撃ってくる。戻ってはいけない」と制した。さらに進むと、男たちの死体が重なっているのが見えた。私は恐怖に襲われた。私は何も考えることができなくなって、そのまま歩き続けた。すると、若い民兵が私の隣を歩いていた若者に銃を突き付けて「お前はパレスチナ人か？」と聞いた。若者は「なぜ、パレスチナ人を殺すのか」と言い返した。民兵は若者の頭を撃ち、若者はそのまま絶命した。その後、何も言わずに私に銃を突き付けてきた。私は夢中で銃をつかんで、その銃で民兵を羽交い絞めにした。民兵が叫んで、近くにいた民兵たちが私に銃を向けた。すると、別の民兵が「そいつを行かせろ。そうすれば我々を撃つことはない」と言った。私は民兵を離して、その場を離れた。その後、別の民兵が私を撃とうとした。すると母親が「私にはこの息子しかない。撃たないでください」と懇願した。民兵は「こいつは戦士だ」と言って、私に銃を突きつけた。そこへ別の民兵が来て、「そいつと母親を通してやれ」と言い、難を逃れた。

アリはデクワニ広場に着くまでの、無人地帯での血も凍るような退避の記憶を語った。デクワニ広場には多くのパレスチナ人が集まっていた。そこには外国人ジャーナリストが来て、写真を撮っていた。民兵もカメラの前ではパレスチナ人を殺すことはしなかった。西ベイルートに移送する車が来るまでデクワニ広場の学校に入って待つことになった。

タルザアタルに住んでいたレバノン人の隣人のアブアリが、私たちの家族と一緒にいた。アブアリは七〇代の老人で、その妻と娘が一緒だった。学校の部屋にキリスト教右派民兵が来て、私を見つけて「ここに若い男がいるぞ」と言い、腕をつかんで連行しようとした。すると、アブアリの娘が「その男を離せば、私の黄金をあげよう」と言った。娘が身に着けていた金の装飾品とお金を与えると、民兵は立ち去った。その後、西ベイルートに向かうトラックの車列がきて、私たち家族はその一台に乗った。トラックの荷台に五〇人から六〇人が乗った。ほとんどが女性と子供で、私はアブアリ老人と一緒に乗った。私は民兵から見つからないように、トラックの荷台の中央で女たちの足下に身を屈め、女たちが私を衣服で隠した。道路脇ではひっきりなしに銃撃が聞こえていた。西ベイルートまで車で一〇分間ほどの時間だが、これが私にとっては人生で最も長い一〇分間となった。

トラックの車列は頻繁にキリスト教民兵に止められた。民兵はトラックの中に男を見つけると引きずりだして殺した。道路脇では男の断末魔の叫びが響いた。その日は八月の暑い日で、私は女性たちの衣服の下で息ができなくなり、酸欠状態となった。一瞬空気を吸うために頭を上げた。その時、トラックの外にいたキリスト教民兵の若者と目があった。見つかった、と思って身体が固まった。民兵の若者は車に近づいてきて「そこに、じっとしていろ」と言って見逃してくれた。そうして東西ベイルートの境界まで来て、トラックを降りた。アブアリとその家族は私と一緒に歩いてくれた。私は東西の境界線を越えて、危機を脱することができた。この日、七回、銃を向けられ、そのたびに死を覚悟した。

タルザアタルのキャンプで別れたアリの二歳上の兄アディーブは、叔母の家族と一緒に別の出口から出た。一緒にいた叔母によると兄は民兵に連行された。兄の行方は今もって分からない。

アリは三年後の七九年にＰＬＯの奨学金を受けて、キューバの大学に留学した。アリはファタハのメンバーではなかったが、ナバティエ・キャンプに対するイスラエルの空爆で父親を失い、さらにタルザアタル・キャンプの陥落で家を失ったことから、特別な措置を受けた。キューバの大学で六年間、電気工学を学び、八五年にレバノンに帰った。八九年にＵＮＲＷＡで通信機器のメンテナンスをする技師として働くことになり、ベイルート中心部の廃墟ビルに住んだ。九四年にレバノン政府が再開発のための立退料として八〇〇〇ドルを払い、その金でシャティーラに家を購入した。留学中にキューバ人女性と結婚して、一男三女の四人の子供がいる。長男と二人の娘はキューバの大学に留学している。三女は中学生で、中学を終えたら、キューバにいる兄姉のところで、勉強させるという。母親がキューバ国籍を持っているので、子供たちもキューバ国籍を取得しているという。

アリは二時間以上も、疲れを知らないように大きな声で話した。兄のムハンマドが低い声でぼそぼそと話すのとは対照的だった。「私の頭の中には、たくさんのことが詰まっている。昔のことはいまでも目の前で起こったように覚えている。ナバティエ・キャンプでの空爆のことやタルザアタルでの砲撃や殺戮……。もし、十分な時間があれば、私は本を書くよ」と、屈託なく言った。しかし、その口調とは裏腹に、「私は考え始めると、夜、眠れなくなり、いまでも短い時間しか眠ることはできない。目が覚めている間は、ものを考え続けなくてもいいように、本を読んだり、テレビを見たりしている」と打ち明けた。

タルザアタル・キャンプを追われた人々の多くがキャンプ陥落の後、ベイルート南方のダムールに移った。内戦の前にはキリスト教徒が住んでいたがＰＬＯが住民を排除した。キリスト教徒は「ダムールの虐殺」と呼んでいる。多くのパレスチナ人が住んでいたカランティナ地区の住民がキリスト教右派民兵の包囲攻撃で排除され、その報復としてPLOはダムールを攻略した。ダムールを追われたキリスト教徒に話を聞けば、タルザアタルのパレスチナ人に聞いたような悲惨な話を聞くことができるはずだ。パレスチナ人の民衆の悲劇の向こう側には、キリスト教徒の民衆の悲劇がある。タルザアタルの悲劇をパレスチナ人の悲劇とだけとらえるのではなく、戦火のもとで犠牲になる市民の悲劇ととらえるべきである。ダムールは八二年のイスラエル軍のレバノン侵攻の際に激しい空爆を受けた。パレスチナ人はダムールを追われて、戦闘で廃墟となったベイルート中心部のビルに住むことになる。九〇年に内戦が終わった後、ベイルート中心部の再建が始まり、アリ・ハティーブのように立退料を得て、シャティーラに移り住んだ者が多い。

私は「タルザアタルの虐殺」から四一周年となる二〇一七年の八月一二日に、シャティーラで取材していた。私の立ち寄り先の一つだったNGO「不屈の子どもたちの家」では「タルザアタル虐殺四一年／子どもたちの家四一年」と描いた横断幕を広げて、キャンプから一キロほど離れたパレスチナ人の殉教者墓地までパレードをした。所長のジャミーラ・シェハータ(一九五四年生)は「子どもたちの家の活動はタルザアタルの虐殺を逃れて西ベイルートにたどり着いた家族を救援することから始まった」と語った。パレードには「子どもたちの家」の活動に参加する子供たちとその母親たち五〇人ほどが集まった。タルザアタルのデクワニ広場で息子を連れて行かれたという七〇歳を超えた男性も参加しており、「あの日のことは忘れない」と語った。四〇年以上が経過しても、肉親を失った家族が、悲劇を忘れることはない。しかし、欧米や日本のメディアでは、爆撃で消えたナバティエ・キャンプや包囲攻撃で消えたタルザアタル・キャンプのことが取り上げられることは、まずない。

私自身、シャティーラの人々にインタビューをして、記憶をたどるうちに、ナバティエ・キャンプやタルザアタル・キャンプの悲劇と出会った。もちろんパレスチナ関連の書籍ではその二つのキャンプの消滅は歴史の記述としては触れられている。しかし、人間の経験としては認識していなかった。私がシャティーラで歴史に埋もれてしまった過去の空爆や包囲攻撃の経験を取材している時、隣国のシリアでは悲惨を極めるシリア内戦が続いていた。無差別空爆と包囲攻撃、虐殺が日常化し、死者は三〇万人を超えて、さらに屍を増やしている。私がアリの話を聞いた二〇一六年、アサド政権軍は同国北部の都市アレッポ東部の反体制支配地域に対して、七月から一一月まで五カ月間にわたって封鎖と包囲攻撃を続けた上で侵攻作戦によって陥落させた。一七年秋には、ダマスカス東部の反体制勢力が支配する東グータ地区で政権軍による五年間の包囲攻撃によって、「子供二〇六人、女性六七人を含む計三九七人が食料や医薬品の不足が原因で死亡している」という報告が、「シリア人権ネットワーク」から出た。「地域にいる三五万人はほとんどが民間人であり、子供の粉ミルクなど基本的な食料品の欠乏状態を招いている」「数百件にものぼる虐殺に加えて、住宅地域への無差別で意識的な砲撃による数千カ所の民間住宅・施設の破壊が起こっている」と、している。

それはまさにタルザアタルの包囲攻撃と同じ悲惨な戦争が続いていることを意味する。レバノン内戦やシリア内戦だけでなく、あらゆる紛争で、民間人の犠牲は延々と繰り返されてきた。世界はその都度、「悲劇」と騒ぐが、すぐに忘却し、同じことを繰り返している。

第5章 サブラ・シャティーラの虐殺

戻らなかった「平和の使者」

シャティーラ・キャンプが広く世界に知られたのは、一九八二年九月の「サブラ・シャティーラの虐殺」によってである。この虐殺事件が特筆されるのは、内戦中とはいえ、ベイルートという一国の首都の一角で一〇〇〇人規模の大規模虐殺が起き、虐殺の直後に、欧米や日本のジャーナリストが現場に入って惨状が世界に発信されたためである。

●イスラエルのレバノン侵攻

一九八二年六月六日に八万人以上のイスラエル軍部隊が国境を越えて「ガリラヤ平和作戦」と名付けられたレバノン侵攻が始まった。当時の国防相のアリエル・シャロンは、作戦の目的をイスラエル国境に近いレバノン南部のPLOの軍事拠点を排除することと説明したが、一週間後の六月半ばにはベイルートに達し、キリスト教右派民兵と連携して、PLOの本拠地のある西ベイルートを包囲した。PLOは八月中旬に米国の仲介でベイルートからの退去に合意した。フランス、イタリア、米軍による停戦監視軍の駐留と入れ替わりに、アラファト以下のPLO戦士の退去が八月末までに実施された。

●サブラ・シャティーラの虐殺

一九八二年九月一六日から三日間、イスラエル軍に包囲されたシャティーラ・キャンプとその周辺で、キリスト教右派民兵が行った虐殺事件。正確な死者数は分かっておらず、最大三五〇〇人という推計がある。虐殺に先立つ一四日に、キリスト教右派の指導者で大統領に選出されたばかりのバシール・ジュマイエルが爆殺され、同派はパレスチナ人の仕業と考えた。翌一五日、イスラエル軍がシャティーラ・キャンプを包囲する中、一六日夕、右派民兵が引き入れられた。事件後のイスラエルの調査で、国防相のシャロンは虐殺が起こっているという報告が出ていたのに制止する措置をとらなかったとして、国防相辞任に追い込まれた。国連総会はこの虐殺を「ジェノサイド(大量虐殺)」とする決議を採択した。シャロンらの戦争犯罪を問う声は強かったが、結局、責任は問われなかった。

毎年、虐殺があった九月一六日から一八日にかけて、シャティーラでは追悼集会や事件を扱った演劇や音楽行事が行われる。虐殺から三四年目の二〇一六年九月一六日に、近くの地区会館で追悼集会があった。遺族を代表してシャヒーラ・アブルデイナ(一九五八年生)が「私たちは決して虐殺のことを忘れることはないし、虐殺を行った者たちの罪を問うことをやめない」とスピーチをした。虐殺の取材はシャヒーラの話を聞くことから始まった。虐殺事件当時、シャヒーラは二三歳でシャティーラ中央通り沿いに家があった。家族は夫マフムード(当時三三歳)と長女のモナ(当時三歳)、長男ファイサル(当時一歳)、次男マーヒル(当時〇歳)の五人家族だった。マーヒルは事件の時、生後わずか一五日だった。一家は六月五日にシャティーラの周辺地域がイスラエル軍に空爆されたため、シャティーラを出て、西ベイルートの中心部であるハムラ地区に避難した。イスラエル軍のレバノン侵攻は翌六月六

日から始まり、八月末にPLOがイスラエルやレバノン政府との間でベイルート退去を合意するまで、三カ月間、避難生活は続いた。PLOのベイルート退去後の九月一日に、シャヒーラはハムラの病院でマーヒルを出産した。

「サブラ・シャティーラの虐殺」を追悼する行進
(2016 年 9 月 16 日)

ハムラでは廃墟になった教会に付属した孤児院の地下壕に、四〇家族から五〇家族が住んでいました。電気も水もなく、食料も不足していました。洗い物の水は海水を汲んで使いました。私の陣痛が始まって、一緒にいた住民が私を近くの産院に連れて行ってくれましたが、そこも負傷者で溢れていました。夫は家におらず、私は夫も親戚の付き添いもなく、一人だけで出産しました。分娩室に一時間ほどとどまってから、また負傷者の隣のベッドに戻りました。赤ん坊を綿の布に包みましたが、産着はありませんでした。翌日、夫と親戚が病院にやってきました。その後、避難場所に戻って一週間ほどとどまってから、シャティーラに戻りました。避難生活はちょうど三カ月間でした。シャティーラの家はトタンぶきの平屋でしたが、イスラエルによる包囲攻撃によってドアはなく、窓の全てのガラスは割れていました。もちろん電気も、水もありませんでした。パレスチナのフェダイーンたちが退去したことで、キャンプの守りはなくなりましたが、やっと空爆も砲撃も終わりました。暮らしを再建するために、家の中から瓦礫を運び出す日々でした。

シャヒーラの話からシャティーラ難民キャンプの荒廃ぶりが伝わる。キャンプに戻って一週間ほど経った九月一四日にキリスト教右派のジュマイエル大統領の暗殺が起こった。一五日にイスラエル軍によるキャンプの包囲が始まり、翌一六日の午後二時ごろ、夫のマフムードはキャンプの上空を戦闘機が何度も行きかうのを見て、「何か起こりそうだな。子供を連れて家を出た方がいいかもしれない」と言った。マフムードは空爆や砲撃が始まれば、平屋の家はひとたまりもないと恐れた。午後になると銃撃音が聞こえ、夕方には砲撃も始まった。シャヒーラ一家は、シャティーラ中央通り沿いの家を出て、少し奥に入ったところにある三階建ての父の家に避難した。

同じく一六日午後二時ごろ、シャティーラで難民の代表たちによる会合が始まった。イスラエル軍によるキャンプへの攻撃が始まるのではなかと恐れて、対応を協議する集まりだった。会合の参加者の中にムハンマド・オマル(一九三二年生)がいた。ムハンマドはナクバの時、一七歳で銃をとって戦った経験を語った人物であるが、八二年には五一歳だった。会合には彼よりも年長のキャンプの長老たちが集まっていた。ムハンマドは会合について次のように語った。

ムハンマド・オマル

話し合いは対応を協議するために、キャンプの中の長老の一人だったアブ・アフマド・サイドの家で行われた。パレスチナの出身の村ごとに三、四人が参加し、全部で五〇人ほどが集まっていた。私はビルワ村の代表三人の一人として出席した。話し合いの中で、キャンプを包囲しているイスラエル軍の司令官のもとに住民の代表団を送って、「キャンプの中には民間人しかいない」と伝え、降伏するという住民の意思を知らせよう、という提案が出た。反対する意見もあり、会合は二時間続いたが、最終的に代表六人が選ばれた。私の名前も挙がったが、私は「イスラエルと話しても無駄だ」と言って、代表になることを拒否した。イスラエル軍が怖かったこともある。会合の間もすでにキャンプの周辺では銃撃音が聞こえていた。アブ・アフマド・サイドら選ばれた代表六人がイスラエル軍と交渉するために出発したが、帰ってこなかった。夜になってシャティーラ中央通りで虐殺が行われていることは明らかになり、その夜のうちにキャンプの住人の多くがキャンプの外に逃げた。私の家族も夜一二時ごろキャンプから出た。

サブラ・シャティーラの虐殺についての最も詳細な研究書であるバヤン・ヌワイヘド・アルフート著『サブラ・シャティーラ　一九八二年九月』でも、スタジアムにあったイスラエル軍の司令センターに「平和の使者」として向かったアブ・アフマド・サイドら四人の名前が挙がっているが、それはムハンマドが挙げた名前と同じだった。二時間の会議を経て、使者たちが出発したのは夕方近くになっていた。後に代表のうち三人が遺体で見つかったとされるが、イスラエル軍までたどり着いたのかどうかは明らかではない。代表団が出発したのは夕方であり、レバノン軍団が虐殺を始めた午後六時ごろと、ほぼ時を同じくする。

シャティーラで「記憶の博物館」を開いている医師のムハンマド・ハティーブ(一九四七年生)はち

ょうど一六日の午後五時前に妻と一歳の息子を連れ、歩いて一〇分ほどの距離にあるアッカ病院に向かって急いでいた。ムハンマドは六九年からスペインに留学して医学を学んだ。七四年にナバティエ・キャンプで父親がイスラエルの空爆で死に、仕送りがなくなったため、働かねばならなくなり、卒業までに一〇年かかった。七九年にベイルートに戻ってきて、ＰＬＯ系の赤新月社とつながりがあるシャティーラにある診療所の医師になった。八〇年に結婚し、八一年に長男が生まれた。六月中旬にイスラエル軍の西ベイルートの包囲が始まると、みなキャンプから出たため、彼もキャンプの南五〇〇メートルほどのところにある赤新月社のアッカ病院に配属された。この日、ムハンマドはイスラエル軍に包囲されたことで不穏に感じていた。アッカ病院に行く時に、妻子を連れて、キャンプから出ようと考えた。シャティーラの狭い路地を通り抜けて、アッカ病院があるクウェート大使館通りに出た。

病院に行く途中で一四、五歳の少年たち五～六人のグループと会った。少年の一人が「武装集団がシャティーラの通りで銃撃している」と言った。私は「イスラエル軍が支配しているのではないのか」と疑問に思った。その時、銃撃音が聞こえ、話している少年の一人がいきなり腕に弾を受けた。流れ弾だった。傷は弾がかすっただけで深くはなかった。少年の傷に包帯を巻いて応急措置をし、「銃撃が収まったら、アッカ病院に行け」と言った。すぐに妻と息子にシャティーラに戻るように指示して、私自身は近くに住む友人の家に避難した。私は午後九時ごろ銃撃が収まったのを見て、アッカ病院に行った。

アッカ病院に着くと、職員が私に「どこから来たのか」と聞くので「シャティーラから来た」と答えると、「シャティーラで虐殺は続いている」と言う。「私は知らない」と言うと、職員は「救急部門に行ってみろ」と言う。そこには五人の負傷者がいた。一五歳の少年が足を撃たれていた。「何があったんだ」と問うと、「あいつらは私たちの家族や隣人四〇人ほどを集めて、壁の前に並ばせて、銃撃した。私は足に銃弾を受けたが、倒れ込んで黙って死んだふりをしていた。私の父は胸に銃弾を受けて死んだ」と少年は語った。銃撃があったのはホーシュ通りと呼ばれるキャンプの南側の通りだった。私が攻撃に遭わなかったのは、キャンプの中の狭い路地を歩いてきたためだった。私はその夜は寝ないで、アッカ病院の二階に立って、ずっと外で何が起こるかを見ていた。外ではキャンプの方角で照明弾が立て続けに撃たれていた。

ムハンマドの話から、シャティーラ・キャンプの外縁で西のシャティーラ中央通りと南のホーシュ通りでは、一六日午後五時ごろからキリスト教右派民兵による虐殺が始まったことが分かる。一七日の夜明けとともに、キリスト教右派民兵はシャティーラ・キャンプの中に入ってきた。

夜明けとともに来た殺戮

シャヒーラ・アブルデイナの家族は一六日午後、シャティーラ中央通りに面した平屋の自宅から少し奥に入った三階建ての父親の家に避難した。そこには父親(当時六三歳)と弟(当時二四歳)と妹アイダ

（当時一七歳）が住んでいた。さらに兄夫婦の一家、従兄（当時四三歳）夫妻、一八歳の姪アマルとその夫らが砲撃を避けて集まってきていた。全部で一六人。砲弾が降ってくるのを恐れて、全員が一階の居間にいた。シャヒーラは住民代表がイスラエル軍に降伏の意思を伝えるために向かったことを知っていた。狭いキャンプであり、住民代表の動きはすぐにキャンプ内で伝わったのだろう。夕方、レバノン軍団がキャンプに入るまでは、銃撃、砲撃があったとしても、住民たちの間に大きな混乱はなかった。キャンプが闇に包まれると、イスラエル軍は照明弾を続けざまに打ち上げ、キャンプを明るく照らした。シャヒーラはその夜の出来事を語った。

> 夜になると、シャティーラ中央通りの方から人の叫び声が聞こえました。午後七時か八時に、妹のアイダが「何が起こっているか見て来る」と言って外に出ていきました。しかし、戻りませんでした。しばらくして父が「アイダはどうしたのか。私が探してくる」と言って出ましたが、やはり戻りませんでした。夜中の零時ごろになると、人々の悲鳴が家の外で聞こえました。通りで殺戮が進行していることは疑いないことが分かりましたが、私たちは恐ろしくて外に出ることはできませんでした。私たちは、ドアがなく開けっ放しになっている入り口から離れて壁に身体を寄せて息を殺し、まんじりともせず、夜明けを待ちました。
>
> 午前六時ごろ、夜明けが来ました。外が明るくなるとともに、家の外を人の集団が動くのが分かりました。いきなり一五人ほどの銃を持った民兵が入り口から家の中に入ってきました。民兵たちは銃を突き付けて家の中にいた男たちに「外に出ろ」と命じました。私の夫と、兄と弟と、従兄と姪の夫

の五人です。すぐに外でカラシニコフ銃の連続音が聞こえました。一八歳で妊娠六カ月の姪が、叫び声をあげて外に出て、夫が殺された上に駆け寄りました。民兵たちは銃を発砲した後、倒れた者たちに襲い掛かってナイフや手斧でとどめを刺しました。姪も男たちと一緒に殺されてしまいました。その後、民兵が「女たちも外に出ろ」と叫び、私は一歳のファイサルと生後一五日のマーヒルを抱いて外に出ました。夫や兄は家の前で重なるように倒れていました。

次は私たちの番だと思った時、民兵の幹部らしい男が「女と子供は連れて行け」と命じました。私たちは銃を突き付けられて、家を出てシャティーラ中央通りに出ました。通りに出たところで、昨夜出たまま帰らなかった父と妹の遺体を見ました。シャティーラ中央通りには、見渡す限り遺体が散乱していました。私たちは誰もこんな虐殺が起きることは想像もしていませんでした。

シャヒーラたちはシャティーラ中央通りから、かなり急な坂を五分ほど上がったところにあるスタジアムに連行された。そこにはイスラエル軍の戦車があり、多くの女性や子供が集められていた。シャヒーラは三人の子供を連れて、その日のうちにスタジアムから抜け出してイスラエル軍の包囲の外に出て、ハムラ通りの方に逃げた。

民兵たちがシャヒーラの夫らのとどめを刺すのに使った手斧は、長さ三〇センチほどの持ち手がついた小型の斧で、「バルタ」と呼ばれる。医師のムハンマド・ハティーブが開いている「記憶の博物館」で蓋にガラスがはめ込まれた木の箱に入れられた斧を見て、「これは何か」と聞いたところ、ムハンマドは虐殺で使われた凶器だと説明した。手斧という刃物を使ったことで、殺戮はより凄惨なものとなった。

シャヒーラの話は、虐殺から三四年目の二〇一六年に、虐殺があったシャティーラ中央通りに面したアパートの三階で聞いた。三四歳になった次男マーヒルの家族と一緒に住んでいる。結婚一〇年目だったマーヒルには一男四女の五人の子供たちがいる。シャヒーラの孫たちである。マーヒルは自宅から歩いて数分のシャティーラ中央通りで、オートバイの修理を行う店を開いている。UNRWAの小学校に入学したが、二年間通っただけでドロップアウトした。オートバイ修理店の使い走りをし、一日三〇〇円程度の駄賃をもらうことで家計を助けた。一二歳で初めて自分のオートバイを買い、オートバイの修理をして稼ぐようになった。一八歳で壊れたワゴン車を買い、それを通りにおいて、自分の店とした。「一年一年、仕事をして、お金をためて、店を広げてきた」とマーヒルは言葉少なに語る。彼には虐殺の記憶はない。しかし、その年齢がそのまま虐殺から経過した年月を示している。

シャヒーラ・アブルデイナと次男マーヒルとその子供たち

一歳半の女児も犠牲に

八二年当時、シャヒーラの家からさほど遠くないところにノハド・スルール(一九六五年生)の家があった。シャティーラ中央通りから一五メートルほどキャンプの中に入ったところだ。ここに父母と本人も含め一一人の兄弟姉妹、さらに隣の家から避難していた女性の計一四人がいた。一七日夜明けとともに、キリスト教右派民兵が家に来て家族のうち六人が殺された。ノハドは二女で、父スルール(当時四三歳)は電話技師だったが、仕事で右手を怪我して動かなくなっていた。

ノハドは「一六日の夕食の時、家族でスイカを食べた。夕方にはシャティーラ中央通りで虐殺は始まっていたはずだが、私たちは何も知らなかった」と語る。イスラエル軍に包囲され、銃撃や砲撃もあったが、それは彼らにとって家を捨てて逃げる理由とはならなかった。ノハドの家には二階があり、もし砲撃が始まっても死ぬわけではないと考えていた。最初に異変を感じたのは午後六時前、ノハドの兄のムハンマド(一九六二年生、当時二〇歳)だった。ムハンマドは次のように証言した。

一六日午後五時四五分ごろ、二階から外を見ていると、シャティーラ中央通りにキリスト教民兵がいるのが見えた。父に「カターイブ(キリスト教右派民兵)がいる」と伝えた。すると父親は「お前とアフマド(兄)は逃げろ。私たちは残る」と言った。私はその時は家に残ったが、通りの民兵はどんどん増えている。「一緒に逃げよう」と言ったが、父は「私たちは大丈夫だ」と言う。私が家の外に出ると、通りにいる民兵から見つかり、何か呼ぶのが聞こえた。私はキャンプの奥に向かって走った。後ろで銃撃の音が聞こえたが、狭い路地に逃げ込み、サブラ地区にある赤新月社が運営するガザ病院に行って、夜を明かした。

ムハンマドとアフマドの二人が逃げた後、家には一二人が残った。弟たちはみな一二歳以下だった。

ノハドは「民兵が来ても、フェダイーンがいないから、私たちには危害を加えないだろう」と考えていた。ノハドは夜が明けて一七日朝に起こったことを次のように語った。

午前六時ごろ、ドアをこつこつと叩く音で目が覚めました。父がドアを開けると家の中に緑色の戦闘服を着た民兵たちが銃を構えて入って来ました。民兵は家族全員に居間に集まるように命じました。私たちは三つの部屋に分かれて寝ていましたが、その時に姿が見えなかった一一歳のマーヘルと七歳のイスマイルの二人の弟以外の九人が集められました。民兵の一人が父に銃を突き付けて、「お前はフェダイーン〔戦士〕か」と聞きました。父は「私は手を怪我していて銃を持つことさえできない」と答えました。私は民兵がフェダイーンを探しているのだと思いました。すると、民兵は父に「身分証明書を見せろ」と言いました。父が身分証明書を取りに行こうと後ろを向いたところで、いきなり父を銃撃しました。民兵の中のリーダー格の男がひと言「皆殺しだ」と命じました。その後、一斉に銃撃があり、私たちは全員が倒れました。

私は意識があり、民兵たちが出ていく音を聞き、遠ざかった後に体を起こしました。私は腰と肩、右手を負傷しましたが、動くことはできました。部屋の中には幼い妹弟たちが死んでいました。三女シャディア〔当時一歳半〕、八男シャディ〔当時二歳〕、七男ファリード〔当時五歳〕、五男ニダル〔当時九歳〕、三男バッサム〔当時一二歳〕の五人です。

母は腰や肩を撃たれていましたが、動くことができました。長姉のソアド〔当時一九歳〕は背中と首を撃たれ、動くことができませんでした。マーヒルとイスマイルの二人の弟は風呂に隠れていて無事でした。「私たちのことはいいから、民兵が戻ってくる前に逃げなさい」と二人に言いました。私は母に肩を貸して「逃げよう」と言いました。ソアドは「私は動けない」と言うので、「救急車を呼ぶまで待っていて」と言って、ソアドを残して、母と一緒に家の外に出ました。

私は母と一緒にサブラ地区にあるガザ病院に行きました。そこで母の体から銃弾を摘出しましたが、民兵が病院を襲撃に来るという情報があり、手術したばかりの母を連れて、〔ベイルート中心部の〕ハムラ地区に逃げました。ソアドは丸一日、重傷を負って放置されたままになっていました。一八日にキリスト教右派民兵とイスラエル軍が撤退した後、シャティーラに生存者がいないかどうかを探しに来たパレスチナ人の住民に発見されて、ハムラ地区のベイルート・アメリカン大学付属病院に運ばれていました。私たちがソアドの居場所を知ったのは四日後でした。彼女は三カ月入院しましたが、今も身体が麻痺し、歩くことはできなくなりました。

ノハドは虐殺の後、幼稚園の先生となり、八六年に結婚し、四男三女の七人の子供をもうけた。「虐殺から三〇年以上を経ても、弟たちが殺された光景がいまも目の前によみがえってきます。決して忘れることはできません。虐殺の後は長い間、ドアを叩く音を聞くと、民兵が来た時のことがよみがえって、恐怖に襲われました」と語る。

兄のムハンマド・スルールはガザ病院で夜を明かした。病院にはシャティーラから逃げてきた人々が集まっていたという。

朝、明るくなったので家の様子を見に行こうとすると、病院の外で父を知っている男から呼び止められた。「キャンプには行くな。アブ・アフマド・スルール〔父〕は殺されたぞ」と言われた。病院に戻ったところで、兄アフマドと会った。兄は泣いていて「緊急治療室に母がいる」と言った。治療室に行くと、そこで母とノハドが治療を受けていた。二人は腰と肩と右腕と、同じ場所を負傷していた。母は傷を縫合してもらっていて、「父さんはどうした」と聞いても、ただ泣くばかりだった。私が「ソアドはどうした?」と聞くと、母は「ソアドは動けなくてまだ家に残っている」と言った。

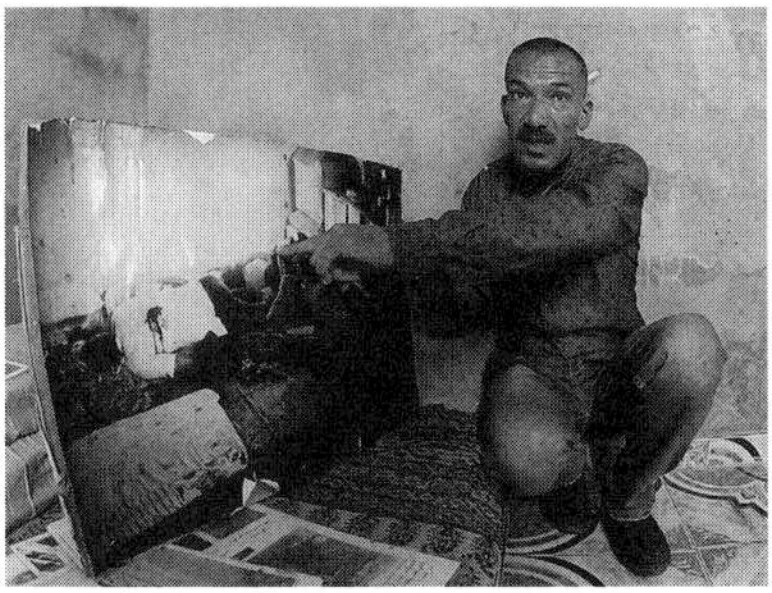

ムハンマド・スルール

ムハンマドは私が二〇一六年に話を聞いた時、シャティーラでファタハの広報担当をしていた。私が「サブラ・シャティーラの虐殺」の話を聞いていると言うと、父親や弟が死んだ家に案内してくれた。彼は虐殺の後に外国人ジャーナリストやカメラマンが撮影した写真の複写を集めていて、引きのばしたカラー写真を取り出した。部屋に数人の遺体が重なっている。中央にうつぶせになっている男性の背中が見え、白いシャツの背中に大きな血痕が見えた。ムハンマドはその背中を指して「これが私の父だ」と言った。「その隣に弟のニダルとシャディがいて、その隣がファリード。その隣に妹のシャディアがいる。彼女はわずかに一歳半だった」と、家族が惨殺された写真を説明した。「私は当時高校生だったが、その後、ファタハに参加した。イスラエルに復讐することしか頭になかった」と語った。

虐殺は一六日午後五時から六時にかけてシャティーラ中央通りで始まり、キャンプの住民の多くが一六日の夜のうちにキャンプから逃げ出した。一方、シャヒーラの家族やノハドの家族のように、シャティーラ中央通りから近いところに住む家族は通りで銃撃があったことは知っていた。しかし、民兵が近くにいることから、家の外に出るのは危ないと思って、家にとどまった。もし、民兵が通りからキャンプの中に入り家に踏み込まれて虐殺されるかもしれないと考えれば、夜の間に危険を冒してでも逃げ出していたはずである。実際にノハドの父親が二〇歳を超えたムハンマドら息子二人に逃げろと言ったように、民兵が家に来たら一〇代後半以上の若者は捕まって殺されるかもしれないと考えていた。しかし、非戦闘員である他の家族に危害が及ぶとは考えなかった。人々は丸腰の人間、ましてや女性、子供まで無差別に殺戮するようなことがあるとは想像もしなかったのである。

一七日早朝に、民兵の集団が家に入って来た時でさえ、ノハドの父はフェダイーンを探しに来たと思った。シャティーラの住民たちが、キャンプを包囲したイスラエル軍に「キャンプにはフェダイーンはいないと伝えに行く」と住民代表を送ったのも、それが戦争の道理だと考えたからだろう。医師のムハンマド・ハティーブはキャンプで民兵が住民を殺戮しているという話を聞いた時、「イスラエル軍が支配しているのではないのか」と疑問に思ったというのも、その文脈で理解できる。敵のイスラエル軍の支配下でも、民間人の生命は守られると考えていたのである。

一七日の朝まで家にとどまっていたのは、戦争を知らない人たちではなく、七五年以来、七年間も内戦の下にあるパレスチナ人であり、空爆でつぶされたナバティエ・キャンプや、包囲攻撃で排除されたタルザアタル・キャンプの悲劇を経てきた人々である。生き残った人々の証言を聞くことで、女性や子供を無差別に殺害したサブラ・シャティーラの虐殺がいかに異常なことだったかが、改めて見えてくる。タルザアタルの虐殺でさえ、狙われたのは成人男子だった。サブラ・シャティーラの虐殺は戦争の延長ではなく、戦争からさえも逸脱した出来事だった。

医師のムハンマド・ハティーブが夜を明かしたアッカ病院では一七日の朝、シャティーラから次々と負傷者が運ばれてきた。

一七日の朝には、キャンプで虐殺が起こっていることは疑いようがなかった。キャンプとつながる無線を通じて、虐殺は病院にも及ぶという連絡があった。朝、病院のX線部門で働いているオラビというエジプト人職員が「今日、我々は死ぬだろう」と言った。私は「私は死なないよ」と答えた。午前一〇時四五分ごろ、病院に向かってカラシニコフ銃を持った若者が来るのが見えた。私は一緒にいた歯科医と事務の若者の三人で病院の外に出て、隣のビルに駆け込んだ。その時、病院で民兵の襲撃が始まった。私たちは間一髪のタイミングで病院を出た。アッカ病院ではこの日、二人の医師、二人の看護師と職員たちや入院していた一二人の子供たちも殺された。私がその朝、話をしたオラビも腹部に銃弾を受けて死亡した。

シャティーラで話を聞けば、八二年の虐殺の証言は枚挙にいとまがない。その中で最も悲惨だったのは、当時三三歳だった、ザハラ・ナハル(一九四九年生)の証言である。彼女は現在、シャティーラ・キャンプの中に住んでいるが、八二年当時はキャンプの家は破壊され、キャンプの南にあるクウェート大使館通りに近いビール・ハサン地区に住んでいた。一七日午前一〇時ごろ、ザハラの家にキリスト教右派民兵が押し入ってきた。同じ通りにあるアッカ病院が襲撃される一時間ほど前である。家には夫ハサンと七男九女の一六人の子供の計一八人が住んでいた。一六人の子供のうち二組は双子だった。民兵は夫ハサンと、一四歳の次男のジャラルを含む二二人の親類の男たちを連行した。

行方不明となった夫と次男の写真を持つザハラ・ナハル

私の家には二人の民兵がやってきて、「外に出ろ」と命令しました。私は子供たちを引き連れて外に出ました。出たところの道路に、私の三人の従兄弟が立っていました。民兵は私たちの目の前で銃を撃って、あっというまに従兄弟たち三人を殺害しました。民兵は夫と次男のジャラルを私たちから引き離して、他の男たちと一緒に連れ去りました。長男のシャウキはちょうど叔母の家に行っていて、その場ではジャラルが最も年上の息子でした。ジャラルはまだ一四歳で、中学生だというのに。民兵は私たちや母など、女と子供を、男たちとは別にスタジアムの方に連行しました。シャティーラ中央通りの入り口の壁に〔ファタハ指導者の〕アブハサン・サラメの大きな写真がかかっていました。私はその写真の下を、幼い子供たちを引き連れて歩きました。民兵たちは私たちを連行し、一方で通りでは殺戮が続いていました。高台のスタジアムに連れて行かれる途中、私は恐怖のあまり泣き叫び続けました。

ザハラの話に出てくる「アブハサン・サラメ」とは、一九七二年のミュンヘン五輪襲撃事件を起こしたファタハ系の武装組織「黒い九月」の作戦指揮官である。事件後にイスラエルの情報機関モサドの暗殺リストに挙げられ、七九年一月にベイルートで、彼が乗った車のわきで爆弾を積んだ車が爆発し、暗殺された。第3章で取り上げたように、ミュンヘン五輪襲撃事件の実行犯八人のうち五人はシャティーラ出身で、それもシャティーラのサッカーチーム「カルメル・クラブ」の主要メンバーだった。実は、虐殺の舞台となったシャティーラ中央通りは別名「アブハサン・サラメ通り」と呼ばれる。カルメル・クラブのグラウンドはクウェート大使館とは通りをはさんで反対側にあり、八二年の虐殺の時にイスラエル軍が占拠した。八二年の虐殺については、シャティーラの人々の多くが「イスラエルによるミュンヘン事件の報復」ととらえている。

夫と息子を探してさまよう

虐殺の時に、キリスト教右派の民兵が女性や子供を坂の上の高台にあるスタジアムに集めたことは、シャヒーラの話でも出てくる。虐殺はザハラがスタジアムに連行された一七日の翌日である一八日の昼過ぎまで続く。一八日の朝、まず外国人ジャーナリストが現場に入る。午前中、国際赤十字やレバノン軍が現場に到着するが、民兵やイスラエル軍がキャンプの周辺にいたため入ることができなかった。入ったのは正午ごろだった。ザハラは午前中に行方が分からない夫と息子のジャラルを探すために、スタジアムから坂を下って行った。

私がシャティーラに降りて行こうとすると、高台にいたレバノン軍の将校が「難民キャンプは危険だ。行ってはいけない」と言いました。私は「ほっといてください」と言って、警告を無視して降りて行きました。シャティーラ中央通りは虐殺された死体が散乱していました。男も女も、子供も、赤ん坊までいました。私は夫か息子かもしれないと思われるすべての男性の死体を一体ずつ確認しました。夫と息子が連行された時に来ていた服を覚えていました。夫は灰色のズボンに青いTシャツ。そのズボンは虐殺の前日に買ったものでした。息子はジーンズのズボンと赤いTシャツを着ていました。学校ではサッカーが得意で、靴もサッカーをする時にはくスポーツシューズでした。

うつぶせになっている死体で、もしやと思われるものは、手で顔を持ち上げて確認しました。死体は路上にもありましたし、側溝に投げ込まれたものもありました。家の中で殺された者もいました。私が探している時に、遠くから銃を撃つ音が聞こえたので、逃げました。まだ虐殺は続いていたのです。重なっている死体もあり、頭を割られた男性や裸の女性の死体を見ました。腹を裂かれた妊婦の死体も見ました。殺すのに銃だけでなくナイフや斧が使われていました。私は「おお、アッラー」と神を唱えながら、すべての惨状を見ました。虐殺のすべてをこの目で見たのです。一体、どんな宗教を信じていたら、こんなけだもののようなことができるのかと考えました。暗くなるまでずっと遺体を確認しながら歩き続け、途中で一度気を失いました。しかし、夫と息子はもちろん、連行された親戚の男たちのうち誰一人として発見することはできませんでした。人々は私に、遺体は別の場所に運ばれたのではないかとか、イスラエルに連行されたのではないか、と言いました。

遺体の埋葬は一九日に始まりました。シャティーラ中央通りのわきの空き地に遺体が集められました。いま集団墓地になっているところです。その日、拡声器で「行方不明者を探している者は遺体の身元確認にくるように」と呼びかけがありました。身元が確認されれば引き取られていきますが、引き取り手がないものは、ブルドーザーで穴を掘り、そこに遺体を入れて埋葬しました。私は埋葬する穴の横に立って、赤いTシャツやジーンズなど、夫や息子と似た服装の遺体を見つけたら、「ちょっと待って」と遺体を確認しました。それが最後の機会でした。埋葬は二日間にわたって行われ、私は埋葬の作業をずっと見守りました。

ザハラは惨殺された遺体の間をさまよった体験を語り、その時の思いを「心が死んでしまったようだった」と語った。残る一五人の子供を育てながらも、夫と次男の行方を探し続けた。特に虐殺から一年半の間は、子供たちを母親に任せて、たびたびレバノン南部に行き、サブラ・シャティーラの虐殺に関わったとされる、レバノン南部の親イスラエルのキリスト教武装組織の関係者から夫や次男につながる情報を得ようとした。ザハラがレバノン南部で会った者の中に、サブラ・シャティーラの虐殺に参加したという元民兵がいた。ザハラはその男と会った時のことをこう語った。

私はその男に八二年の虐殺で連行された夫と次男を探していると話し、二人の特徴や二人が連行された時の様子を話しました。男は「マリアとイエスに誓って、あなたの夫と息子を見ていない」と言いました。男は「シスター〔姉妹〕よ」と言い、「私の頭は海の波のようにぐらぐらしていた。ベイルート空港で私たちは薬物を与えられ、「サブラ・シャティーラに行ってすべて殺せ。ニワトリの最後の一羽まで息を止めろ」と命じられた」と言いました。私は男に「あなたたちは殺した者たちを海に捨てたと言う人々がいるが、本当か」と質問しました。男は「殺した者たちはすべて放置した。すべて手斧で殺した」と言いました。私は「なぜ、殺したのか」と問うと、男は「私たちは命令されたのだ」と答えました。男は私と話している時に、男の赤ん坊が病気だから医者に連れて行かねばならないと話しました。男は思い出したように私に「コーヒーか紅茶か」と飲み物を勧めましたが、私は断り、「あなたは私の夫と子供を殺しながら、自分の子供の病気を治すために医者に連れて行こうと必死になっているのですね」となじりました。

虐殺に参加したキリスト教民兵は、反PLO・反シリアで親イスラエルだった右派「レバノン軍団」が中心だが、ザハラが会ったという男が所属していた、南レバノンを拠点とする親イスラエルの「南レバノン軍」も参加したという情報もある。キリスト教右派民兵はイスラエル軍が占拠していたベイルート国際空港に集合し、そこからイスラエル軍の手配でシャティーラに来たとされる。ザハラが元民兵から聞いた「空港で薬物を与えられた」という話は裏付けがあるわけではないが、民兵たちの異常な行動が大麻などの麻薬によるものではないかという見方は様々に出ている。

サブラ・シャティーラの虐殺では手斧によって殺された者が多かったことは知られている。首都の一角の人口密集地で、三日間にわたって主に刃物を使った〝沈黙の虐殺〟が続いたのである。イスラエル軍は八月末にPLOがベイルートを退去した後、シャティーラ・キャンプを含む西ベイルートを包囲した。虐殺事件が明らかになった後でイスラエル政府が設立した虐殺事件でのイスラエル軍の関与を検証する「カハン委員会」の報告書(一九八三年二月)によると、虐殺前日の一五日朝、当時の国防相のシャロンはクウェート大使館通りにある五階建てビルの屋上に立ち、参謀総長や軍情報部長から作戦についての説明を受け、レバノン軍団をキャンプに入れることを了解したとされる。シャロンは「なお〔ベイルートに〕二〇〇〇人のテロリストが残っている」と主張していた。キャンプに残ったパレスチナ戦闘員を排除するためならば、砲撃を主体とする包囲攻撃という選択肢があっただろう。主に銃や刃物を使った住民の殺害が続き、虐殺が外部に知られることなく進行した。それが可能だったのは、シャロンの主張とは裏腹に、キャンプには戦闘員がほとんどいないことを承知の上で、最初から民間人の殺戮を狙ったものだったからではないかと思えてくる。

虐殺の間のパレスチナ側の抗戦について、第3章に登場するファタハの戦士ヌールッディン・カイド(一九五八年生)が語った。

私は八月下旬のPLO退去に参加せず、シャティーラに残ることを選んだ。八二年六月に始まるイスラエル軍のレバノン侵攻とその後のベイルート包囲では、一二〇人を率いる大尉としてイラク大使館の警護を担当していた。PLOが退去した後は、三年前に結婚した妻と二歳の子供がいるシャティーラに戻った。私の家はシャティーラ中央通りから三〇〇メートルの距離にあった。最初は虐殺はシャティーラの外で行われていたので虐殺が起こっていることを知らなかった。しかし、虐殺二日目の一七日午前五時ごろ、民兵がキャンプの中に入ろうとしているという知らせがきた。私はシャティーラ中央通りに行って、虐殺が行われているのを知った。地中に埋めていたカラシニコフ銃を掘り出して、キャンプ防衛のために五〇人ほどの若者たちを集めた。彼らは市民だったが、銃を持っていた。

ベイルートに残ったPLOのフェダイーンの中に、いまはシャティーラで飲料水販売をしているアーメル・オッカル(一九六四年生)がいた。彼は当時一八歳で、DFLPの戦闘員の三年目だった。

虐殺が始まった一六日夜は、私はシャティーラの外で防衛の任務にあたっていた。シャティーラから逃げてきた住民からの情報で、キャンプへの攻撃が起こっていることを知った。私は二〇人のフェダイーンとともに歩いて一六日の夜の間にシャティーラに向かい、北の方向からカラシニコフ銃を持ってキャンプに入った。キャンプの中で抗戦しているパレスチナ人は一〇〇人ほどだった。民兵たちはキャンプに入ろうとしたが、私たちはキャンプの細い路地まで知っているので、撃っては逃げる方式で戦った。抗戦は一八日、民兵たちが撤退するまで続いた。

『サブラ・シャティーラ 一九八二年九月』の中でも、パレスチナ側の抗戦についての証言や記述が出てくるが、アーメル・オッカルが語ったようにせいぜい一〇〇人程度で、まともに抗戦する力はなかった。ただし、虐殺がキャンプの奥までは達しなかったことからは、狭い路地が迷路のように走る難民キャンプの特性をいかした抗戦があり、それが小規模であっても敵の侵攻を食いとどめるのに有効だったことは想像できる。

サブラ・シャティーラの虐殺で、シャロンは自国イスラエルの調査委員会から「虐殺を傍観した」と非難され、国防相を辞任した。しかし、シャロンの戦争犯罪は問われないまま、その後、イスラエルの首相となった。在任中、二〇〇一年の九・一一米国同時多発テロ事件の後、ヨルダン川西岸のパレスチナ自治区に侵攻を繰り返し、自治政府議長のアラファトをラマラで包囲した。八二年のベイルート包囲の再現だった。二〇〇二年、自治区内のジェニンのパレスチナ難民キャンプでは、イスラエル軍による民間人虐殺の疑惑が上がり、国連調査団が組織された。しかし、イスラエル政府は調査団のジェニン入りを拒否し、シャロン内閣の責任も問われなかった。

サブラ・シャティーラの虐殺は、戦争での民間人の犠牲を象徴している。二〇〇八年から一四年までに三回繰り返されたイスラエルによる大規模なガザ空爆・攻撃にもつながる。一四年夏には五二日間の空爆と侵攻で、国連の調査で二二〇〇人以上のパレスチナ人が死亡し、その三分の二が民間人だった。国際的な人権組織や国連の人権委員会はそのつどイスラエル軍の「戦争犯罪」に言及したが、国連安全保障理事会で正式に問われることはなかった。さらに、一九年春に八年を迎えるシリア内戦では、人権団体の推計によると三五万人から五〇万人という死者のうち、民間人の死者は一〇万人〜二〇万人を数える。アサド政権軍やロシア軍による反体制地域への無差別空爆や、米軍主導の有志連合による「イスラム国(IS)」掃討作戦でもおびただしい数の市民の死者が出ている。当初、市民による非暴力デモとして始まった運動が、政府の武力制圧によって内戦化し、第二次世界大戦後最悪の紛争の一つに数えられるほどの、人道的悲劇をもたらしている。

三〇年以上前のサブラ・シャティーラの虐殺の悲惨な証言は決して過去のものではない。虐殺はシリア内戦にいたるまで、中東と世界でいまなお続いている悲劇である。虐殺の責任が問われないまま、忘れ去られる忘却の歴史でもある。歴史に積み重なる戦争犯罪を許してきたことは、市民の保護に対する国際社会の無力と無責任を浮かび上がらせる。

第6章 キャンプ戦争と民衆

「家を八回破壊された」

シャティーラ・キャンプのほぼ中央に「殉教者墓地」がある。墓地は一階にあり、二階にある「シャティーラ・モスク」はキャンプ草創期からあったモスクである。イスラム社会では共同体の中心にモスクがある。モスクでは毎週金曜日の昼に集団礼拝が行われる。モスクは礼拝だけでなく、信者がイスラム教徒の義務として施す「喜捨(ザカート)」を集めて、貧困者や孤児の救済にあてる慈善活動が行われ、コラーンを読む教育の場であるなど、コミュニティーの中心でもある。そのモスクが、一九八五年から八八年まで三年にわたって断続的に続いた「キャンプ戦争」と呼ばれる包囲攻撃の間に、死者を埋葬する墓地にもなった。シャティーラの住民の墓地はキャンプの東側一キロほどのところにある殉教者墓地だが、包囲攻撃によって死者を外に運び出すことができなくなり、モスクに墓穴を掘って埋葬した。

殉教者墓地の鉄製のドアに鍵はかかっておらず、いつでも開けて中に入ることができる。六〇平方メートルほどの広さで、部屋の中央に左右一〇メートル、幅一メートル、高さ五〇センチほどの大理石の献花台があり、その奥の壁いちめんに、埋葬されている人の名前が刻まれている。埋葬者の正確な数字はなく、七〇〇人から八〇〇人と言われている。人口過密なキャンプの真ん中にありながら、喧騒から隔絶されたような静寂で満たされている。時折、家族を偲んで祈りにくる人がいる。正面の壁の犠牲者の名簿の左側に、口の周りに髭を蓄えた若い男のポスターが貼られ、「殉教者 アリ・アブ・トーク」の文字がある。キャンプ戦争当時、シャティーラのファタハの指導者で、武器や食料の調達や配布の責任者だった。シャティーラではいまでもキャンプを救った指導者として、ファタハ関係者を超えて尊敬を集めている。レバノン内戦の間にはシャティーラの九五%が破壊された。キャンプにあるNGO「不屈の子どもたちの家」の所長のジャミーラ・シェハータは「内戦の間に私の家は八回破壊され、そのたびに建てなおした」と語った。そのような破壊をもたらしたのが、キャンプ戦争だった。

シャティーラ・モスク1階の殉教者墓地

●キャンプ戦争

一九八五年から八八年まで、ベイルートのシャティーラ・キャンプやブルジュバラジネ・キャンプに対して断続的に続いた、シーア派民兵組織「アマル」による包囲攻撃。一九八六年一〇月から八七年四月までの六カ月間の包囲攻撃では、医薬品も食料も底をつき、人道危機に直面した。シーア派勢力は西ベイルートの支配を固めようとし、八二年にベイルートを退去したPLOが戻ってきて、イスラエルによる攻撃が起こるのを警戒して、パレスチナ・キャンプの排除にでた。シリアもレバノンでの影響力を固めるために、シーア派を支援した。

八二年の「サブラ・シャティーラの虐殺」は三日間の悲劇だが、キャンプ戦争は三年間続いた。八二年の虐殺はイスラエル軍がパレスチナ・キャンプを包囲し、キリスト教右派民兵のレバノン軍団を引き入れるという、当初のレバノン内戦の構図の延長上にあった。三年後に始まったキャンプ戦争では、対立の構図がイスラム教徒同士になっているところに政治的な混迷の深まりがある。攻撃は一九八五年五月一九日に始まった。二一日付の『ニューヨーク・タイムズ』の記事の見出しは、「イスラム教徒の二グループがベイルートで戦闘」というものだった。

衝突は、RPG〔対戦車擲弾〕、迫撃弾、対空砲などによるもので、西ベイルートのサブラ・シャティーラとブルジュバラジネの二つのパレスチナ難民キャンプの周辺地域で起こった。シーア派民兵組織アマルの数百人が装甲兵員輸送車を使って難民キャンプを包囲し、RPGや自動小銃を使うパレスチナ人武装勢力と交戦した。シーア派民兵は砂袋を積んだ陣地からキャンプに向けて対空砲や迫撃砲、機関銃を撃った。サブラにあったパレスチナ赤新月社の病院や老人施設が攻撃された。パレスチナ人は負傷者を運び出すことができなかった。アマルの負傷者はアメリカン大学病院に搬送された。

イスラム教徒が住む西ベイルートは、新たに始まった身内の暴力に揺さぶられ、人々は安全のためにに家にとどまり、町はゴーストタウンのようになっている。衝突地域に近い場所の人々は防空壕に集まっている。戦闘が下火になった時に、多くの家族がキャンプから逃げ出した。かつては三つのパレスチナ難民キャンプ合わせて五万の人口を数えたが、一九八二年六月のイスラエル軍の侵攻によって八月にＰＬＯが退去した後、人口は激減した。キリスト教民兵による虐殺の後、さらに多くの住民がキャンプの外に出た。

イスラエル軍が西ベイルートから撤退した後、レバノン政府軍がキャンプを支配し、シーア派民兵がキャンプの外に検問所を置いた。アマルはパレスチナ勢力の復活を阻止すると言う。それはレバノン政府の脅威となり、イスラエルによる攻撃を誘発しかねないとする。しかし、アマルの検問にもかかわらず、この数カ月の間に〔パレスチナ人の〕戦士と武器はベイルートに戻ってきていた。

衝突が始まった時シャティーラ・キャンプにいたアベド・サラーマ（一九六三年生）は、八二年八月にベイルートを退去し、チュニジアに移ったが、虐殺のニュースを聞いて戻って来た。アベドは当時二二歳だった。一四歳で学校をやめて、パレスチナ解放軍（ＰＬＡ）に参加した経歴を持つ筋金入りの戦闘員である。アベドはＰＬＯとともにチュニスに退去し、八二年の虐殺のニュースはチュニスで聞いた。

虐殺のニュースが流れた時、チュニジアにいるパレスチナ人の間に悲嘆と困惑が広がった。私は一日も早くベイルートに戻らねばならないと思った。八二年一二月にチュニスを出発して、シリアのダマスカス空港に到着した。空港にはイエメン、アルジェリアから戻って来たパレスチナ人が集まっていた。みな、虐殺のニュースを聞いて、キャンプを守るために戻って来た者たちだった。空港では七日間止められて、尋問を受け、チュニスに送り返されそうになった。私は親戚に連絡を取り、伝手を通じて、シリアの空港に電報を打ってもらい、七二時間以内にシリア外に出るという条件で、空港から出ることができた。その後、国境を越えて、レバノン東部のベカー高原に入った。この時、八三年の元日だった。ベカー高原で偽造したレバノンの身分証明書を入手し、ベイルートに入り、シャティーラに戻ってきた。しかし、三日目にレバノンの公安警察が家に来て、連行された。

軍の刑務所の地下室で一五日間、尋問を受けた。壁に向かって立ち、食事も当たえられず、座ることも寝ることもできず、繰り返し殴られて、尋問された。ベイルートを出た後に何をしたかをすべて聞かれ、一緒に行動している者の名前や、武器の在り処なども聞かれた。私を尋問したのはレバノン軍の重量挙げのチャンピオンだった。私は「○○はいまどこにいるのか」「何をしているのか」などと、具体的な人物について質問された。答えなければ拷問は終わらない。私のことも誰かが拷問に耐えられなくなって自白したのだろう、と思った。もし、私が自白すれば、私が名前を挙げた人間が捕まって拷問を受ける。私が自白すれば、拷問の苦しみを他の人間に移すことになる。私は自分が拷問を受けるだけで十分だと思い、他の誰かについて自白することはなかった。一五日後に軍事法廷が開かれて、判決が出て、そのまま軍事刑務所で服役となった。刑務所では毎日袋に砂を詰める作業をした。一年半後、保健省の建物に移されて一カ月ほど止められた後に釈放された。

地下トンネルで移動

アベドがシャティーラに戻ってきたのは一九八五年五月、キャンプ戦争が始まる二日前だった。キャンプ戦争が始まった八五年は五月二一日からイスラムのラマダン(断食月)だった。戦闘は一九日に始まり、六月一九日までちょうど一カ月続いたが、ほとんどラマダンと重なる。戦闘が始まった時の様子について、アベドは語った。

最初の戦いはキャンプに向けての突然の砲撃から始まった。私たちには敵の車両を阻止する防塞やバリケードもなく、戦いが始まってからあわててつくった。キャンプの周りの要所に防衛拠点をつくって、キャンプ総出で抗戦した。私も拠点の一つを受け持った。戦闘の司令部もなかった。全体がどうなっていたかは分からないが、八五年五月の最初の包囲攻撃では、私のように軍事経験がある者は三〇人くらいだっただろう。しかし、若者たちや学生たちなど戦うことができる男たちはみな銃をとった。すべての政治組織が一緒になり作戦本部をつくった。最初、武器が足りなかったが、周囲のシーア派から武器を通常の三倍くらいの値段の賄賂を渡して買って、防衛に使った。シーア派にキャンプの中に踏み込まれれば、皆殺しになるのだから、みんな必死だった。戦いの間は眠ることは忘れた。持ち場についたまま休息をとることはあっても、寝ることはなかった。結果的にシーア派の攻撃を受けても持ちこたえることができた。

キャンプ戦争の「生き証人」ともいえるのは、ファタハの古参戦闘員のハーリド・アフィフィ(一九四七年生)だ。白髪頭に白い口髭を蓄え、腹は出ているが、長身でがっしりとした体軀には、若い頃のタフなフェダイーンが想像できた。第3章で登場するムハンマド・アフィフィの従兄である。二〇代でファタハの戦闘員になり、八五年にキャンプ戦争が始まった時は三八歳で、一五年の戦士経験があった。二〇人の若者を従えて、キャンプ防衛に立った。彼は「アブ・アフマド」と呼ばれていた。「アフマドのお父さん」の意味で、アラブ人同士は、父親は長男の名前に「アブ(父親)」をつけ、母親は「ウム(母親)」をつけて呼び合うのが一般的だ。ハーリドは二〇一七年六月、私がシャティーラの中にあるバイク修理店で話を聞いている時に客として入って来た。私がシャティーラでの人々の経験談を集めていると言うと、彼は「私はすべての戦いの真っただ中にいた。イスラエルと戦い、レバノン軍団と戦い、そしてアマルと戦った」と語り、キャンプ戦争での思い出を語った。

私はキャンプの北東の拠点の防衛にあたった。ある時、指導者アブ・トークが陣地を見に来て、「地下を掘って、若者たちが眠ることができる部屋をつくれ」と指示した。さらに、「道路をまたぐトンネルを掘れ」とも言った。私は二〇人の若者のうち五人を見張りにたてて、一五人は地下で穴掘りをさせた。女たちも土砂を運ぶなどして手伝った。八六年の包囲攻撃の時には、ある夜の一一時四五分ごろ、若者の一人が「ガソリンの臭いがする」と報告した。私も外に出て臭いをかぐと確かにガソリンが臭う。調べるとアマルがスタジアムのある高台からガソリンを流し、シャティーラの通りにガソリンを溢れさせて、キャンプごと火の海にしようとしていることが分かった。私はすぐにアブ・トークに無線で連絡した。彼から「戦士を集めて、高台に行って攻撃しろ」という指令が来た。私は夜中の零時ちょうどに若者たちを連れて、高台のアマルに攻撃をかけ、彼らを排除して、作戦を食い止めた。

そこまで語ると、ハーリドは店の用事を終えて、立ちあがった。私はあわてて「今度、連絡しますから、改めて話を聞かせてください」と言って別れた。ところが、それから一週間後、シャティーラ・モスクを訪れた時、入り口の左の壁の目の高さのところに「お悔み」と書かれた真新しいポスターが貼られていた。角にファタハの印章がある。メンバーの訃報の告知だった。写真を見て思わず「あっ」と声が出た。その顔はハーリドだった。ポスターには「一九七〇年にファタハに参加し、すべての闘いに参加し、パレスチナ革命を守った」と記されていた。

訃報に記載されていた死亡の日は六月二三日。私が彼の話を聞いたのは二日前の二一日だった。彼は「五年前に心臓手術をした」と語っていたが、二日後に亡くなるとは信じられなかった。ハーリドの訃報を見た後に、ファタハの事務所で彼の三男のムハンマド・ハーリド・アフィフィ(一九七五年生)と連絡をとって話を聞いた。父親のハーリドは心臓発作での急死だったと語った。ムハンマド・ハーリドによると、キャンプ戦争で兄弟五人のうち二人が死んだ。ハーリドの通り名である「アブ・アフマド」の元になっている長男アフマドは一九八八年七月、キャンプ戦争の最後にミサイル攻撃を受けて死んだ。ムハンマド・ハーリド自身はキャンプ戦争で初めて戦闘に参加したという。

私はその年(八五年)、一〇歳でファタハの少年キャンプに参加した。学校には行かずに、毎日朝の九時から午後二時、三時まで訓練に参加していた。そうしているうちにキャンプ戦争が始まった。アフィフィ家はキャンプ戦争の間に六人の殉教者を出し、「殉教者の家」として知られている。八八年六月にはサラフとアフマドという二人の兄を一週間のうちに失った。長兄アフマドが死んだ時、私もいっしょに戦闘の場にいた。私のグループの近くにミサイルが着弾し、アフマドは死亡し、私は足を負傷して、キャンプの病院に搬送されて手術を受けた。翌日、友人が兄の銃と帽子を病院に持ってきて、兄が死んだことを知った。

ムハンマド・ハーリドの話を聞きながら、父親のハーリドが長男アフマドの死については何も語らなかったことを思った。もう一度会えていたら、ハーリドから「殉教者の家」の話を聞くことができただろう。しかし、イスラムの信仰ではすべては神が予め定めた「天命」である。ハーリドとの出会いの短さを惜しむのではなく、キャンプを防衛した戦士として記憶されている彼に、偶然出会って話を聞くことができたのも、神の思し召しと感謝すべきなのだろう。

シャティーラ・キャンプにとって、キャンプ戦争の体験は、八二年の「サブラ・シャティーラの虐殺」よりも人々の記憶に深く刻まれている。虐殺は未曽有の悲劇だが、多くのパレスチナ人から「虐殺はキャンプには入ってこなかった」という声を聞いた。犠牲はキャンプ外縁のシャティーラ中央通り沿いに集中していた。通りに面していた家族にとっては、悪夢のような記憶だが、キャンプ住民の多くは、虐殺が始まる前にキャンプから外に逃げた。それに対してキャンプ戦争は、シャティーラのすべての家族が戦い、すべての家族が犠牲者を出した。現在、ＰＦＬＰ系の青少年センターの責任者をしているイマード・ラアド（一九七一年生）は、タルザアタル・キャンプ包囲攻撃の時に五歳で、銃撃によって負傷した経験を語った人物だが、八六〜八七年の六カ月包囲の時は、一五歳でキャンプ防衛に参加した。アベドが言う銃をとった学生や若者たちの一人である。イマードは当時を振り返った。

私たちはキャンプ防衛の拠点を割り当てられ、二四時間体制でシーア派民兵アマルと向かい合った。私はキャンプの東側の拠点にいて、アマルとは通り一本を隔てただけだった。キャンプに侵入しようとするアマルを撃退するのが日々の任務だった。キャンプではファタハやPFLP、サーイカなど、政治組織から二、三人が集まって三〇人から三五人でつくる統一作戦指令室があり、防衛の方針を決めた。私もPFLPとしてではなく、パレスチナ人として戦っていた。防衛の拠点には数人が六時間交代のシフトで任務に付き、シフトが終われば、地下の部屋やトンネルで休憩をとった。シャティーラのトンネルはキャンプ戦争の最初の一カ月の包囲攻撃を受けた後、いたるところで掘られた。地上に出れば、砲撃があり、狙撃手にも狙われるので、誰も通りを歩くことはできなかった。最初の包囲攻撃の後、キャンプの地下にトンネルが掘られ、移動に使われるようになった。戦士が眠るための部屋も地下につくられた。トンネルは五〇メートルほどの長さもあれば、三〇〇メートルほどのものもあった。すべてキャンプの中に掘られた。

一〇〇人の戦士で防衛

PFLPはパレスチナ組織の中でファタハに次ぐ勢力を持っていた。八二年にPLOがベイルートから退去した後、PLOはアラファト派と反アラファト派に分裂し、PFLPは反アラファト派だった。反アラファト派には親シリア派のサーイカやパレスチナ解放人民戦線総司令部派(PFLP-GC)などが参加し、「救国戦線」を創設して、対抗した。シャティーラでもファタハ中心のPLOと救国戦線が対立していた。ムハンマド・シャービー(一九六六年生)は八五年にキャンプ戦争が始まった時、一九歳の高校二年生であり、初めてキャンプ防衛のために実戦を戦った。父はファタハの幹部だったが、彼はファタハではなかった。

ムハンマド・シャービー

八五年の戦争は、いきなり始まったので、シャティーラには戦士も、武器も不足していた。戦士はキャンプ全体で一〇〇人程度だった。アマルはその一〇倍の人数でキャンプを包囲した。私の家にはカラシニコフ銃が一丁しかなく、ファタハの幹部だった父が持って出た。私は知り合いから銃を譲ってもらった。最初は弾倉が一個しかなかった。私はファタハに参加するのではなく、若者たち三〇人から四〇人で「シャティーラの息子たち」というグループを作って、キャンプの北東部の角にあるスタジオと呼ばれるビルの近くや、その南にあるUNRWAのエリコ小学校(現・ラマラ小学校)周辺の地域の二つの防衛拠点を守った。グループは最終的には六〇人を超える人数になった。アマルは装甲車でキャンプを包囲し、キャンプにロケット弾を撃ち込んできた。私たちの主な武器は自動小銃で、アマルの戦士がキャンプに突入しようとすれば、必死で抗戦した。多くの死者や負傷者が出た。私の父も右足を負傷した。病院はキャンプの外にしかなく、キャンプの中にあるのは診療所で、傷口を消毒するだけだった。両親と私と弟と妹の五人家族で暮す私の家は、戦争が始まって一週間後に砲撃を受けて半壊状態となり、入り口のドアも吹き飛んで、中の部屋だけが残った。そこに母と妹が寝て、私たち兄弟は家の外で寝た。最初のキャンプ戦争はラマダンの間、一カ月続いた。戦闘が収まると、女性や子供がキャンプを出て、外の市場で野菜を買ってキャンプに戻って来た。

ムハンマドの父親は一九三七年にパレスチナ北部のアッカで生まれ、四八年に一一歳で家族とともにレバノンに逃れた難民第一世代である。ファタハが六五年に武装闘争を開始すると、ファタハの秘密活動に参加した。八二年のＰＬＯのベイルート退去後は武器を置いて、シャティーラに残り、秘密でファタハの活動を続けていたという。息子のムハンマドはＰＬＯ退去まで、夏休みの間、一〇歳から一一歳以上の少年たちを集めた軍事訓練に参加した。同世代は、一二歳から一三歳で学校をドロップアウトして政治組織に入るものが多かったが、彼自身は学校に通いながら大工の仕事を覚えて、家計を助けた。

ムハンマドは父と同じファタハに参加しなかったことについて、「父子でも政治信条は異なる」と語った。ＰＬＯの分裂・内紛にも嫌気がさしていた。当時のＰＬＯについて、こう語った。

かつてはパレスチナ解放が実現すると誰もが信じていた。しかし、キャンプ戦争のころには、誰も信じなくなった。政治組織に参加することは、地位を持ち、車を持ち、家を持つためで、パレスチナを解放するためではないことは誰もが知っていた。私たちはキャンプが攻撃されれば、命がけで防衛するが、戦争が終われば、政治に参加するつもりはなく、仕事につくつもりだった。

二〇代でファタハに参加した父親を持ちながら、息子は政治に強い不信感を抱いていた。八二年のPLOの軍事的敗北と虐殺、さらに分裂によって、人々の政治意識は大きく変化していた。

ムハンマド・シャービーが参加した「シャティーラの息子たち」というグループには、イスラムの宗教者たちも参加していた。宗教者は「シェイク」という敬称で呼ばれるため、「シェイク・グループ」とも呼ばれていた。宗教者の中にラドワン・ファラハト(一九六〇年生)がいた。ラドワンは、レバノン南部でイスラエルとの国境に近いティールにあるラシュディエ難民キャンプで生まれた難民第二世代。七六年にシャティーラにいた親戚の家に移り、ベイルートの高校に進んだ。大学は最初、ベイルート・アメリカン大学数学科に進み、二年半学んだが、中退して、イスラム教育センターのイマーム大学で学び、イスラム法を修めたという異色の経歴である。「もともと宗教に敬虔だったことから、宗教を修めたいと思った」と語る。

宗教者と医師の役割

ラドワンは、八二年六月に始まったイスラエルのレバノン侵攻、ベイルート包囲では政治組織には所属せず、独立系のグループとしてイスラエル軍への抗戦に参加した。八五年五月にキャンプ戦争が始まった時には、シャービーらの独立系のグループとともにキャンプ防衛を担った。

ラドワンらが防衛したキャンプ北東部の拠点は、アマルを支持するシーア派地域と道路一本を隔てて接していた。ラドワンはお互いに言葉による罵り合いもあったと語った。シーア派のアマルは「呪われよ。ムアーウィヤとヤジードに従う者たちよ」と叫んだという。「ムアーウィヤとヤジード」とは、シーア派が拒否する初期イスラムのウマイヤ王朝を創設した親子である。七〇年代までは、スンニ派のパレスチナ人とレバノンのシーア派との間で宗派の対立はなかったと多くのパレスチナ人が証言する。

ラドワンが言うように八五年のキャンプ戦争で、スンニ派とシーア派の歴史的な経緯を持ち出して罵りあうことがあったとすれば、権力を争う政治的な対立が宗教的な対立感情につながっていることを示している。

ラドワン・ファラハト

●スンニ派とシーア派

イスラム教の二大宗派だが、世界のイスラム教徒の九割はスンニ派で、シーア派は一割。イスラムの開祖で預言者のムハンマドの従弟で女婿のアリをムハンマドの正当な後継者であり、宗教指導者として信奉するのがシーア派である。ムハンマドの側近のウマイヤ家は最初のイスラム王朝ウマイヤ朝を興し、自ら「カリフ」となり、イスラムの多数派のスンニ派の流れをつくった。アリの信奉者はウマイヤ朝を認めず、「アリ派(シーア・アリ)」を形成し、いまのシーア派になる。中東では、イランはシーア派宗教者が権力を握るイスラム体制で、イラクもシーア派が政治を主導する。レバノンにはイスラム教徒としてスンニ派とシーア派の両方がいるが、ヒズボラやアマルなどシーア派が政治的、軍事的に強い影響力を持っている。

ラドワンはキャンプ戦争でのイスラム宗教者としての役割を担った。

キャンプ戦争の間は、金曜日の礼拝はなかった。死者が出れば、私たち宗教者がモスクで葬儀の礼拝を行った。埋葬は通常はキャンプの外にある殉教者墓地に埋葬されるが、キャンプ戦争の間はキャンプの外の墓地に運ぶことができないので、モスクの中に埋葬した。一度に一人だけでなく、五人も六人も一緒に埋葬することも珍しくなかった。モスクで葬儀の礼拝をし、埋葬している間に砲撃があることもあった。宗教者の役割は埋葬だけではなく、キャンプ内で敵対する勢力との和解の調停も行った。私たちはアラファト派にも救国戦線にも属していない第三派だったから、どちらとも話をすることができた。包囲が長引く中で、アラファト派には豊富に食料と飲料水があったが、救国戦線の食料と水が底をついてきた。私はアブ・トークに食料を救国戦線にも回すように説得した。「いずれ、シリアが救国戦線に食料や水を供給するようになる。その時になってあなたたちの方に食料や水が枯渇しても、向こうからもらうことはできなくなりますよ」と言った。アブ・トークは「分かった」と言って、食料配布に救国戦線も入れた。食料はキャンプ全体に供給されるようになった。

イスラム社会では宗教者は礼拝や葬儀など宗教行事をつかさどるだけではなく、イスラムの教えに基づいて、人々に正義の実施を説き、善行を呼びかける役割がある。ラドワンは現在もシャティーラに家を持つが、イスラム社会組織を主宰し、ベイルートだけでなくレバノン南部でも活動している。私が取材していた二〇一七年六月に、シャティーラ・キャンプの二つの有力家族の間で銃撃戦があり、それぞれに死者が出る事件があった。その時もラドワンは和解の仲裁役を担った。その事件については改めて触れるが、彼が仲裁者として信頼されているのは、単に宗教者というだけでなく、イスラエルのレバノン侵攻でも、キャンプ戦争でも、ともに抗戦したという経歴からくるものである。

ラドワンと同様に、政治的には中立だが、キャンプで一目置かれる存在が、「記憶の博物館」を開いている医師のムハンマド・ハティーブ(一九四七年生)である。彼は八五年五月にキャンプ戦争が始まった時にキャンプの中にいた唯一の医師だった。シャティーラの南にあるパレスチナ赤新月社のアッカ病院に勤務していたが、未明に始まった包囲攻撃によって、自宅があったキャンプから出ることはできなくなった。ムハンマドは当時の記憶を語った。

夜明け前にいきなり砲撃が始まった。私の家はシーア派地区に面したキャンプの東の端にあり、シーア派地区とは通りで隔てられた建物の三階に住んでいた。朝、下から私の名前を叫ぶ声がしたが、私は答えなかった。しばらくしてまた私を呼ぶが、私は答えなかった。すると銃撃が聞こえた。これで出て行ったら殺されると思った。外が静かになったのを見計らって、すぐに家族を連れて家を出て、キャンプの中にあるモスクに避難した。私には妻と三歳半の息子と、二歳半の娘がいた。キャンプの中には病院も診療所もなかった。最初はキャンプにあるモスクに負傷者を運んだ。看護婦もいなかったため、キャンプにいる五、六人の若い女性を看護婦として使った。彼女らに各家庭にある薬、包帯、消毒薬など集めて、モスクに持ってこさせて、負傷者の治療にあたった。ところが、一週間後にモスクも砲撃されたため、近くの民家に診療所を開いた。

毎日、砲撃や銃撃による負傷者が運ばれてきた。しかし、急場の診療所には麻酔も、外科用のメスもなかった。そもそも私は総合医であり、外科医ではなかったから、私ができるのはデトールという市販されている消毒液で傷口を消毒するくらいだった。弾丸や砲弾の破片を除去するくらいのことはできても、頭や内臓をやられていたら、何もできない。私は毎日、人々が自分の目の前で死んでいくのを見るだけだった。私はいまでも忘れられない場面がある。小さな男の子が全身傷だらけになって運ばれてきた。傷口を縫合しなければならないが、私にはできない。私は傷口を抑えるだけだが、出血は止まらない。私の目の前で、子供は死んでしまった。

腹に弾丸を受けた若者が運ばれて来たら、「安静にして、食事も水もとってはいけない」と指示した。口を湿らすだけのわずかな水だけで持ちこたえ、戦闘が一段落し、外の病院に運ばれて命が助かった者もいる。私は医師として自分ができることはすべてしたが、できないことばかりだった。悔しくて涙を流すことも多かった。住民たちは私が全力を尽くしていることは理解してくれた。

キャンプ戦争は翌八六年の五月にも再燃し、やはり一カ月の包囲が続いた。最も過酷だったのは八六年一〇月から八七年四月までの六カ月間の包囲攻撃だった。八五年五〜六月の最初の包囲攻撃の時には診療所さえなかったが、その年の一〇月にシャティーラの中に手術ができるパレスチナ赤新月社の病院が開設された。五月の包囲の時の唯一の医師だったムハンマド・ハティーブとともに、カナダ人の外科医クリス・ジアノが働き、他の医師たちも加わった。病院だけでなく、六カ月包囲の前には、武器・弾薬も食料もキャンプの中に大量に備蓄され、徹底抗戦となった。猛烈な包囲攻撃が断続的に続き、時に砲弾が雨のように降り注ぎ、多くの死傷者を出した。食料も最後の一カ月は小麦も底を尽き、危機的状況になった。この六カ月包囲を生き延びたことによって、シャティーラはパレスチナの抵抗のシンボルになった。

食料も尽きた六カ月間の包囲

現在、シャティーラで個人の診療所兼薬局を開く医師ムスタファ・バヤスリ(一九六一年生)は、旧ソビエト連邦(現・ベラルーシ)のミンスクの医学専門学校を卒業してキャンプ戦争の真っただ中の八六年にシャティーラの診療所で働き始めた。ムスタファによると、当時、シャティーラの病院にはジアノ以外に、ムハンマド・ハティーブら一三人のパレスチナ人の医師がいたという。手術室はもちろん、X線の設備もあった。包囲攻撃に備えての措置である。キャンプ戦争までは、シャティーラの北に隣接するサブラ地区に赤新月社が持つ一一階建ての総合病院であるガザ病院があっ

ムスタファ・バヤスリ

たが、キャンプ戦争で砲撃を受けて破壊され、使用不能となり、シャティーラの中の医療施設が医療を担った。ムスタファは六カ月の包囲も経験した。

八〇キロだった私の体重は、六カ月の包囲が終わった時は六〇キロになっていた。食料も不足し、睡眠も不足したためだった。戦闘が激化して、丸二日、寝ることもなくぶっ続けで病院で働き続けたこともあった。多い時には一〇〇人もの負傷者が一度に運ばれてきた。電気がなく、ろうそくの光の下で手術をしたこともあったし、電気が使える時間は限られていて、短い時間で素早く処置することが求められた。六カ月包囲では、食料は不足し、日々、ひとかけらのパンやわずかのオートミールとスープだけしかないのは普通だった。しかし、当時の新聞が書いたようなネコを食べることはなかったし、餓死する人間もいなかった。何かの持病があって、栄養状態が悪化したために死んだ者がいたとしても、餓死者はいなかった。

八五年、八六年と包囲攻撃があったために、キャンプでは食料が備蓄されていた。ファタハなどの政治組織には戦闘員を食わせるために最後まで食料があった。戦士が飢えて、戦うことができなかったらキャンプは陥落していただろう。キャンプの抗戦を率いたアブ・トークは、常に戦士を鼓舞し続けた。私はアブ・トークに連れられて前線に行き、お茶を飲み、話をしたことがあった。配置についている戦士たちは医者が前線に来ているのを見て、士気が上がる。アブ・トークは六カ月包囲の真っただ中の八七年一月に死んだ。彼は死ぬ直前に病院に来ていた。病院を訪れた彼に、「これから食料も足りなくなるし、医薬品も不足する。どうしたらいいか」と話をした。彼は「ドクター、そのことについて今夜、話し合いを持って、あなたたちの意見も聞かせてもらう」と答えた。その時、キャンプに対する攻撃が始まったという連絡が入り、彼は慌ただしく出て行った。私は出ていく彼に「気を付けて」と声をかけた。しかし、彼は一五分後、殉教者として病院に戻って来た。

医師のムハンマド・ハティーブの二人の子供は、ともに先天性の肝臓疾患を抱えていた。六カ月包囲の間にまず五歳の長男が死に、その四〇日後に四歳の長女が死んだ。「医薬品もなく、輸血の血液もなく、食料もなく、生き延びることはできなかった」と語った。二人の子供の死を語るときも「それが運命だ」とでも言うかのように、淡々と語った。包囲攻撃の中での人々の生活を語った。

戦争は続き、人々は日々死んでいくが、同時に人生も続く。戦争の間、日々負傷者に対応しながら、時間があれば私はチェスをしていたし、テレビでサッカーも見ていた。病院は負傷者が運ばれてくる場所であり、同時に人々が集まってくる場所だった。八六年五月の包囲の時は、ちょうどメキシコで開かれたサッカーのワールド・カップの時だった。私はX線部門を担当していたが、患者の治療をしながら、患者と一緒にワールド・カップを見ていた。包囲攻撃の最中に結婚する者もいた。包囲が終わってからにすればいいと思うかもしれないが、明日死ぬかもしれないのに、包囲が終わるのを待つわけにはいかない。ある女性はサーレフという息子が砲撃で死んだ。その女性はちょうど妊娠中で包囲攻撃の間に男の子を生んだ。彼女は生まれてきた子供にサーレフと名付けた。「サーレフは死に、サーレフが生まれた」と彼女は語った。

家族が死んで、人は嘆き悲しむが、人生は続いていく。悲しくても、みな自分の務めを続けなければならない。私は娘が死んだ時、気持ちが弱くなって、どうしたらいいか分からなかった。私は「娘が死んでしまった」と言いながら、負傷者の治療をしていた。六カ月の包囲は悲惨だったが、一方で死にも飢えにも、人は慣れてしまう。

若者たちが包囲を破ろうとして一斉攻撃をかけて、多くの若者たちが死ぬこともあった。しかし、包囲は解けず、最悪の状況が続いていく。一度に大勢の負傷者がくると、病院は負傷者で溢れる。私は医師たちに仕事の分担を指示した。私の指示に対して「私はいまシフトではない」と言って、座ってラジオを聞いている若い医師がいたから、ひっぱたいた。目の前に血を流している人間がいるのに、シフトじゃないと言うのは許されるわけがない。しかし、彼は日々の重圧の前に疲れすぎて、何が起こっているかが分からなくなっているのだ。

六カ月の包囲では、食料が不足し、スプーン一杯の米を食べて、それで一食終わりということもあった。一口食べて、腹はすくが、腹が減っていることが普通になる。悲惨な状況に耐えるしかなくなる。八五年五月に包囲攻撃が始まった時には多くの人々がキャンプから逃げ出したが、八六年の攻撃の時には人々はキャンプにとどまり、逃げようとはしなかった。ここで耐えるしかないことが分かったからだ。

当時、包囲の下で人々はどのような生活をしていたのだろうか。六カ月包囲が始まる一カ月前の八六年九月にフッリーヤ(一九六〇年生)は、診療所で女児を産んだ。リーナと名付けた。他に二歳の長女マハと五歳の長男マーヘルがいた。

リーナが生後一カ月で、六カ月包囲が始まったばかりのころ、二階建ての家の屋根に砲弾が直撃しました。家族は一階にいました。激しい振動で部屋にほこりと煙が溢れました。夫が寝ていたリーナを抱き上げて、「リーナが死んでいる」と大声をあげました。私がリーナを抱き取り、「リーナ、リーナ」と名前を呼んで体を揺らしました。リーナは目を見開いて、鳴き声をあげました。気を失っていたのです。夫は「リーナが生き返った」と喜びました。包囲攻撃の間は、通りに出れば狙撃されますから、家の中に閉じこもっていました。

家には備蓄した粉ミルクや小麦粉などがあり、家でパンを焼きました。しかし、ブタンガスのボンベはすぐになくなり、電気はありません。家具はもちろん、部屋のドアまで壊して煮炊きの燃料にしました。ファタハの倉庫に小麦粉の備蓄がありましたが、六カ月包囲の最後の一カ月になると小麦粉は底をつき、パンはありませんでした。代わりに豆の粉を焼きました。リーナは粉ミルクをいやがり、母乳しか飲みませんでした。しかし、私の母乳は十分ではなく、生後三カ月目から米をたいて軟らかくつぶして食べさせました。最後の一カ月は子供たちにパンにつけるティヒーナ(ゴマのペースト)を食べさせました。五歳のマーヘルは朝起きるとお腹をすかせて「ママ、ティヒーナをちょうだい」と泣いて訴えました。家にティヒーナしかないことを知っていたのです。

キャンプ戦争が始まった時、九歳だった電気技師のイブラヒーム・タハ(一九七六年生)に戦争の記憶を聞いた。イブラヒームは七六年八月に陥落したタルザアタル・キャンプで生まれ、陥落した時は生後四カ月だった。父親はキャンプで砲弾にあたって死んだ。彼は母親に抱かれてキャンプから脱出し、その後、ダムールを経て、サブラ・シャティーラの虐殺の後、家族はシャティーラに移り住んだ。

八五年五月にキャンプ戦争が始まってすぐ、私の家は砲撃を受けて崩壊した。砲撃を逃れて家族で地下シェルターに避難して、戻って来たら、家は瓦礫の山になっていた。それ以来、ずっとシェルターで暮らすことになった。私はUNRWAの小学校に通っていたが、戦争の間は学校はなかった。ずっと地下のシェルターにいるので、昼間は日光を浴びるために外に出た。頭にシラミがわいたので日に当たれと言われた。シェルターの入り口にいると、いつも砲弾の音が聞こえた。砲弾で家が崩れたり、通りで人が死んだり、けがをして運ばれていくのを見た。シェルターの近くにあるモスクが死んだ人の埋葬地になったので、多くの人が埋葬のために運ばれているのを見た。それが毎日のことだった。食べ物がなくて、いつも腹をすかせていた。一塊のパンを家族全員で分けた。わずかな小麦粉が配布され、それでしのがなければならなかった。八六年の包囲攻撃の時、私はシェルターから出て、キャンプの狭い路地にいた。周りに家があるからそこは安全だと言われていたのに、砲弾が降ってきて、私は砲弾の破片が胸に入って、病院に運ばれた。麻酔をして破片を取り出して手術が終わった。私の怪我は重傷ではなかった。病院では多くの若者が運ばれてきて、中には足をひどく怪我している者がいて、切断しなければならない、と言うのを聞いて恐怖を覚えた。

キャンプに残った女性や子供たち

シャディア・ハッシャン（一九六三年生）はキャンプ戦争が始まる前年に結婚した。結婚生活は戦争とともに始まった。八二年九月にサブラ・シャティーラの虐殺が始まった日の午前中に、戦士だった夫を初めてキャンプで目にした。虐殺の後、共通の友人を通して知り合い、婚約し、四カ月後の八三年春に結婚した。八六年に六カ月の包囲が始まった時には、三歳の長女キャサリンと一歳の二女アリヤの母となっていた。キャンプ戦争の後に生まれた三女はナンシーである。娘たちの名前が西洋的なので、「あなたはキリスト教徒ですか」と私が問うと、「いいえ、イスラム教徒よ。名前を付けるのは自由だからね」と彼女は答えた。結婚も親が相手を決めるのではなく、町で知り合って好きになった男性との結婚である。シャティーラでもイスラム教徒の女性はベールで髪を隠していることが多いが、シャディアがベールを着用していないことも「キリスト教徒か」と聞いた理由だった。伝統を重視するイスラム教徒としては自由な考えの女性である。

シャディア・ハッシャン

六カ月包囲の時に、私は三歳の長女のキャサリンをキャンプの外に住んでいた義母のところに二カ月預けていました。ある金曜日に、夫が娘を母のところから連れて来いというので、私は次女を抱いてキャンプから外に出る検問所で義母と会いました。義母は長女を抱いていました。その日はそれまで平穏だったのに、いきなり砲撃が始まり、一発の迫撃弾が私たちのすぐ近くに落ちて爆発しました。砲弾の破片が周囲に飛び散って、長女は破片を頭に受けて大けがをしました。サブラにあったガザ病院に運んだけれど助かりませんでした。義母は破片が胸に入り、二カ月入院しました。私も背中に破片を受けて、病院で破片を取ってもらいました。次女は無傷でした。砲撃で生きるのも死ぬのも、運命なのです。六カ月の包囲では毎日砲撃があり、食料は最初あったけれど、だんだん少なくなりました。私の家は砲撃で破壊されたため、キャンプの中の知り合いの家の部屋を借りて住むことになりました。私はキャンプ戦争の間、ずっとシャティーラにいました。

六カ月包囲は八七年四月六日に、シリアのハーフィズ・アサド大統領の意を受けた軍事監視団がアマルとパレスチナ勢力の間の停戦を仲介したことで終了した。合意について当時の『ニューヨーク・タイムズ』は「パレスチナ地域の包囲が解除される」という見出しで、次のように報じている。

シーア派民兵組織による包囲が始まって以来、初めて大量の救援物資がシャティーラ・キャンプに運び込まれた。食料や衣類、毛布などをつんだ五台のトラックがキャンプに入った。そこにいる三〇〇〇人以上のパレスチナ人の多くが、病気と栄養失調に苦しんでいる。シャティーラへの救援物資の到着は、シーア派民兵組織アマルと、キャンプを防衛するパレスチナ・ゲリラの間の停戦の発表に伴うものだ。

報道によると、停戦合意の日は、アラブ連盟が「パレスチナ人の苦境」についてアサドと協議するために使節団をダマスカスに送ることを決めた日である。それだけ「シャティーラの悲劇」が国際的に問題化していたことを示す。驚くべきことは六カ月間包囲されたシャティーラに、三〇〇〇人以上の人間がいたということである。

難民第一世代のムハンマド・オマル(一九三一年生)は、「シャティーラで生きてきて最悪の時はキャンプ戦争だった」と語った。

当時、シャティーラには四五〇家族で三〇〇〇人から三五〇〇人がいた。五カ所から六カ所の地下シェルターがあり、一カ所に四〇〇人から五〇〇人が暮らした。電気がない暗いシェルターで私も、妻も、子供たちもみんなが息をひそめていた。地上にある家々は、砲撃で崩れ、爆弾で破壊され、廃墟になっていた。政治組織がパンを配布したが、パンを取りに行くのも命がけで、外で水を汲むにも命がけだった。外に出ると、狙撃手に狙われ、毎日のように死者が出た。三年間で死者は七〇〇人から八〇〇人に上った。最も辛いのは、家族の誰かが死んでも、埋葬もできず、遺体に布をかけていると、二、三時間して、別の死者が出て、家族の遺体の上に、重ねられることだ。

キャンプ戦争の間、シャティーラの病院で働いたカナダ人医師のジアノはシャティーラでの経験を回想記『包囲されて』として刊行した。この著書の中で、六カ月の包囲攻撃が終わった時の様子を次のように記述している。

誰もがゆっくりとシェルターから、家から、瓦礫の下から、そして病院から外に出てきた。私たちはモスクに歩いて行った。その壁は砲撃によってとうの昔に崩れていた。私たちはシャティーラの死者が埋葬されている集団墓地となっている中をのぞいた。キャンプは、三五〇〇人の住人のうちの二割以上の犠牲者を出すという恐るべき代償を払った。人々はお互いに生き残ったことを喜ぶ伝統的な挨拶を静かに交わした。「ハムディッラー・サラーマ〔無事は神のおかげ〕」と。私たちは互いを見て、アリ・アブ・トークなど大勢が埋葬されたモスクを見た。私たちは喜びと悲しみの中で、お互いに抱き合い、涙にくれた。

映画のエンディングのような感動的なシーンである。しかし、キャンプ戦争で長女を亡くしたシャディアの話を聞いた後で思わず、「なぜ、キャンプに残ったのか。出ようと思ったことはないのか」という問いが口を突いて出た。彼女は「ない」と言下に否定して、言った。

私はここにいなければなりませんでした。だって、夫も若者たちも、男たちは私たちのために血にまみれて戦っているというのに、彼らをおいてキャンプを出ることなどできません。死んでいたかもしれないけれど、死んだら、アッラーが私たちの魂を救ってくださいます。人は最後はみな死ぬのですから。

キャンプ戦争は不思議な戦争である。難民キャンプが周囲を取り囲んで住んでいるシーア派勢力の武装組織の包囲攻撃を断続的に受ける。繰り返し述べているように二五〇メートル四方の広さしかないキャンプが、シリアの支援を受けたレバノンのイスラム勢力の最強組織アマルの包囲攻撃を受けたら、ひとたまりもないはずだ。アマルもシリアも本気でシャティーラを排除しようとした。しかし、一〇〇〇人の戦闘員と二五〇〇人の住民を抱えたキャンプで、住宅の九割以上が破壊されても、戦士は地下にトンネルを巡らして移動し、相手に奇襲攻撃をかけて抗戦を続け、女性、子供らを含む住民たちは飢えに耐え、地下シェルターにこもって踏みとどまった。医師のムハンマド・ハティーブが言うように、最初キャンプの外に避難した家族も、戻ってきているのである。それも自分の土地ではなく、国連から一時的に与えられている仮の住処の難民キャンプなのに、なぜ、それほど固執したのだろうか。

キャンプ戦争の時、高校生で初めて銃をとったと紹介したムハンマド・シャービー（一九六六年生）は次のように語った。

父が戦っている以上、母はキャンプを出るとは言えない。母や娘がいる限り、父も私も家族を守るために戦う。住民がキャンプから去らなかったのは、四八年にパレスチナから追われたナクバ以来、追われ続けてきた経験があるからだ。一度追われたら、二度と戻ることはできない、と学んだのだ。私の家族はパレスチナ北部のアッカ県のシャーブ村の出身だ。父親はナクバの時、一一歳で祖父とともにパレスチナから出てきた。祖父は生前話していた。戦争が始まって、一週間ほど避難していればまた戻ることができるとアラブ解放軍に言われて家を出て、レバノンに来た。しかし、騙されていた、と。七〇年たっても戻ることはできない。七〇年代にはイスラエルの空爆でナバティエ・キャンプを追われ、さらにタルザアタルを追われた。一度追われたら、もう二度と戻ることはできない。私たちは、このキャンプで生まれ、このキャンプで育った。私たちはキャンプを守ることで、家族を守ることができる。難民キャンプから出たら、我々には安全はないのだ。

六カ月の包囲攻撃が終わって、シャティーラを陥落させることが困難なことは明らかになり、シャティーラの抵抗はアラブ世界に知れ渡った。悲劇の難民キャンプは、パレスチナ人の不屈の精神を象徴する存在となった。しかし、その後も、シリア軍やアマル民兵によるキャンプの包囲は続いていた。その危機的状況は八八年一月一七日にアマルの指導者ナビ・ベッリ(現・レバノン議会議長)の演説で終わりを告げた。ベッリはシャティーラ、ブルジュバラジネの包囲解除を宣言した。この演説の中で、ベッリは「イスラエルの占領下にあるパレスチナ民衆の抵抗運動への連帯」を表明した。八七年一二月にイスラエルの占領地で始まった第一次インティファーダ(民衆蜂起)のことだった。

パレスチナ人の少年たちがイスラエル戦車に投石で立ち向かう姿が世界中に流れた。カナダ人医師のジアノは著書の中で「シーア派民衆が占領地でのパレスチナ人に深い共感を抱いていたことがシャティーラを救った。実は最初にインティファーダに火がつくのを促したのはシャティーラであった」と書いている。ガザでのインティファーダはイスラエル軍車両がパレスチナ人の車と衝突し、パレスチナ人四人が死んだ事故が発端となったとされる。死んだパレスチナ人たちはガザ郊外のジャバリア難民キャンプの難民たちだった。それはシャティーラの六カ月包囲の真っ最中であり、シャティーラの死に物狂いの抵抗がパレスチナ人全体を揺さぶっていた。シャティーラの抵抗が、イスラエル占領に対するインティファーダを生んだという見方は決して的外れではない。

　キャンプ戦争から三〇年が経過し、キャンプの九割以上が破壊されたというキャンプ戦争の痕跡を見つけることは難しい。キャンプ戦争で地下に張り巡らされたトンネルは埋められ、地下シェルターも使われないまま閉鎖されている。二〇一五年末にシャティーラのシェルターの一つが文化センター「バイサラン劇場」としてオープンしたというので訪ねた。シャティーラ・キャンプのほぼ中央にある住宅ビルの入り口のわきに地下に向かう階段があった。左右の壁、天井は真っ白に塗られ、幅一メートルほどの狭くて急な階段を途中で左に折れながら三〇段ほど降りていく。地下五メートルほどの深さである。広さは二〇〇平方メートルほどで、意外なほど広い空間だった。

　この劇場には八歳から一六歳までの一〇〇人ほどの子供たちが参加している。私が訪ねた時、スイスで弁護士をしているシリア人が夏の間だけベイルートに来て、二〇人ほどの子供たちを前に「法廷劇」のワークショップをしていた。裁判官、検察、弁護士、被告に分かれて、ロールプレイ劇を行う。劇場を主宰するムハンマド・ハジーネ（一九九五年生）は、一五年に亡くなった父の遺志を継いで劇場をオープンさせた。父親はシャティーラでのファタハの幹部で、キャンプの治安担当だった。地下室はキャンプ戦争の時の避難所だった。一九九〇年にレバノン内戦が終わった後、シェルターは長い間使われず、水が溜まっていたが、二五年ぶりに劇場としてよみがえった。劇場ではパレスチナの伝統的なダンス「ダブカ」を教えるコースもあるし、ベイルートでイスラエルに暗殺された作家ガッサン・カナファーニが書いた戯曲を上演したこともある。「難民たちの子供たちにパレスチナ人の文化を伝え、誇りを受け継ぐ。かつて人々の命を守った地下室はいま子供たちのアイデンティティを守る」とムハンマドは語った。

広さに比べて、二メートルほどしかない天井の低さが、地下シェルターであることを示している。地上で激しい砲撃が続いている間、ここに一〇〇家族五〇〇人が、息をひそめて生活していた。銃撃音は聞こえないとしても、砲弾が地上の近くに着弾すれば地面が揺れ、砂埃が舞い上がっただろう。電気もなく、換気もない空間で、三年間も閉じ込められていた。子供たちはもちろん、九〇年代に生まれた劇場の主宰者のハジーネにとっても、地下シェルターへの特別の思いはないかもしれない。しかし、キャンプ戦争の証言を人々から聞いた後、このシェルターに立つと、悲惨すぎる記憶とつながっているシェルターが利用されないまま放置されてきた理由も分かる気がした。

●インティファーダ(民衆蜂起)

イスラエルが占領しているヨルダン川西岸、ガザ、東エルサレムのパレスチナ地区で起きた占領に反対する民衆の抵抗運動のこと。八七年末の第一次インティファーダと、二〇〇〇年九月に始まった第二次インティファーダがある。第二次は、イスラエルの右派政党リクードの党首だったアリエル・シャロンによるエルサレムのイスラム聖地への立ち入りへの抗議が占領地に広がったものである。ファタハの武装部門やハマスによる自爆テロが頻発し、イスラエル軍による西岸への無差別空爆や大規模侵攻によって抑え込まれた。

第7章

内戦終結と平和の中の苦難

平和から除外された難民たち

一九九〇年に一五年間続いたレバノン内戦は終わり、シャティーラにも平和が訪れた。しかし、パレスチナ人はレバノンの国民和解プロセスから排除された。シャティーラ・キャンプは九五％が廃墟になっていた。イスラエル軍のベイルート包囲と虐殺(八二年)、キャンプ戦争(八五〜八八年)、アラファト派と反アラファト派によるＰＬＯの内紛(八八年)と、戦火と破壊にさらされ続けたためだ。さらに内戦終結後、シリアがレバノンを実質的な支配下に置いたため、シャティーラなどベイルートのパレスチナ難民キャンプは、シリアの支援を受けた反アラファト派の「救国戦線」が支配し、シャティーラにはアラファトのポスターさえなかった。アラファトが率いるファタハはレバノン南部のサイダ以南に移った。ベイルートではファタハのメンバーは指名手配となり、見つかればシリアの軍情報部に拘束され、シリア国内の刑務所に送られた。内戦は終わったが、レバノンのパレスチナ人の苦難は終わらなかった。

その一方で、九三年九月にファタハ主導でＰＬＯとイスラエルとの間で歴史的な和平合意である「オスロ合意」が締結され、九四年からヨルダン川西岸とガザの占領地にパレスチナ自治区が生まれ、自治政府が発足した。世界中の関心がパレスチナ自治の進展と、その先にくるはずのパレスチナ国家樹立に向かうプロセスに向けられた。難民問題は自治が進展した後で始まる「最終地位交渉」の議題とされ、事実上、棚上げされた。それまでパレスチナ問題の中心だった難民問題は置き去りにされ、世界の関心からも外れてしまった。

●レバノン内戦の終結

レバノン内戦は一九九〇年に終結した。サウジアラビアの仲介で国民和解憲章(ターイフ合意)を受諾し、キリスト教徒とイスラム教徒が議会で同数の議席を持ち、大統領はキリスト教マロン派、首相はイスラム教スンニ派、国会議長はイスラム教シーア派から選出されるなどの宗派主義が基本となった。合意をもとに新憲法案が起草され、議会で採択された。合意には内戦に介入して四万人の軍隊をレバノンに派遣していたシリア軍の撤退は盛り込まれていなかったために、シリアの影響下での和平となった。

●オスロ合意(パレスチナ暫定自治協定)

一九九三年九月、イスラエルとパレスチナ解放機構(ＰＬＯ)はノルウェーのオスロでの秘密交渉を経て合意に達した。九四年五月に自治が実施され、ガザとヨルダン川西岸のエリコでパレスチナ自治が始まった。難民問題は、自治が西岸の主要都市に拡大した後、入植地、境界、エルサレムの帰属などとともに「最終地位交渉」の課題の一つとされた。

一九六〇年代後半からＰＦＬＰの活動に関わっていたマフムード・アッバス(一九四八年生)は、キャンプ戦争が終わった八八年にレバノンのすべてのパレスチナ難民キャンプにある民衆委員会を束ねる事務局長になった。彼は七八〜八〇年まで奨学金を得てキューバに留学し、政治経済学を学んだ国際派である。九三年九月に秘密交渉を経てオスロ合意が調印されたが、その年の三月に、マフムードはオスロであった「共生」をテーマとする国際会議に招待された。レバノンからはマフムードらパレスチナ人代表三人が参加した。会議は四〇人規模で、当時、人種間の和解プロセスが進んでいた南アフリカの代表と、内戦が終わったレバノン、さらにヨルダン川西岸とガザのイスラエル占領地のパレスチナ人ら、計四〇人から五〇人の参加者が三日間にわたる議論を行った。

会議の詳しい話は聞かされていなかったが、現地に着いて、イスラエル人が男女一人ずつ二人出席するのが分かった。私は私たちを招待したノルウェーの友人に、「私たちはイスラエル人とは同席しない。あなたたちは私たちをだました」と詰め寄った。友人は「彼らはイスラエル国籍を持っているかもしれないが、イスラエル人として参加しているわけではなく、一人はノルウェー人で、もう一人はオランダ人だ。彼らはユダヤ人で欧州の市民なのだ」と言った。人種や民族、宗教の共生をテーマとした議論の中で、イスラエル人の男の方は「イスラエルは小さな国で、出て行ったアラブ人が戻ってくる余地はない。彼らはアラブ諸国に出て行ったのだから、アラブ諸国が面倒をみるべきだ」と発言した。もう一人の弁護士の女性は「私は私が属するイスラエルがアラブ人を非人間的に扱い、入植地をつくっていることが恥ずかしい」と発言した。私はイスラエル人の中に二つの意見があることを知った。

会議の最終日に「この会議を経て、あなたはどう思うか」と質問を受けて、私はこう答えた。「私にとって初めてユダヤ人と一緒になった会議だったが、私の中で新しい立場が生まれた。ユダヤ人との戦いではなく、我々の土地を占領しているイスラエルとの戦いだということが明確になった。この会議で二種類のユダヤ人がいることが分かった。弁護士の女性と私たちの間には何ら違いも争いもない。同じ国で同じ夢や野心をもって共生できる。もう一人の人物の話を聞いている時には、なぜ、カラシニコフ銃を持ってこなかったかと後悔した」。私がこう言った後、会場は凍り付いて、二、三分間、誰も言葉を発しなかった。

それから六カ月後にオスロ合意が明らかになった。あの国際会議はノルウェーがオスロ合意に向けたテストをしようとしていたのだと後で分かったが、その時はPLOとイスラエルの秘密交渉が行われているなど知らなかった。オスロ合意によって、パレスチナの民衆も、政治勢力も、賛成と反対に分裂した。パレスチナの民衆を代表していたPLOは麻痺してしまった。私は政治的な対立を超えてレバノンの民衆委員会を束ねる立場だったが、それもオスロ合意によって終わりになってしまった。

オスロ合意の後、パレスチナ政治勢力はオスロ合意を受け入れる主流派のファタハと、合意に反対する「拒否戦線」に分裂した。マフムード・アッバスが関わってきたPFLPは拒否戦線に参加していたが、二〇〇〇年に始まった第二次インティファーダの後、オスロ合意を批判しながらも、パレスチナ自治評議会選挙に参加するなど、野党的立場での関与に変わってきている。マフムード自身は独立派として一九九六年にスウェーデンの支援を受けて、シャティーラでNGO「子供と青少年センター」を設立した。同センターは、六歳から一八歳を対象として、絵画・工作、ダンス・演劇、サッカー、補習教育、サマーキャンプ、国際交流などの教育・文化活動を実施する、シャティーラでの青少年活動の中心であり、マフムードは欧州に向けたシャティーラの顔となっている。彼は外国人訪問客に対し、シャティーラの歴史についてこう語るという。

あなたはいまのシャティーラを見ている。もし、あなたが五〇年代にシャティーラに来ていたら、テントと小屋を見たでしょう。六〇年代に来たら石を積んだ壁のある家がありました。七〇年代には平屋の家が建ち、道路が通って、光が差し、風が吹き抜けていました。八〇年代に来たら、一面の破壊の跡です。九〇年代には家が建って、道路が狭くなっていくのを見たでしょう。そして、二〇〇〇年代になれば、道路はなくなり、風は通らず、太陽も、空も見えない。人々の生活はますます困難となり、窒息寸前となっているのです。

九〇年代にレバノンの復興が始まり、かつて「中東のパリ」と呼ばれたベイルートのダウンタウンの再開発も始まった。シャティーラでも九〇年代後半には住宅ビルは三階、四階と屋を重ねた。一方でアラブ世界や南アジアからベイルートに出稼ぎにくる人々が、交通の便が良くて、家賃が安いシャティーラの中に住むようになった。ベイルートの富裕層の家で家政婦として働くバングラデシュ人やスリランカ人、フィリピン人の姿もシャティーラで目にするようになった。相対的にパレスチナ人の割合は減り、シャティーラに残るパレスチナ人に失業と貧困が蔓延し、次第にスラム化が進んだ。

シャティーラの〝いま〟を理解するために、これまでキャンプでの主役だった「フェダイーン(戦士)」たちは内戦終結からオスロ合意締結の動きの中で、どのような経験をしたのかを聞いてみた。

シリアでの七年間の拘束

シャティーラ・キャンプの南東の端にある店でタバコを売っているザカリヤ・サクラン(一九六六年生)は、タルザアタル・キャンプの陥落を扱った第4章で登場する。陥落時には一〇歳で、包囲攻撃の経験を語った。インタビューした後、ザカリヤの店は私の立ち寄り先となった。通り過ぎる時に声をかければ、「コーヒーを飲んで行け」と誘ってくれた。店で働く若者が近くのコーヒーショップに走り、小さな紙コップに入ったエスプレッソを持ってくる。店の間口は一間(約一・八メートル)ほどだが、奥の部屋にはタバコの大箱が並び、小売りだけではなく卸もやっている。店の内側の壁にはカラシニコフ銃がかかっている。「まだ使えるのか?」と聞くと、「これは私がキャンプ戦争の時から使っているものだ」と答えた。ザカリヤは一二歳からファタハの軍事訓練を受け、戦闘員になった。レバノン内戦でキリスト教右派民兵と闘い、八二年のイスラエル軍のレバノン侵攻ではイスラエル軍と戦った。PLOが退去した後もレバノンに残り、八五年五月のキャンプ戦争を戦った後、レバノン南部のサイダのファタハのキャンプに移った。当時、家族は西ベイルートの廃墟ビルに避難していた。八五年一二月にザカリヤがサイダからベイルートの家族の元に帰った時、シリア軍情報部に拘束された。戦闘員として中核を担う一九歳の時である。

家族が住むビルの外の通りに来た時、平服の男たちに取り囲まれ、銃を突き付けられた。シリア当局の者たちだということは分かった。そのまま車に乗せられ、手錠と目隠しをされて、〔シリアの首都〕ダマスカスの軍情報部の尋問用の施設に連行された。その後、私は九三年まで七年間、シリアの刑務所で過ごすことになった。最初の一年間はダマスカスでの尋問だった。尋問と言っても拷問である。秘密警察による拷問と軍の拷問は異なる。秘密警察の尋問は情報をとるために殴るなどの拷問をするが、軍の尋問は情報よりも相手をつぶすための拷問である。毎日、ただ殴り、痛め付けるという繰り返し。私の後ろに尋問官が立ち、前にいる二人が私を痛めつける。立たされて少しでも動くと棒で殴られたり、手と足をロープできつく縛られて放置されたり、毛布にぐるぐる巻きにされて殴るけるの暴力を受けた。尋問調書は最初から作られていて、「署名しろ」と言われるだけで、拒否すればまた延々と殴られる。調書には私がシリア軍に銃撃し、爆弾を投げるなどしたと記されていた。木の棒で殴られると体中が腫れ上がって動けなくなる。その後、部屋に運ばれて、二、三日放置された後、また拷問が始まった。

一年の尋問の後、裁判も何もないまま、ダマスカス郊外のメッゼ刑務所に移された。そこで一年半、独房に入れられた。ドアの幅だけの身動きもできないほどの狭い部屋だった。その後、〔シリア北東部の〕パルミラ刑務所に移送され、そこで三年間を過ごした。最悪の日々だった。拷問は夜昼なく二四時間続いた。幅六メートル、長さ一六メートルの細長い部屋に一二〇人が押し込められた。中央に廊下があり、そこを看守が常に行き来していて、いつでも棍棒で殴られた。看守は昼夜、三時間置きに交代し、新しい看守がくるたびに、夜でもみな起きて立ち上がり後ろ手を組まねばならない。反応が遅いと、看守は囚人に二人一組になって、お互いに五〇発ずつ、平手打ちをするように命じる。私が隣の囚人を五〇発平手打ちして、その後、私が平手打ちされる。手加減はできない。それが終わってやっと眠ることができるが、寝ているところを殴られて起こされることも頻繁にあった。食事の時間には自分の食事を、別の囚人に食べさせるように命じて、食事抜きになるような精神的な痛めつけもあった。パルミラ刑務所の三年間は悪夢のようだった。その後、ダマスカス郊外のシドナヤ刑務所に移されて一年半いたが、ここは一部屋二〇人で、状況はかなり改善した。

ザカリヤが語ったシリアの軍刑務所での経験は常軌を逸したものだった。シリアは現在にいたるまで秘密警察の監視で国民を縛り、政治犯の弾圧や拷問など深刻な人権侵害で常に告発される国であるが、特に軍刑務所は〝反逆者〟を身体的、精神的につぶすことを目的としている。私が「刑務所の七年間はいまもあなたの健康に影響を残しているのか」と聞くと、ザカリヤは上を向いて口を大きく開いた。「見えるか」と言って口の中に指を入れて歯茎を見せようとした。私は彼の指を目で追って、彼が言おうとしていることを理解した。歯が一本もなかったのである。「殴られ過ぎて、刑務所を出た時には歯は全部なくなっていた。耳も聞こえにくい。夜は眠れない。食べ物は消化できない。刑務所を出た時、健康は失われていた」と、唸るように言った。

七年間の獄中生活を経て、ザカリヤは九三年一一月ごろ、突然、釈放された。シリアに拘束されたアラファト派のファタハのメンバーの多くがザカリヤと同時期に釈放された。その年九月にＰＬＯはイスラエルと「オスロ合意」を締結した。合意を批判していた対米強硬派のシリアが、なぜ、ファタハ戦士を釈放したのだろうか。明確な説明は記録として残っていない。ワシントンでの調印式の一週間前に、アラファトがダマスカスを訪ねて、大統領の故ハーフィズ・アサドと数時間にわたって会談し、合意への支持を求めた。当時の『ニューヨーク・タイムズ』は「アラファトはアサドを説得することには失敗したが、アサドも反対はしなかった」(九三年九月七日付)と報じた。

湾岸戦争でシリアが米国主導の多国籍軍に参加したことでも示されたように、アサドは強硬派ながら現実的で巧みな外交戦略で、アラブ世界で存在感を示していた。アラファトは湾岸危機ではアサドとは逆にイラクのサダム・フセインを擁護する立場をとり、湾岸諸国から資金援助を切られて、PLOは深刻な財政危機に陥った。オスロ合意はどん底にあったアラファトに政治的なプレーヤーとして存在感を取り戻す契機を与えた。ファタハの囚人の釈放は、アサドが「オスロ後」に巧妙に対応するために、中東の政治的なプレーヤーとして復活したアラファトに関与するための動きと見ることができる。そんな政治的駆け引きのもとで、翻弄された存在がザカリヤである。ザカリヤはシリアの刑務所から釈放された時のことを次のように語る。

私たちはオスロ合意を知らなかった。情報から完全に遮断されていた。新聞もテレビもなく、ニュースに触れることはない。家族の面会も認められず、七年間、外部との接触は全くなかった。最初は囚人の間で話をするが、そのうちお互いに話すことはなくなる。何も新しいことがなくなると、何も考えなくなり、時間は止まってしまう。ある朝、私を含めた囚人グループ三〇人が手錠と目隠しをされて窓のない護送車に乗せられた。別の刑務所に移送されると思っていたが、降ろされたところは〔シリア国境に近いレバノン東部の〕アンジャールの刑務所だった。

刑務所の幹部が「お前たちは今日、釈放される」と言った。私たちは幹部の言葉を信じられなかった。幹部が「お前たちは金を持っているか」と聞いた。みんな「持っていない」と答えると、幹部は私たちに一〇〇〇リラずつ渡した。私が知っているレバノン・リラは一リラ半でアメリカのタバコを一箱買うことができた。状況が呑み込めないままの私たちに、幹部は「私が一〇まで数え終わる前に私の前から消えろ」と言った。私たちは大慌てで、刑務所から出た。私たちはやっと自分たちが釈放されたことを知った。後ろを振り返ることもなく一目散で刑務所からの道を走った。通りがかったタクシーを拾って五人で乗った。ベイルート行きの乗り合いタクシーが出ているシャトゥーラまで行った。私たちがシリアの刑務所から釈放されたばかりだと話すと、運転手は「あなたたちに神のご加護がありますように」と言って金を受け取らなかった。

私たちはベイルート行きの乗り合いタクシーをつかまえた。若い運転手が「一人一万リラ」と言った。私たちは運転手が冗談を言っていると思って、「俺たちは車を買おうというのではないぞ」と答えた。運転手が「いくら持っている」と聞くので、「五人で五〇〇〇リラだ。これで俺たちをベイルートに連れて行ってくれ」と言った。運転手が驚いたような顔をするので、「俺たちはいまシリアの刑務所から釈放されたばかりだ。シリアの刑務所に五年いた者もいれば、七年、八年いた者もいる」と言った。運転手は「分かった。金はいらない」と言って走り始めた。私たちが刑務所にいる間にレバノン・リラの価値は下落していた。

車がベイルートに近づいたので「ファランジェ〔キリスト教右派民兵〕がいるところは避けてくれよ」と言うと、運転手は「もう、ファランジェもいないし、ベイルートには西も東もない」と言った。私たちは降りる時に持っていた五〇〇〇リラを運転手に渡した。私が家族の家に着いた時には夜も遅くなっていた。ドアをノックした。ドアを開けたのは母親だった。私を見た母はそのまま気を失って床に倒れ込んだ。七年ぶりの再会だったが、家族は私が帰ってくると思っていなかった。

ザカリヤは一九歳でシリアに拘束され、九三年に釈放された時は二七歳だった。その間にレバノン内戦は終わり、イスラエルとパレスチナの和平合意が結ばれた。釈放されて一カ月後に、レバノン南部のサイダにあるファタハの事務所に行った。七年前にザカリヤの上にいた幹部はみなチュニスに移っていて、サイダにいるのはみな新顔で彼よりも若かった。シリアから戻ったと言うと、新しい幹部が「パレスチナ自治が始まるガザに警察官として行くか、レバノンで新たに任命を待つか、どちらかを選べ」と、まるでザカリヤを新人のように扱った。ザカリヤは「私は七年間も家族と離れてシリアの刑務所にいた。それなのにガザに行けというのか」と声を荒らげた。その幹部は「ガザに行って自治政府に参加したらどうだ。自治政府はあなたのような経験のある人材を求めている。パレスチナ革命が始まる。あなたは新しい世代のエリートだ」と持ち上げた。さまざまな話し合いがあったが、結局、ザカリヤはファタハを辞めた。「私はガザに行きたいわけではない。私の家族はここにいる。ファタハに残って、若造たちの下で、また一からやることもできない」

ザカリヤはそれから一年後にUNRWAがシャティーラの一角に住宅ビルを建てた時に、そこに住むことができるようになった。四〇歳で結婚し、二男二女の四人の子供がいる。私が話を聞いた二〇一七年七月、一番上の娘は一一歳で、末っ子の息子は三歳だった。白髪が混じった強い髪にとがった鼻、あご骨が張った顔は精悍な風貌だが、子供たちの話をする時は、表情が柔らかくなる。

子供たちには祖父から聞いたパレスチナのことを話して聞かせる。パレスチナには自分たちの家があり、庭があり、農園があることを話す。パレスチナはレバノンよりも美しい国で、欧米の国々よりもよいのだと話す。私が生まれ、子供時代を過ごしたタルザアタルの話もする。しかし、タルザアタル陥落の悲劇や、シャティーラでの虐殺や、シリアの刑務所で服役したことなど私の苦難の経験は、まだ話そうとは思わない。子供たちには私と違って子供らしく成長して欲しい。子供たちが成長したら私の経験をすべて話すつもりだ。私が殴られ、家族や隣人を殺され、不当に扱われたことに対していつか復讐すると心に誓ったことも、息子には話す。私が復讐できなければ、息子が私の意思をつぐだろう。ただし、話すのはいまではない。

イスラエルでの二年間の拘束

刑務所の経験はシリアだけではない。イスラエルの刑務所で服役した経験を語ったのは、第3章でPLOの経済組織SAMEDの活動を語ったムハンマド・アフィフィ(一九五九年生)である。彼は第6章で登場する「殉教者の家」のハーリド・アフィフィの従弟。ムハンマド自身は戦闘員ではなく、PLOの経済組織の管理部門にいた実務家である。彼は六人兄弟の長男で、五人の弟のうち、キャンプ戦争で八五年に次男のユーセフ、八六年に三男オスマン、八七年に四男ハーレドと三人が死んだ。

キャンプの外に住んでいる妹のキファーは、八八年にレバノン南部でイスラエル軍に対する武装闘争に参加して拘束され、六年間、イスラエル軍の刑務所に服役していた。ハーリドが語ったアフィフィ家の「殉教者」の血はムハンマドの兄弟姉妹にも流れている。戦闘員ではないムハンマドがイスラエル軍に拘束されたのは八五年夏の一カ月間の包囲攻撃が終わった直後である。トルコのアンマンで開かれたSAMEDの会議に参加してキプロス経由でベイルートに戻る途中だった。ベイルート空港で帰国すれば空港道路でシーア派勢力に拘束される危険があったために、ムハンマドら一行五人はキプロスからベイルートまで商船に乗った。しかし、途中の海で、イスラエル海軍の艦船に拿捕され、イスラエル北部のハイファに送致された。ムハンマドは二年間、イスラエルで服役することになる。

私は〔ハイファの南の〕サラファンドにある軍情報部の尋問施設に一カ月半から二カ月いて、取り調べを受けた。幅一メートル、奥行き三メートルほどの独房に入れられた。窓はなく、天井に大きな電球が常時ついていて、据え付けられた機械が四六時中不快な雑音を出していた。看守が来る音がしたらすぐに立ち上がって壁の方を向き、両手を上にあげなければならない。そうしなければ、四、五人の看守が独房の中に入ってきて、殴る蹴るの暴行を加えた。食事は手で渡すのでなく、ドアの下から足で蹴り入れる。スープはこぼれる。それも精神的な拷問だった。

連日の尋問と拷問があった。目隠しをされて、棒で殴られて気を失うことは珍しくなかったが、拷問は身体に対するものよりも精神的な要素が強かった。裸にされて、汚水がいっぱい入った容器の中に落とされたり、性的不能にしてやると言って男性器を痛めつけられたりした。男性器に注射器で液体を入れられることもあった。身体的苦痛とともに、辱めを与えるという精神的な苦痛を与える狙いだった。電気ショックによる拷問もあった。犬をけしかける拷問もあった。かまれることはなかったが、目隠しで裸にされて犬に臭いを嗅がれ、犬の息を近くに聞き、犬の足が身体中に乗りかかっているのは、恐怖だった。尋問は昼も夜もなく、一日に五回から七回あった。私は戦闘員ではなかったから、何も情報はもっていなかったが、拷問の目的は情報を得ることよりも、私たちの精神を壊すことだったのだろう。

イラク戦争後にイラクを占領した米軍が、アブグレイブ刑務所でイラク人に対して犬をけしかける虐待がニュースになった。それは私がイスラエルの刑務所で受けたものと同じ拷問だった。私はアブグレイブで虐待された囚人たちを見て、自分がそこにいるような気がした。イスラエルがイラクの米軍に拷問の方法を教えているにちがいないと思った。

拷問の日々の中で、私の独房の隣に、レバノン人シーア派組織ヒズボラのメンバーがいた。顔は見ていないが、壁越しに話をした。彼はハジ・ハイダルと名乗った。元キリスト教徒で、イスラムに改宗して、ヒズボラに加わったという経歴だった。年齢は私と同じか、一、二歳年上だっただろう。彼は二年間、サラファンドの刑務所にいるということだった。彼は壁越しに言った。「あいつらに負けてはいけない。あなたが負けたら、あいつらは嵩《かさ》にかかって圧力をかけてくる。あなたが断固とした態度をとれば殴るのをやめる。神はあなたの側にいる」。私は彼の顔を見ていないが、彼は刑務所で私を励ます司令官のようだった。

サラファンドにいる四五日間はまるで四五〇日間のように感じられた。ハジ・ハイダルがあの刑務所に二年間もいるとは信じられないことだった。私は「テロ活動を行った」という、でっち上げの容疑で禁固二年の判決を受けた。私は別の刑務所に移されて初めて国際赤十字の訪問を受けた。その時、サラファンドにいるハジ・ハイダルのことを話した。ハジ・ハイダルは国際赤十字の働きかけで釈放された後、包囲下にあったシャティーラ・キャンプを訪れ、私の家族に私がイスラエルで無事でいることを知らせてくれた。私は二年後にイスラエルの刑務所から釈放された後、彼が私の家族を訪ねてくれたことを知った。その時には、彼はイスラエルに対する武装闘争に参加して、殉教した後だった。私は彼の殉教を告知するヒズボラのポスターで初めて彼の顔を見た。

ムハンマドがイスラエルの刑務所から釈放されたのは八七年の年末だった。彼が刑務所にいる間に、ユーセフとオスマンという二人の弟がキャンプ戦争で死んだ。八五年に彼が拘束される半年前に生まれた長男スブヒは二歳になっていた。ベイルートに戻った後、またSAMEDの仕事に復帰した。もともとレバノンには一〇カ所の工場があったが、シリアに取られて、下着をつくる工場だけがベイルートに残っていた。八八年の夏、ムハンマドの家がシリア軍の家宅捜索を受け、武器や現金を押収された。その時にムハンマドは家にいなかったため、指名手配になり、二カ月ほどレバノン南部に逃げた。その後、空港の役人に賄賂を渡して、チュニスに出国し、PLO本部に移った。

PLOでは経済委員会に属し、SAMEDの責任者になった。八九年初めには西アフリカのギニアビサウでSAMEDがつくった建設会社の代表として、建設プロジェクトを請け負った。しかし、一カ月でマラリアになったため、チュニスに戻った。その後は、PLOがアラブ諸国で行うパレスチナ物産工業展の責任者になった。ベツレヘムやヘブロンなど、ヨルダン川西岸のパレスチナ社会の物産や産品を展示販売した。ムハンマドはその仕事を通じて、パレスチナ占領地とのつながりもできた。

自治政府行きを辞退

チュニスでは妻と次男オスマンを呼び寄せてともに住み、娘二人が生まれた。保育園の年齢だった長男スブヒ（一九八五年生）はシャティーラの祖父母の元に残した。その理由について、「スブヒはシャティーラのパレスチナ人の間で教育したいと思った。弟たちが立て続けに死んだので、スブヒを祖父母の元に残して、両親が少しでも悲しみを忘れることができればとも考えた」と言った。九三年九月にオスロ合意が調印された時、ムハンマドはなおチュニスにいた。

ＰＬＯの中ではパレスチナ自治が始まって、ガザやヨルダン川西岸のパレスチナ自治政府に行く人間のリストを作り始めた。自治政府に参加してパレスチナに戻るか、チュニスに残るかという選択を迫られた。私はオスロ合意についてはすべて知っていた。私はオスロに行く代表団のために資料をつくったり、印刷したり、様々な準備をしていた。合意が何を意味するかも知っていた。私が自治政府に参加すれば、経済関係の省の局長クラスになることも分かっていた。当時、一緒に働いていた者たちは、いま自治政府の局長か、顧問か、大使になっている。しかし、私の答えは決まっていた。ベイルートに帰ることだった。私の家族はシャティーラにいるのだから。シャティーラがすべての物語の始まりであり、そこに問題の根っこがある。〔ヨルダン川西岸とガザの〕パレスチナに帰還するかどうかが重要なのではなく、すべての土地や財産を残して難民として出た私たちの権利が回復されない限り、平和はない。

私はいまでもアラファトが言った言葉が頭の中でよみがえってくる。湾岸戦争の後にスペインのマドリッドで中東和平国際会議があり、パレスチナはヨルダンと合同代表団で参加することになったが、PLOは会議から排除されていた。その会議に向けて、合同代表団と話し合う会議にアラファトが出席した。アラファトは「誰もかれもパレスチナの大義を安売りしようとする」と怒っていた。そして、こう言った。「ガザの一部でもいいから私に与えてみろ。そこにあるゴミの山でもいい。パレスチナの自治かどうかは問題ではない。私がいったんパレスチナに足場を持てば、そこからパレスチナを解放する戦いを始めてみせる」

オスロ合意は、そんなアラファトの言葉が実現した合意だった。重要なのは自治ではなく、アラファトが言ったように我々が失われた権利を回復するということだ。交渉は破綻し、二〇〇〇年に第二次インティファーダが始まった。オスロ合意に意味があるとすれば、イスラエルに問題を解決する意図がないことを暴いたことだ。

ムハンマドは、パレスチナ自治が始まった九三年にシャティーラに戻ってきた。それからずっとシャティーラに住む。ファタハのメンバーだが九〇年代はシャティーラではファタハの活動は認められず、キャンプの中でアラファトの肖像を掲げることもできなかった。転機は二〇〇五年にレバノンの前首相ラフィク・ハリリへの自動車爆弾を使った暗殺事件だった。シリアが事件に関与したとしてレバノン国内で反シリアデモが広がり、さらに国際的な批判が高まり、シリアはレバノンから軍を撤退させた。シャティーラでファタハが事務所を開き、アラファトのポスターが現れたのはその後である。アラファト自身はその前年の〇四年に死んでいる。ムハンマドには一六年、一七年と五回ほど話を聞いた。シャティーラの中に食品雑貨を売る店を持ち、店にいる午前中だけ話を聞くことができた。妻と交代で家で寝たきりになっている七九歳の母親を介護している。ムハンマドは豪胆な印象を与えた従兄のハーリドと違って、一言一言を反芻するように言葉にする物静かなタイプだ。店の奥に座ってインタビューに応じながら、客が訪れると立ち上がって接客をする。一〇〇〇リラ札（約七〇円）を握りしめて菓子を買いに来る小さな子供の相手もする。そんな様子をみると、とても過酷な刑務所生活を送った人物には見えない。自治政府に参加していたら有能な官僚になっていただろうと思った。

二〇一七年八月に話を聞いた時に「この薬は五年前から毎日飲んでいる」と錠剤を見せた。抗うつ剤だという。イスラエルに拘束された時から三〇年経っているが、その後遺症は続いている。

私はずっと不眠症や不安や孤独感に悩まされている。刑務所から出てきても、刑務所にいた時の精神状態が続く。元服役囚には精神的なリハビリが必要だが、ＰＬＯでもそのような対応はしていない。さらに二カ月前に尿道の手術をした。尿道が炎症を起こして尿が出なくなった。二〇一六年以降、尿道を通すためにレーザーをつかって六回の手術をした。手術してもまた炎症を起こして詰まってしまう。担当した医者は「これまでに見たことがない症例だ」と言う。医師にイスラエルの刑務所で尿道に液体を注入されたことを話すと、医師は「その液体に何か害を引き起こす物質が含まれていたのではないか。それ以外には考えられない」と言った。実際に身体に後遺症が出てきたことでいまなお、苦難が続いていることを思い知らされた。

ムハンマドの店で話を聞き外に出て歩いていくと、一分ほどでザカリヤのタバコ屋がある。同じくファタハのメンバーでも戦闘員のザカリヤと文官のムハンマドでは全く立場は異なるものの、ザカリヤはシリアで、ムハンマドはイスラエルで、ともに過酷な刑務所生活を経験した。二人の経験は、イスラエルとアラブ諸国のどちらからも敵視されるパレスチナ人という存在を体現している。武力でPLOを排除したヨルダンの例もあるように、イスラエルに敵対するパレスチナ人はアラブ諸国にとっては大きな不安定要因であった。ザカリヤとムハンマドの共通点はもう一つある。ともにオスロ合意の後に、パレスチナ自治区に行く選択肢を与えられながら、それを拒否してシャティーラに残ったことだ。なぜだろう。「シャティーラに問題の根っこがある」というムハンマドの言葉が鍵である。シャティーラを残したままパレスチナ自治区に行っても、根本的な問題は解決しないという思いである。

「何のために戦ったのか」――元戦士たちの声

シャティーラ・キャンプでは何人もの元戦士の話を聞いた。多くは小学校を途中でやめて訓練キャンプに参加した者たちだ。彼らは戦士の体験をどのように振り返るのだろうか。第3章で一一歳で小学校をやめて訓練キャンプに参加した経験を語ったアクラム・フセイン(一九六六年生)は、八〇年に一四歳でパレスチナ海軍の正規兵士になった。パレスチナ海軍は一五~二〇人乗りの艦船やボートを持ち、長さ二メートルで三人乗りの潜水艇もあったという。サブラ・シャティーラの虐殺の前の八二年には一六歳で、レバノン北部のトリポリに派遣された。サブラ・シャティーラの虐殺で、アクラムの家族は、母と五人の弟、二人の妹の計八人が殺された。それを彼が知ったのは二年後の八四年だった。

アクラム・フセイン

いったん兵士になると、家族でさえ、どこにいるか知らされないし、兵士も家族の情報を得ることはできなくなる。私は八三年からシリアの支援を受けた反アラファト派との戦闘に参加した。戦闘は半年間続き、私たちの陣地に戦車による砲撃やロケット弾が撃ち込まれ、多くの戦死者が出た。その結果、私たちアラファト派はトリポリから撤退した。その後、八四年にシャティーラの虐殺のビデオを見た。その中に映っていた父親が私の母親や弟妹の写真を持っているのを見た。私は六日間の休暇をとってシャティーラに戻った。その時、父から虐殺の話を聞いた。虐殺で母や弟妹が殺されたことを初めて知った。父は虐殺の初日に買い物をするためにキャンプの外に出ていて戻ろうとすると、もう帰ることはできなくなったという。

私は八四年にイエメンのアデンに派遣され、海軍で六カ月間の潜水訓練を受けた。海に飛び込んで三〇分間、水中にいて、様々な作業をする訓練だ。イエメンでの訓練を終えて、八五年にキプロス経由でベイルートに戻った。シャティーラでは秘密の戦闘部隊を組織した。自動小銃やロケット砲などの武器は、八二年にPLOがレバノンを退去した時にシャティーラの土の下にビニールに包んで埋めていたものを掘り出した。八五年の最初の包囲攻撃の時に、私のグループの近くに砲弾が落ちて、私の隣にいた男が頭を負傷して、それがもとで死んだ。私も体中に破片を受けて負傷した。その時はキャンプには手術ができる病院がなかったので、赤新月社の救急車がきて、私を含め六人の負傷者をキャンプから運び出した。私は一カ月半の入院の後、退院し、またシャティーラに戻った。八八年にキャンプ戦争が終わった後、アラファト派と反アラファト派の戦闘が始まったが、私は参加しなかった。私は二三歳になっていた。一〇代のころは人と話すこともできない子供で、撃てと言われれば撃ち、殺せと言われれば殺した。しかし、年を経て、命令に従うだけではいけないことを学んだ。戦うことにどんな意味があり、どんな利益があるのかを考えるようになった。パレスチナ人同士が戦ってもパレスチナの解放にはつながらないと思って、私は戦うことをやめた。

アクラムは戦闘員をやめて結婚した。ファタハを離れて自分で生計を立てようと決めて、台車に魚を乗せて売るようになった。しかし、キャンプの外で台車を引いていると、レバノン警察が来て、許可を持っていないという理由で、台車を没収された。レバノンではパレスチナ難民の就業は厳しく制限されている。一一歳で小学校をやめて、教育がないことも就業の機会を狭めた。戦闘によって腕を負傷したことで物をつかむことができなくなっている。結婚して二男一女をもうけたが、仕事がないことが多く、結婚八年目の九六年に離婚した。元妻はＵＮＲＷＡで働くようになり、子供たちは別の難民キャンプで彼女とともに暮らし、アクラムはシャティーラで一人暮らしをしている。

いまは一一歳で学校をやめたことを後悔している。学校を卒業していたら、人生は変わっていただろう。そのころはパレスチナの解放を信じていた。私たちはソ連や、シリアやアルジェリアなどアラブ諸国の支援を受けていた。ＰＬＯはレバノンを支配し、レバノンの大統領の人選にも影響力を持っていた。三年以内にパレスチナの解放を達成すると言われていた。しかし、いま思えば、我々がレバノンの内政に干渉し、レバノンを支配しようとしたことが、内戦を生み、キャンプ戦争につながった。それは間違いだった。いまはパレスチナのインティファーダによって、パレスチナの内側から解放を達成するという考え方に変わっている。

私は教育の機会も失い、身体も犠牲にして、パレスチナの闘争のために戦ってきた。しかし、いま、ファタハもＰＬＯも私のことには目もくれない。私だけではなく、戦いで傷ついた者たちすべてに言えることだ。解放は達成されず、自分を犠牲にして戦った者への見返りは何もなく、見捨てられたままだ。

私はいま二人の息子と娘のことを一番気にかけている。長男には私の父親の名前をつけ、次男と娘には戦争で死んだ弟妹から名前をとった。子供たちに死んだ家族の名前をつけることで、家族をもう一度取り戻したいと思った。長男は半年前に婚約し、長女も三カ月前に婚約した。婚約パーティーはベイルートのパーティー会場であり、六〇人から七〇人が出席した。私も参加した。しかし、私はパーティーの費用を負担できない。ＵＮＲＷＡで働く元妻はよい稼ぎだから、子供たちを助けることができる。元妻は二年前に再婚した。いまは私の関心事は子供たちのことだけだ。みんなが結婚したら、私も安心するだろう。

「何のために戦ったのか」――すべてを犠牲にした「パレスチナ解放」の戦いが結果的に何ももたらさなかったことへの深い失望は、アクラムだけでなく、いまもシャティーラにいる多くの元戦士から聞いた。キャンプ戦争の間ずっとファタハの戦士として抗戦していたアフマド・アイユーブ（一九六三年生）は、八八年にアラファト派ということでシリアに拘束され、九一年までの三年間、ダマスカスのアルマザ刑務所で服役した。釈放された後、ベイルートに戻り、ファタハを辞めた。辞めた理由について、「戻って来たら、レバノンのファタハではキャンプ戦争の時にキャンプの外に逃げていた裏切り者らが幹部になっていて、尊敬されるべき戦った人間は排除されていたからだ。裏切り者の命令に従うことができると思うか」と語気を強めた。アフマドが感じたレバノンでのファタハ指導部の交代は、組織がマドリッドの中東和平国際会議からオスロ合意へと動いていく中での必然的な変化でもあった。シャティーラでの六〇年代後半の地下活動の時代、七〇年代のパレスチナ革命の時代、八〇年代の内戦下での受難の時代と、四半世紀にわたってパレスチナ人の大義と名誉を担ってきた「フエダイーン（戦士）の時代」はあっという間に終わったのである。

アフマドは、三年ぶりにシリアの刑務所からシャティーラに戻った時のことを振り返った。

内戦が終わった時、シャティーラはほとんど廃墟だった。シャティーラで生活を始めたが、ドアは入り口に立てかけただけの見せかけのものだった。電気も、水もなく、水は近くの井戸から毎日一〇リットル入りのタンクに入れて運んでいた。仕事は木工所に行ったり、水を売る店で働いたり、商店の荷物の搬送の仕事など、働き口があればなんでもした。パレスチナ人はレバノン人の半分の給料で、月の稼ぎは四〇〇ドル程度だった。それでも雇ってくれるところは少なかった。八〇年代に叔父や妻の兄弟がヨーロッパに移住していて、そのような親戚からの援助がいくらかあり、食いつないだ。

シャティーラの南東の端に四階建ての住宅ビル二棟が立つ。ここに七六年にキリスト教右派民兵による包囲攻撃で陥落したタルザアタル・キャンプの元住民約六〇家族が住む。先に登場した元戦士のザカリヤ・サクランが住んでいるのもこのビルである。タルザアタルの住民の多くは、陥落後、ベイルートの南方にあったキリスト教徒の町ダムールに移り住んだことはこれまでも書いた。八二年のイスラエル軍のレバノン侵攻でダムールも攻撃を受けて、住民はみな西ベイルートに避難し、イスラム教地区のハムラ通り周辺で遺棄されていたホテルや商業ビルに住みついた。ＵＮＲＷＡは九四年に元タルザアタル住民向けの住宅ビルをシャティーラ・キャンプに建設した。

広範にわたる就職差別

タルザアタルの包囲攻撃で祖母が狙撃手に胸を撃たれて死んだ記憶を語ったムハンマド・ナジャミ

（一九六〇年生）の家族も、そのビルに住んでいる。二〇一五年の時点で、妻と、二三歳の次男、二一歳の三男、一六歳の長女の五人で住んでいる。ムハンマドは長年、溶接工としてレバノンの会社で働いている。「現場では多くの職人を束ねる班長だが、月給は八〇〇ドルで、一二〇〇ドルの給料のレバノン人の職人とは差がある。パレスチナ人は社会保障も、昇給も、ボーナスも、退職金もない」と、就業差別について語った。ムハンマドの話を聞いていると、妻のサマルが口をはさんだ。

シャティーラの生活は大変です。電気もないし、水もない。水道から出る水は塩水ですよ。電気不足はレバノン全体ですが、政府の電気は四時間の通電の後、四時間または六時間停電を繰り返します。停電の時には民間の電気業者から電気を買っています。私の家の契約は二・五アンペアで、使えるのは電灯と冷蔵庫だけです。夕方のテレビのニュースを見るためには、冷蔵庫の電源を切らねばなりません。それでも電気代は月五〇ドルになります。飲料水は水を売りに来る業者から定期的に買っています。その水代が月に二〇ドルです。

シャティーラ・キャンプの水道は内戦の前は真水が供給されていたが、内戦を経て塩水になった。私も水道の水をなめてみたがほとんど塩水である。シャティーラの人々は「シーア派の人々が真水をとったからだ」というが、実際には急激な人口増加で水自体が不足し、水道管の新設などのインフラ整備が行われなかったためらしい。代わりに、パレスチナ難民キャンプで井戸を所有する二つの家族がプラスティックの水道管で井戸水を提供しているが、この水も塩水。飲料水問題を解決するために、一〇年ほど前にスイスの資金援助で水プロジェクトが着手され、高さ二〇メートルほどの給水塔が建設された。給水塔はナジャミが住む住宅ビルの隣にそびえたつ。水道管で各家庭に飲料水が届く予定だったが、いまだにプロジェクトは完成していない。政治組織や水販売業者が工事を妨害しているという見方もあり、住民たちの不信感を掻き立てる問題となっている。

ムハンマドやサマルにとって、水問題以上に深刻なのは子供たちの将来だ。大学に行っても就職先がない。レバノンではパレスチナ難民は医師や薬剤師、弁護士、教師など七〇以上の職種から排除されている。「ここでは私たちには何の権利もない」とサマルは言う。三〇歳の長男は、八〇年代にドイツに移住したパレスチナ人の家の娘と結婚して、いまはドイツにいる。次男は大学を卒業した後、仕事がなく、シャティーラの中にある国際的NGO「国境なき医師団」の病院の警備の仕事をしている。次男もレバノンからドイツに移住したパレスチナ難民の家族の娘と三年前に婚約していて、結婚すればドイツに行く予定だ。しかし、ドイツに行くためには、ドイツ政府のドイツ語の試験に合格する必要があるため、その勉強をしている。子供たちの将来がシャティーラにはなく、ここから脱出するしかないというのが現実である。

ムハンマド自身、かつて欧州行きを考えたことがあったという。

八四年に妻と婚約した時に、欧州に移住するかどうかを妻と相談した。その時はサブラ・シャティーラの虐殺の後で、欧州の多くの国がレバノンのパレスチナ人を受け入れ、シャティーラから欧州に渡った者も多かった。私は結婚を機に、欧州で新生活を始めようと思った。しかし、父が「お前が行ってしまったら、誰が弟や妹の面倒をみるのか。誰が重いブタンガスのボンベを運ぶのか」と言って涙を流した。私は欧州行きを思いとどまった。しかし、いまは、あの時欧州に行っておけばよかったと考える。私にはもう未来はない。私と妻の関心事は子供たちのことだけだ。次男は結婚してドイツに行けるだろうか。大学で土木工学を専攻している三男に就職があるだろうか。三男にはしっかり勉強して、優秀な成績をあげて、欧米の大使館に行って留学ビザを出してもらえと言っている。

九〇年代のレバノンは実質的にシリアの支配となったために、オスロ合意を主導したPLO主流派ファタハの活動は禁止された。シャティーラなどのパレスチナ難民キャンプでもアラファトの写真を掲げることさえできなかった。状況が変わるきっかけとなったのは、二〇〇〇年九月に始まった第二次インティファーダだった。「シャティーラの中でもインティファーダを支援するデモを行い、アラファトの肖像を掲げた。少しずつ、ファタハのメンバーが表に出てきた」と、ムハンマド・ハーリド・アフィフィ(一九七五年生)は語った。

第二次インティファーダが始まって間もなくの二〇〇〇年一〇月六日、シャティーラとブルジュバラジネのキャンプからバスが出て、イスラエルとの国境近くでイスラエルの占領に抗議するデモが行われた。九月末にガザの検問所で、イスラエル軍とパレスチナ警察の銃撃に巻き込まれたパレスチナ人の一二歳の少年の死に抗議するデモで、三〇〇人ほどが参加した。このデモにはシャティーラから大勢のファタハの関係者が参加した。イスラエルで二年間拘束された経験を語ったムハンマド・アフィフィ(一九五九年生)も、一五歳の長男スブヒ(一九八五年生)とともに参加した。

三〇〇人ほどがイスラエル国境に向けてデモをした。デモはシャティーラだけでなく、他のパレスチナ難民キャンプからも来ていた。そのころ、ファタハはシャティーラでは禁止されていたが、参加することを決定した。親シリアの組織に属するパレスチナ人もいた。デモでは少年の死に抗議し、パレスチナへの帰還を訴えた。私たちはイスラエル国境に向けて石を投げたが、距離が遠くて届かなかった。イスラエル側は実弾を撃ってきて、デモ隊の二人が死亡し、五〇人から六〇人が負傷した。私の一番下の弟で二二歳のイハーブも負傷した。このデモが転機となり、私たちファタハが表向きの活動を再開することになった。私たちはパレスチナのインティファーダから力を得て、シャティーラでもインティファーダに呼応する活動を始めた。

このデモで死亡した若者の一人はシャティーラ出身だった。葬列には数多くのパレスチナ人が参加し、キャンプの外に出て、インティファーダへの支持と、パレスチナへの帰還を訴える声があがったという。ベイルートのパレスチナ人がキャンプの外で政治的なデモを行うのは、内戦終結後初めてだった。

さらにシャティーラの状況を一変させたのは二〇〇五年四月末のシリアのレバノン撤退である。これによって、ファタハが主導するPLOはレバノンに戻ってきた。シャティーラにはアラファトの肖像がいたるところに飾られ、ファタハの事務所が開いた。シャティーラなどレバノンのパレスチナ難民キャンプと、そこに住む三五万人のパレスチナ人はシリアの軛《くびき》から解放された。一年後の二〇〇六年五月、ベイルートにＰＬＯ代表部が再開した。パレスチナ人は「パレスチナ大使館」と呼ぶ。ムハンマド・アフィフィの長男のスブヒは大学を卒業後、〇九年にパレスチナ大使館職員に採用された。チュニスのＰＬＯ本部で手腕を発揮した父ムハンマドの功績もあった。

しかし、シャティーラの人々の話を聞く限り、シリアの撤退も、ファタハの帰還も、パレスチナ大使館の開館も、レバノンのパレスチナ人の生活を変えることはなかった。パレスチナ解放闘争を主導したファタハとアラファトがレバノンを拠点に中東や世界に対して影響力を行使した七〇年代は、二度と戻らなかった。現在、シャティーラ・キャンプで二〇代、三〇代の若者たちの両親は一九五〇年代、六〇年代の生まれで、まさに七〇年代から八〇年代の「フェダイーン（戦士）の時代」を担った世代である。多くの元戦士たちは小学校をドロップアウトしているために、教育もなく、戦闘で傷つき、過去のトラウマに苦しむ者も多い。その息子たちは九〇年にレバノン内戦が終わった後の平和の時代に育ったが、パレスチナ人を代表するＰＬＯからは見捨てられ、居住国のレバノンからは排除され、国際社会の目も向かなかった。そのような若者たちの絶望については改めて後の章で取り上げる。

第8章
シリア内戦と海を渡る若者たち

シリア内戦を逃れて

「ワン・ダラー。ワン・ダラー」。エンドレステープの大音量がシャティーラの通りに響く。一ドル・ショップである。レバノンでは一米ドル＝一五〇〇リラのレートで、街中でもレバノン通貨とともに米国ドル紙幣が流通している。この数年、シャティーラでこのような小さな店の開店が目立つ。ほとんどが二〇一一年に始まったシリア内戦の後にシリアから逃れてきたシリア難民、またはシリアの難民キャンプにいたパレスチナ難民が開いたものである。もちろんシリアで裕福な生活をしていた者たちは、レバノンに来ても富裕層であり、シャティーラには近づくはずもない。中層以下の難民たちが安いアパートを求めてシャティーラに来る。シャティーラなら月に一〇〇ドル、二〇〇ドルでも部屋を借りることができる。シリア内戦を逃れた人々はシャティーラ・キャンプに五〇〇家族いるとされる。実数は誰も分からないが、三〇〇〇〜五〇〇〇人となる。第二次世界大戦後、最悪の紛争とされるシリア内戦の経験もまた、シャティーラに生きる人々の記憶の一部となっている。

●シリア内戦

二〇一一年春にアラブ世界に広がった民主化運動「アラブの春」の流れで、シリアでも政治改革を求めるデモが始まった。同年三月に南部のダラアで大規模なデモがあり、シリア軍、治安部隊が銃撃して、市民の犠牲者が出たことが発端となって暴動となり、内戦へと進んだ。人権団体の推計では内戦の死者は三五万人から五〇万人。難民は五〇〇万人を超えた。

●シリアのパレスチナ難民

シリアには国連に登録されたパレスチナ難民キャンプが全部で九つあり、五六万人のパレスチナ人が住んでいた。ダマスカス郊外にある最大のヤルムーク・キャンプなど、ほとんどの難民キャンプが内戦に巻き込まれ、その結果、四〇万人のパレスチナ難民がキャンプを追われた。二八万人は国内で避難民として残り、一二万人が国外に出た。うち三万人がレバノンに逃げて来た。

一九四八年のナクバの時、一一歳でイスラエル軍から逃げ回った記憶を語ったサイード・アルハッジ(一九三七年生)は、八二年の「サブラ・シャティーラの虐殺」で妻を殺され、シリアに逃げた。シリア内戦の後、今度はシリアから逃げてシャティーラに戻った。サイードはキャンプのファタハ事務所に杖をついて現れる。二〇一七年に話を聞いた時には八〇歳だった。ナクバの後、家族とともにシリアのダマスカスに定住し、ファタハの活動に参加した。七〇年代後半に仕事を求めてベイルートに来て、シャティーラにいた母方の従妹と結婚した。八二年の虐殺の時には四歳の長女がいて、妻は妊娠三カ月か四カ月だった。妻は三日間の虐殺の初日に、家の外の道路に出たところでキリスト教民兵の狙撃手に撃たれて道に崩れ落ちた。ガザ病院に運ばれたが、死亡した。サイードは妻の遺体を見ることなく、そのまま三日間、銃をとって抗戦した後、イスラエル軍に拘束されるのを恐れて、娘を連れて、ダマスカスに戻った。ダマスカスでは九七年から病院の警備担当をしていた。シリアではレバノンと違って、パレスチナ人の就業については差別がなかった。しかし、二〇一一春に暗転した。

シリアで市民のデモが始まった時、私のことを「警察の回し者」という者たちが出てきた。私の病院での警備担当の仕事が、警察に任命されているからだったが、娘も心配して、「お父さん、危ないから外に出ないで」と言った。それで私は病院の仕事をやめて、ダマスカス南郊のマアダミヤという町にある石材工場で働くことになった。マアダミヤでも市民はデモをしていた。最初は民主主義や腐敗追放や改革を求める平和的なデモだったが、次第に「民衆は政権打倒を求める」というような強硬なスローガンが出てきた。政府の治安部隊は最初はデモ隊を棍棒で殴って解散させていたが、次第に実弾で撃つようになり、デモ隊に死傷者が出るようになった。デモ隊からも銃による反撃が始まり、マアダミヤに対して軍の砲撃や爆撃機による空爆が始まった。

私が工場にいる時に、工場の近くの道路で砲撃を受けた車が火だるまになって、電柱にぶつかったので、工場のスタッフを連れて救出に行ったことがある。彼らが自由シリア軍かどうかは知らない。マアダミヤの周りにはいたるところに軍の検問があった。私は家族連れとともにミニバス・タクシーに乗って、シリア軍の検問を越えた。その後、シリアを出て、シャティーラに住むようになった。

シャティーラに住むシリア難民やシリアにいたパレスチナ難民たちの体験は多岐に渡り、彼らの話を聞くだけでシリアで何が起こったかが分かるほどだ。シリア内戦の発祥の地と呼ばれるのは南部のダラアであるが、ファタハの事務所の裏にある古い住宅の二階にダラアから逃げてきたシリア人の母子が住んでいた。一六年一〇月に、母親ハルディィヤ・シャバト(一九七五年生)、次女サミラ(二〇〇三年生)、長男アフィフ(二〇〇五年生)の三人から話を聞いた。一八歳の長女は結婚し、一二歳の三女ファテマは長女と一緒にいる。ハルディィヤはダラアから出てきた経緯を語った。

二〇一一年春、ダラアで騒ぎが始まった初めのころに、軍が家に来て、建設労働者だった夫を拘束して、連行しました。夫はデモに参加したわけではありません。軍と警察は家を回って男たちを手当たり次第に連れて行きました。私は夫を行かせまいとすがりましたが、兵士は私を叩いて引き離して、夫を連れて行ったんです。私は警察署に行き、夫のことを訪ねました。警察は「そんな男は知らない」と言うのです。「私の子供たちはみな幼いのです。夫を返してください」と警察官の前で泣きました。しかし、警察官から「行かなければ、お前を撃ち殺すぞ」と脅されて、警察署から逃げました。その後、子供を連れてダラアを出て、レバノンに入り、ベイルートに来ました。

ベイルートでは一カ月間、子供と一緒に道路に寝て物乞いをしていました。その後、シャティーラに来て、この部屋に住むことになりました。小麦粉などの食料は慈善協会に行ってもらっていますが、家の毎月の家賃二〇〇ドルは子供たちがティッシュを売って稼いでいます。子供はシリアでは学校に行っていましたが、レバノンでは行っていません。早く内戦が終わって、ダラアに戻りたいけれど、いつになるか分かりません。このままでは子供たちの将来はなくなってしまいます。

家賃や生活費は子供たちが稼いでいるという母親の言葉を受けて、横にいたサミラに「道路でティッシュを売っているの？」と聞いた。

私とアフィフは毎日、朝八時から午後一時まで、空港に行く通りの高架橋の下にティッシュを売りに行くの。箱入りのティッシュが一二個入ったビニールパックを五〇〇〇リラで買って、道路の交差点に立って一箱を一〇〇〇リラで車の運転手に売るの。全部売れたら一万二〇〇〇リラで、七〇〇〇リラの儲けになるでしょ。私とアフィフが一パックずつ売るから、合わせて一万四〇〇〇リラの儲けになる。そのうち四〇〇〇リラは、その日食べるための食料を買って、一万リラは母に渡して蓄えておく。

サミラとアフィフの姉弟

サミラは利発そうにしっかりと数字を挙げて説明した。五年前の八歳までシリアで学校に通っていたという。一ドル＝一五〇〇リラだから、一日一万リラを三〇日間貯めれば、三〇万リラでちょうど家賃分の二〇〇ドルになる。姉弟の売り上げに家族の生活がかかっている。ベイルートではシリア難民の子供や女性たちが、交通量の多い交差点でティッシュの箱やミネラルウォーターを売っているのはよく目にする光景である。シリアから来たパレスチナ難民はレバノンでもUNRWAの小学校で教育を受けることができるが、サミラたちはシリア人なので、シャティーラに住んでいてもUNRWAからの支援はない。

●レバノンのシリア難民

人口四五〇万のレバノンに、シリア内戦が始まって一五〇万人の難民が流入した。しかし、シリア難民も公式な存在として認められていない。国連難民高等弁務官事務所（ＵＮＨＣＲ）の正式な難民キャンプはなく、難民たちは自分たちでアパートを借りたり、共同で土地を借りたりしてキャンプをつくっている。米国のＮＧＯ「ヒューマン・ライツ・ウオッチ（ＨＲＷ）」によると、レバノンにいるシリア難民の七割は、一日約二ドル以下で生活する貧困ライン以下にあるという。さらにレバノンにいるシリア難民のうち五〇万人が学齢期の子供たちで、教育の機会を奪われている子供たちは半分の二五万人だという。

弟のアフィフは、シリアでも小学校に通っていなかったため計算はできない。アフィフに「ティッシュを売るのは大変ではないか」と聞くと、「警察官が車で来て、警察署に連れていかれて、殴られた」と答えた。横からハルディヤが「私に警察署から電話があって、迎えに行きました」と口をはさんだ。私が弟に話を聞いている間に、サミラは自分のリュックから折りたたんだ紙を出し、広げて見せた。紙にはクレヨンで女の子の姿が描かれていた。「これはファテマ。妹よ」と説明した。別の紙を出して開くと家の絵が描かれていた。「これは私の家よ」と言うので、「ダラアの家か」と聞くと、ハルディヤが「ダラアにはもう家はない」と言った。その後、サミラは蝶を書いた絵も出して見せた。「学校では絵を描くのが一番好きだった。早く戻りたい」と訴えた。

毒ガスミサイルの被害

ハルディィヤ母子には、ファタハの事務所で会ったファイサル(一九五七年生)の案内で話を聞くことができた。ファイサルはシリア内戦後、シリアから来たパレスチナ難民で、シャティーラ・キャンプにいるシリアから来た難民たちの世話をしている。ファイサルは通り名である。本名を聞いたが、「秘密だ」と教えてくれなかった。ファイサルと初めて会ったのは二〇一五年の一一月。「UNRWAはシリアから来たパレスチナ難民に毎月一〇〇ドルの家賃補助と四万五〇〇〇リラ(三〇ドル)の食料費補助を出していたが、四月に家賃補助を停止し、食料費補助だけになった。一日一ドルで何を買って食べろというのだ」と憤慨していた。

ファイサルはダマスカス南郊にあるシリア最大のパレスチナ難民キャンプ、ヤルムークで生まれた。一三歳でファタハの少年キャンプに参加し、一七歳で軍事作戦に参加したという元戦士である。七〇年代半ばにはPLOの本部があったレバノンに来て、八一年にファタハの歩兵部隊の現場の指揮官としてソ連に送られて、六カ月、三カ月、三カ月と三回の軍事研修を受けた。八二年のイスラエル軍のレバノン侵攻、ベイルート包囲でも空港などで歩兵部隊を指揮して抗戦した。PLOのベイルート退去の時、一五〇〇人のパレスチナ戦士とともに船でスエズ運河を越えて、イエメンのアデン港に着いた。イエメンには二カ月いて、偽造のイエメン旅券でシリアに戻った。その後、ファタハのメンバーということでシリアに囚われたりしながらも、八五年にダマスカス郊外に購入した土地に家を建てて住んだ。政治活動は禁じられたが、ファタハのメンバーであり続けた。

ファイサルはシリアでの家の話になると、携帯電話の画面を操作して、私に動画を見せた。瓦礫が散乱した三メートルほどの幅の道の両側には廃墟となった家が並ぶ。しばらく進むと、ファイサルが「ほら、ここだ。左側に見えるのが私の家だ」と言って、動画を止めた。「これは、どこの町なのか」と聞くと、「これはアイン・タルマ。東グータだ」と答えた。東グータはダマスカスの東の郊外で、内戦が始まってすぐ反体制派が支配した。ファイサルは政権軍の包囲攻撃を受けて東グータから出てきたのだという。「私がいた地区に久しぶりで戻った隣人が、この動画を送ってきた」と説明をした。東グータと言えば、二〇一三年八月二一日に化学兵器が使われた場所だ。「あなたは化学兵器が使われた時、東グータにいたか」と聞くと、ファイサルは憮然とした口調で「私はすべてをこの目で見た証人だ」と言い、次のように話した。

午前二時ごろだった。時計を見たわけではないが、売電業者から買っている電気の供給は午前零時で停止するので、その後の時間帯だった。私の家には発電機があったのでテレビをつけていた。その夜は七人ほどの若者たちが家に来ていた。私は当時一人暮らしだった。妻と子供たちは東グータでの戦闘が激しくなったので、二〇一三年初めにレバノンに送り出した。妻はレバノンで登録されているパレスチナ難民だ。家に来ていた若者たちは革命に参加した若者たちで、私が軍事の専門家だと知って、夜になると、戦術についての話を聞くために私のところに来た。その時、ロケット弾が着弾する三回の爆発音が聞こえた。家から五〇〇メートルほどの距離だと推測した。

音は大きくなかったが、普通ではない奇妙な音だった。音を聞いた時に、爆発音が小さいので私は一緒にいた若者たちに「あれは不良品の爆弾だろう」と言った。その時、空を見ると、西から東に向けて複数のロケットが火を噴いて飛んでいくのが肉眼で見えた。ロケットは通常は目では見えないのに奇妙だと思った。しばらくして異様な臭いがした。電気のコードが焼けるようなにおいだ。続いて人々が「キマーウィ（化学兵器）、キマーウィ」と叫ぶ声が聞こえた。誰かが叫ぶと、それを聞いた者が同じように叫んで、「キマーウィ」の叫び声は広がって行った。私はすぐにタオルを水につけ、顔を覆った。その後、二発ほど落ちた。アイン・タルマ地区に落ちたのは全部で五発くらいだと思う。

通りに出ると、人々が爆弾の落ちた方向に走っている。私は大声で「危ないから行くな」と止めた。「ガスマスクがない者は行くんじゃない」と叫んだ。家にガスマスクを取りに帰る者もいたが、私の言うことを聞かないで現場に行って、毒ガスにやられた者もいる。

夜が明けて朝五時ごろ、私は家を出て、三キロほど東にあるホモレヤという町の野戦病院に行った。一〇〇〇人以上が集まっていたが、野戦病院と言っても、子供の服を脱がせて、水で全身を洗ってガスを洗い流すことしかできなかった。犠牲者の多くは毒ガスによって息ができなくなって死んだが、酸素ボンベも不足していた。駐車場に毒ガスの犠牲者を並べていた。ほとんどが子供と女性だった。

東グータの中でもアイン・タルマ地区で多くの犠牲者が出た。数は分からないが数百人になるはずだ。翌日、爆弾投下の現場に行くグループについて行った。知り合いの家族の家のドアを開けると、両親と子供四人が死んでいた。彼らは眠ったまま死んだようだった。他の家でもやはり家の中で死んだ者や、防空壕で死んだ者がいた。多くは家の中で死んだが、現地に助けに入ったために死んだ者もいた。毒ガスの影響はもうないはずだったが、家を回っているうちに私も息苦しくなってきた。私はすぐに近くのモスクに行って、服を脱いで水で洗い、頭と顔と手を水で洗ってから、家に帰った。

私は四日目に東グータとダマスカスを結ぶ通学用のバスに乗った。バース党メンバーの男といっしょだったため、検問の兵士は私もバース党メンバーだと思ったようで無事に通って、ダマスカスに入ることができた。ダマスカスに入ったのは私が最後で、その後は一切、通行はない。私はすぐにシリアを出て、シャティーラに来た。

東グータで化学兵器が使われた時、私は朝日新聞のカイロ駐在特派員だった。早朝からインターネットで流れる野戦病院での「化学兵器使用」の画像を見て、ただならぬことが起こったと思った。最初は病院で口から泡をふく子供に水をかけて身体を洗ったり、心臓マッサージをしたりする救命活動のシーンが次々と発信された。反体制派の発表による死者は、最初は数十人だったが、時間ごとに増えて数百人になり、その日の夕方には死者は一〇〇〇人を超えた。最終的に「一三五〇人」となった。現地からの映像は、午後には白い布にくるまれた遺体が並ぶ場面に変わった。アサド政権は「芝居だ」と否定したが、インターネットの動画サイトを通して同時進行で流れる映像のリアリティは否定しようのないものだった。その後、国連の現地調査団が東グータに入り、どの勢力による攻撃かは明示しないもの、「有毒なサリンガスを撒布する化学兵器が市民に対してかなり大規模に使用された」と結論付けた。ファイサルに話を聞いたのは事件から二年余り経過した後のことだった。東グータの化学兵器使用については、インターネットを通じた間接情報しかなかったので、いつか、現場の目撃者に話を聞きたいと思っていた。それがシャティーラでファイサルに聞くことができたのは驚きだった。これもまた中東の状況に翻弄されるパレスチナ人の体験として、シャティーラの記憶に刻み込まれているのである。

内戦に巻き込まれた難民キャンプ

私はシャティーラにいるシリア難民と、シリアを追われたパレスチナ難民のことを知りたいと思って、キャンプの中にあるNGO「バスマ・ワ・ゼイトゥーン(ほほ笑みとオリーブ)」を訪ねた。このNGOはシリアから来た難民を対象として、保育所や補習学校、サマーキャンプなどの青少年に焦点をあてた様々な活動を展開し、欧米からも幅広い支援を受けていた。ちょうど事務局を訪ねた時、プロジェクト・コーディネーターのアマル・ラーイ(一九七七年生)がいた。アマルの家族はパレスチナ北部のヤファァ出身で、ヤルムーク・キャンプに定住した。アマルは一九九四年に鉄工所職人の夫と結婚し、三人の娘がいる。アマルがヤルムーク・キャンプを出てシャティーラに来たのは、シリア内戦が二〇一一年春に始まって一年半後の一二年一二月である。彼女はヤルムークで経験したシリア内戦について語った。

シリアでの反政府デモはヤルムーク・キャンプの外で起こり、中では起こっていませんでした。ところが一一年七月に、自由シリア軍が出てきて、ヤルムークの中でも〔政権軍と自由シリア軍の〕衝突が始まったのです。キャンプの入り口に政府の検問所ができました。一一月二七日正午ごろ、私の夫が

シリア内戦に巻き込まれて破壊されたダマスカス郊外のヤルムーク難民キャンプ(2014年1月撮影)

家の前の通りに出ている時に、政権軍の装甲車両が撃った砲弾が夫のすぐ近くに着弾して破裂し、夫は全身に怪我を負い、意識を失いました。病院に運ばねばなりませんが、救急車はありません。隣人たちが夫を車に乗せて、キャンプの外にある病院に行こうとしましたが、シリア軍の検問が通してくれません。結局、一〇万シリアリラ〔約二万円〕の賄賂を渡して通過しましたが、通過するのに一時間待ち、ダマスカスにある総合病院に到着したのは夫が負傷して四時間後でした。夫はそれから二日間で七回の手術を受けました。本来なら一カ月は入院するところでしたが、患者登録ができなかったので、三日後に病院を出なければなりませんでした。私は子供たちがいるので初日にヤムルークに戻り、私の知人たちが夫を病院から連れ戻りました。

キャンプでは日常的に銃撃戦や砲撃がありました。しかし、一日おきに六時間かけて、キャンプの外に食料を買いに行かねばなりませんでした。そのたびに軍の検問を越えなければなりません。検問所は私の家から一五分ほど歩いた場所でしたが、たどり着くのに一時間かかりました。銃撃や砲撃があれば、建物の陰に隠れて収まるのを待ちました。検問を通ることができるのは女性だけで、男性は通ることはできませんでした。行きと帰りに、検問を通るのに、三〇分や一時間待たされました。検問所には毎日何百人もの女たちが並びました。食料を求めて外に出ている時に砲弾が飛んできたり、銃撃に巻き込まれたりして、死ぬ者も出ました。数えきれないほど砲弾が着弾するのを見ました。数えきれないほどの死体を見ました。

買い物は命がけでした。

一一年七月以降、学校もなくなり、娘たちはただ家にいました。夫は怪我から回復しても外に出ることはできず、仕事もありませんから、貯金を使い、貯金がなくなると、私が結婚した時に買った金の装飾品を売ってお金をつくりました。一二年になると状況はさらに悪くなり、キャンプの一部は封鎖され、外に出ることができないところもありました。一二年九月の夜、私たち家族がいた住宅ビルに砲弾が着弾して、ビルが半壊状態になりました。私たちは一階で寝ていて無事でしたが、ガラスはすべて割れました。日々、破壊が進んでいきました。一二年一二月に一時的に検問が開いたので家族全員がキャンプの外に脱出し、そのままシャティーラ・キャンプに来て、家を借りました。

アマルの家族は、一一年七月にヤルムークで戦闘が始まってから戦火の下で一年半いたことになる。「その間、逃げようとは思わなかったのか」と問うと、アマルは「逃げて、どこに行くというのだ」と答えた。ヤルムークには一〇万人以上が住んでいた。シャティーラとは比較できないようなしっかりとした住宅ビルが並ぶ住宅地である。近くで戦闘が始まっても、人は簡単に家を捨てて路頭に迷うわけにはいかない。そこには一九四八年にパレスチナを追われた後、六〇年以上にわたってパレスチナ人が積み上げてきた人生があった。

シリアではパレスチナ人への就職差別はなく、公務員になることもできたし、医者、弁護士や会計士などの専門職になることもできた。多くのパレスチナ人は不自由のない生活をしていた。シリアから来たパレスチナ難民に話を聞くと、内戦で追われた経験について口をそろえて「第二のナクバ〈大厄災〉」と言った。祖父たちが一九四八年に経験した、パレスチナの故郷を追われたナクバに続く新たなナクバである。内戦前のヤルムーク・キャンプに比べれば、シャティーラの生活はスラムの生活である。シャティーラにはシリアから来たパレスチナ難民が三〇〇〇人から五〇〇〇人住んだが、お金がある難民の多くは欧州への移住を目指した。シャティーラは「通過点」でしかなかった。二〇一五年の夏から秋にかけて、シリア難民一〇〇万人が欧州に向けて地中海を渡る無謀な密航を試みた。レバノンでシャティーラは違法難民が流出する出発点の一つだった。

欧州への密航を繰り返す若者

シャティーラ・キャンプの北側に小さな雑貨店を開いている女性サバーフ(一九五一年生)もまた、ヤルムーク・キャンプの出身だった。彼女には三〇代と四〇代の五人の息子がいる。二〇一二年七月に夫(一九五〇年生)とともにヤルムーク・キャンプを脱出して、シャティーラにきた。「シリアでは豊かな生活だったが、ここではみじめな生活をしている」と語った。彼女には一五年一一月に話を聞いた。

私も夫もヤルムークで生まれました。夫は家具や家電製品、台所用品などを売る大きな店を持ち、息子たちも手伝っていました。しかし、一一年夏に政権軍と自由シリア軍の戦いが始まって、それがキャンプに波及しました。私たちは店も家もすべて残してレバノンに逃げてきました。四〇代の長男と次男はパスポートを持っていたので一四年から一五年にかけてドイツに渡り、難民申請をしました。次男はドイツで滞在許可を与えられたので、いまは妻子を呼び寄せています。長男は滞在許可が取れていないので、一人でドイツにいて、許可を待っています。三男はいまも政権軍に包囲されたヤルムーク・キャンプの中に残っています。二年半、顔を見ていません。電話で連絡はとれていますが、キャンプの中はひどい状態なので、心配です。四男のマーゼンはいま、一緒にシャティーラにいます。これまで三回、欧州に密航を試みて、失敗しました。夫はベイルートにきて心臓の近くに腫瘍が見つかり、七カ月前に摘出手術をしました。いまも半月ごとに七〇〇ドルから八〇〇ドルを病院に払っています。UNRWAは薬代の半分だけ補助してくれます。

内戦によってサバーフの生活は暗転してしまった。店も家も失い、家族は離れ離れになった。まさに「第二のナクバ」である。店でサバーフの話を聞いているうちに、密航を繰り返しているという四男マーゼン(一九八二年生)が戻ってきた。彼は一〇歳の長男と母親のサバーフと一緒に住んでいる。妻はダマスカスで、七歳の次男と一緒に暮らす。家族が離れ離れになっているのは、一二年一一月ごろ、ヤルムークにいた時に家にミサイルが着弾し、一〇歳の長男が全身火傷を負ったため、ベイルートの病院で治療をするために連れて来たという。「息子は病院の集中治療室に六カ月いて、その後、半年間入院した」という。その間に、シリアとレバノンの国境は行き来ができなくなり、家族は離れ離れになった。長男は退院してシャティーラでUNRWAの小学校に通っているが、歩くのに障害が残っている。マーゼンは一五年に三月、五月、一〇月と三回、欧州への密航を試みて失敗した。私が話を聞いた時は、「一〇日前に三度目の密航を試みて、警察に捕まった」と話した。その経験は次のようなものである。

私が欧州に行こうと思ったのは、レバノンにいても何も希望がないからだ。ここではパレスチナ人には権利がない。さらに欧州に行って火傷をした長男の後遺症を治療したいと思った。私は三回、密航を試みた。〔レバノン北部の〕トリポリの港から密航のヨットに乗って、ギリシャまで行くのだ。密航の手配師によると、トリポリを出たら一二時間でギリシャの島に着くという。私は手配師に一五〇〇ドル〔一六万五〇〇〇円〕を払って、午後一一時ごろ、夜中のトリポリ港からヨットで海に出た。ヨットは長さ一二メートルで、乗っているのは五五人だった。最初に密航を試みた三月には、出港して二時間半後にレバノンの沿岸警備隊に発見されて、港に引き戻された。そのまま六日間拘留された後、釈放された。

二回目は三時間航行したあと、やはり発見されて、同じく六日間、拘留された。三回目は、つい先月だが、二時間の航行で捕まって、拘留だ。失敗しても密航の手配師は一五〇〇ドルを持って姿をくらますので、毎回一五〇〇ドルを払って、これまでに三回で四五〇〇ドル〔約五〇万円〕を払ったことになる。この金は私が親戚や友人から借金してつくったものだが、すべて無に消えてしまった。しかし、別の機会があれば、また試みるつもりだ。他に方法はない。大使館にビザを申請しても、パレスチナ人を認める国はない。レバノンにいても、食べていけないし、働くこともできない。ここでは人間扱いされていない。不名誉に甘んじて生きるくらいなら、海で死んだほうがましだ。

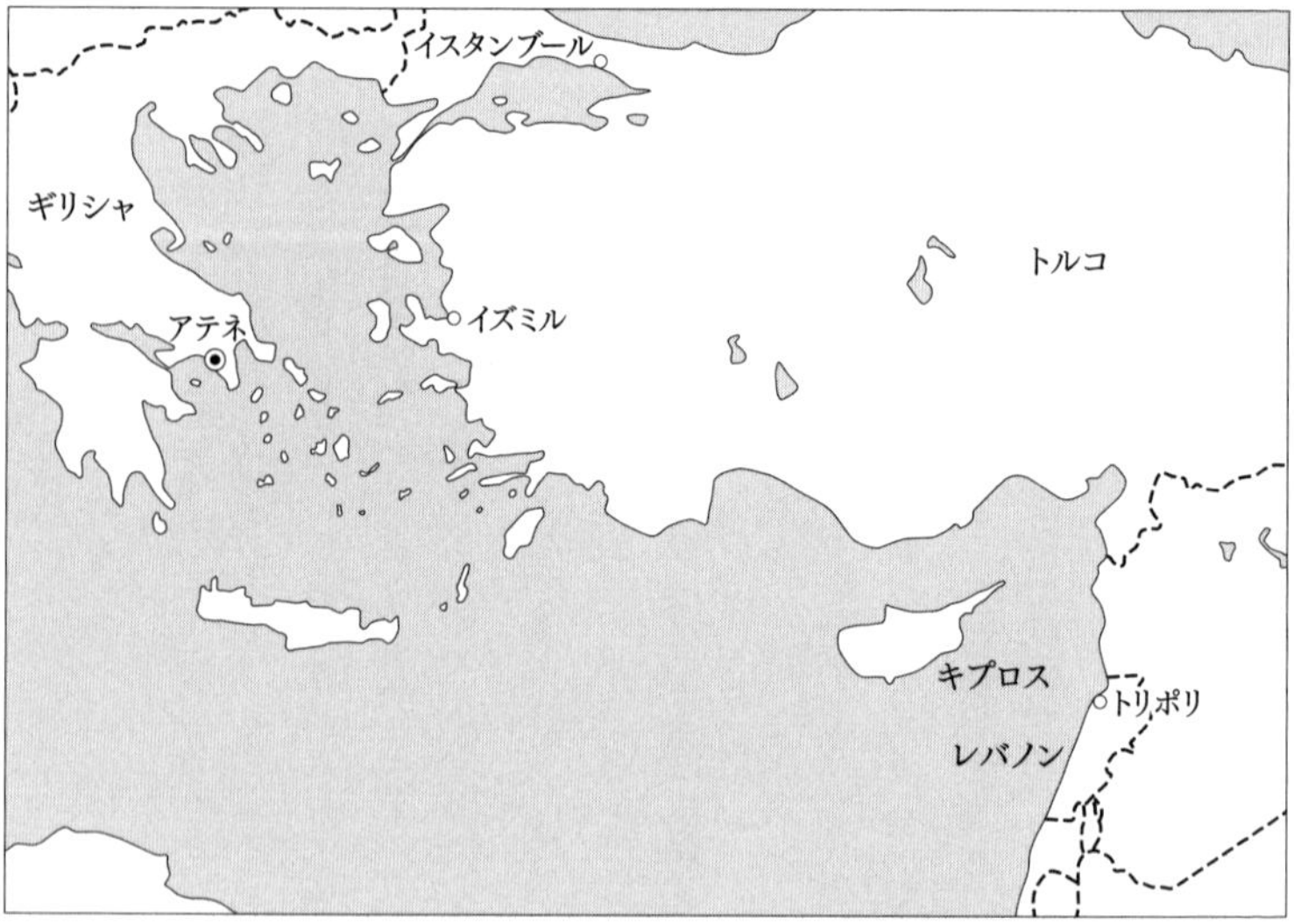

地図６　レバノンから欧州への密航関連地図

マーゼンの例は悲惨な話であるが、シャティーラで店を開くことができることや、繰り返し密航の手配師に一五〇〇ドルを払うことができるということは、それだけの金があるということである。シリアからくる難民の中でも貧しい人々は欧州に行く金もなく、社会の底辺にいるレバノンのパレスチナ人の職を奪うことになる。それによってパレスチナ人が職を失い、家や家財道具を売って金をつくり、欧州に密航する難民の群れに合流する。二〇一五年にシャティーラで取材を始めたころ、シャティーラの中の通りのあちこちに、「家売ります」という貼り紙がでていた。

シャティーラでテレビやステレオなど電気製品の修理を行う店を持って一〇年になるムスタファ・アリ（一九八六年生）は、二〇一五年一一月に家族でトルコからギリシャに密航を試みた。シャティーラに生まれ、UNRWAの小中学校を出て、専門学校で学んで電気技師となった。一二年に結婚し、長女と長男が生まれた。ムスタフアは欧州に行くために出発の一週間前に家を一万ドル(一一〇万円)で売り、貯金と合わせて一万三〇〇〇ドルの現金をつくった。一五年夏にはシャティーラ・キャンプからも多くの知り合いが密航に旅立った。彼らは欧州に渡るために飛行機でトルコに行き、トルコの西部のエーゲ海に面した都市イズミルの海岸から密航船に乗ってギリシャの島に渡った。ムスタファはトルコに行く観光ビザを申請したが、なかなかビザが下りなかった。結局、通常なら一人六〇ドルで取得できるビザをとるために、大使館の職員とコネがある人物に一人一一五〇ドル、家族四人分四六〇〇ドルを払った。ビザを入手できたのが一一月だった。当時、ムスタファは二九歳、妻は二二歳、長女は一歳半、長男は六カ月だった。妻は海を渡ることを心配し、乗り気ではなかったが、ムスタファは「私は行くことを決めた」と妻に言い渡した。父親は欧州に旅立つことに賛成し、母親は安全を心配して反対だったが、ムスタファの気持ちは変わらなかった。

ベイルートから飛行機でトルコのイズミルに行った。出発前にすでに欧州に渡った友人たちと連絡を取り、イズミルのどこに行けば、密航の手配師と会えるか、相場や、船のことなどの情報を集めていた。イズミル中心部のバスマーネ広場のカフェに行くと、手配師が集まっていて「ギリシャに行くのか」と、アラビア語で話しかけてきた。手配師はみなシリア人だった。私は船の大きさや料金などの条件を聞いて、その夜に出発するという手配師と話をつけた。カフェ近くの店で救命胴衣が売られていたので、私と妻の分の二つを四〇〇ドル(四万四〇〇〇円)で買った。

手配師が用意したバスでホテルを出発したのは午前二時で、海岸に着いたのは午前六時だった。手配師に私と妻の分で合わせて二〇〇〇ドル(二二万円)を払った。妻が長女を抱き、私が六カ月の長男を持ち手のあるかごに入れて運んだ。海岸で待っていたのは船外機がついた長さ六メートルほどの木製のボートで、私たち家族四人と合わせて全部で四三人が乗った。シリア人やイラン人が多かったが、イラク人やアフガニスタン人もいた。小さな船に大勢が乗り、怖かったが、引き返すわけにはいかない。船は早朝の海を二六分間進んだ。しかし、パトロール中のトルコの沿岸警備隊に見つかって、止められて、引き返した。ギリシャの島までは五二分間かかるということだからちょうど半分のところだった。そのままホテルに戻って、手配師から金を取り返した。

二回目の試みは、手配師は漁船を用意できるということで、私と妻の分でそれぞれ二〇〇〇ドル(二二万円)、計四〇〇〇ドルを払った。しかし、前日に予定していた船は来なかったので、お金を返してもらった。その翌日は一日休んで、二日後に別の手配師から大きなヨットが用意できるという話を聞いた。一人三〇〇〇ドル(三三万円)だという。トルコに持ってきたお金は八七〇〇ドルで、ヨットに乗れば大半をはたいてしまうが、妻は小さなボートを怖がっていたし、六カ月の赤ん坊がいたら無理だと思って、六〇〇〇ドル(六六万円)を払った。

夜一〇時ごろバスが来て、海岸に着いたのは午前二時半だった。暗い海岸に来ていたのは長さ三メートルほどの小さな船だった。手配師は「この船で一五分いけば、沖で大きな船が待っている」と言った。私は詐欺だと思って信用せず、引き返すことにした。戻ってから手数料の一〇〇ドル(一万一〇〇〇円)だけ払って、お金を取り返した。四度目の試みはなく、そのまま戻って来た。

トルコから密航船で海を渡る

ムスタファは六日間のイズミル滞在中の密航の試みについて一気に話した。私は一五年九月に、エーゲ海を渡るシリア人を取材するためにイズミルを訪ねたことがある。ギリシャに渡る密航船が転覆して、溺れた三歳のクルド人の男の子の遺体がトルコの海岸に打ち上げられた映像が世界に衝撃をもたらした後だった。赤いTシャツと短パン姿で浜辺にうつぶせに横たわる姿は、海を渡る難民の悲劇の象徴となった。私はイズミルから車で一時間半ほどかかる海岸に行った。海岸からは数キロの距離でギリシャの島が見えた。ムスタファも同じ光景を見たのだろう。彼は「小船による密航は乳飲み子を連れていては無理だ」と語った。しかし、欧州に行くことを諦めたわけではない。それにはお金がかかる。「友人たちがいるドイツかスウェーデンに、飛行機を使って行く方法を考えている」という。なぜ、そこまでして、欧州に行きたいのか、と質問し、ムスタファが答えた。

レバノンにいては、私の未来も、子供の未来もないからだ。私はシャティーラで電気製品を修理する店を開く前に、キャンプの外の電気店で働いたことがある。レバノン人との給料の格差があり、社会保険もない。だから、自分の店を持ったが、シャティーラの中では店を大きくすることはできない。レバノンでパレスチナ人が会社を設立しようとすれば、五四%以上の株を持つレバノン人の共同経営者が必要で、自分の思い通りのビジネスはできない。レバノンではパレスチナ人が家を購入しても所有者として登記をすることができない。私が死んだら、家は国に没収され、子供のために残すことはできない。この国のパレスチナ人には市民権が認められていない。ここでは希望がないのだ。

シャティーラ中央通りには雑貨や衣料品を売る店が、車道にはみ出して並んでいる。その一角にエスプレッソ・マシーンを置き、プラスティックの椅子を四つ、五つ並べた露店のカフェがある。ビラール・アブシャラフ(一九八三年生)が一六年末に始めたものだ。ビラールは

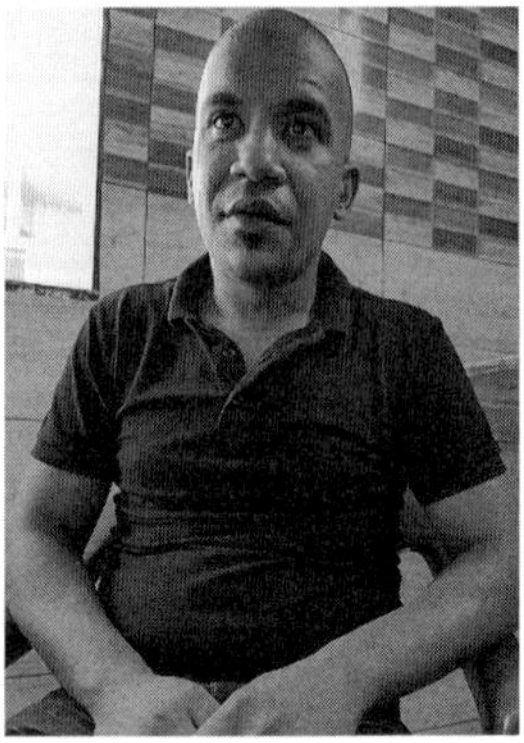

ビラール・アブシャラフ

サブラ・シャティーラの虐殺の一年後に生まれた。一〇歳から家計を助けるために自動車修理の店で働いた。修理工としていくつかのレバノン人の会社でも働いたが、給料は安いし、何の保証もない。一五年九月に友人から「密航するので、一緒に行かないか」と誘われて、すぐに受け入れた。ビラールもレバノン脱出のために五〇〇〇ドルほどの貯金をしていた。当時はシャティーラにいる若者は誰もが欧州に行くことを考え、「行くか、行かないか」ではなく「どうやって行くか、いつ行くか」が問題だった。父親は「お前が行きたいなら」と賛成し、母親は反対したが、ビラールの気持ちは決まっていた。

私たちはレバノン北部のトリポリから船で直接ギリシャに行く船に乗った。一人三五〇〇ドルを払った。トリポリでは何日も待たされたが、やっと人が集まり、船の用意ができた。人気のない海岸から午前二時に船に乗り込んで出発した。船は長さ約一五メートルの鉄製の船で、乗り込んだのは一一

五人だった。若者たちが四五人、女性が一二人ほど、他に一〇家族がいた。シリア人も四人ほどいて、中には自由シリア軍でアサド政権から逃げているという者もいた。みなシャティーラから来ていた。私たちは真っ暗な船倉に入って、くっつき合うように座った。

トリポリを出て四時間ほどたったところで、船のエンジンが止まった。船は公海上にいた。波が荒く、デッキを越えて船倉に海水が入ってきた。排水ポンプも止まっていて足元に水が溜まってきた。その時、エジプトの貨物船が来て、「早く引き返せ」と言う。「船の電気が止まっている」と言うと、その貨物船は私たちの船の横に停まって、救援の船がくるまでの四時間、波を受けてくれた。そのうちキプロスから来たという英国海軍の艦船がやってきて、まず、女性と子供たちを乗せた。続いて二隻の艦船が来て、私たち全員をキプロスに連れて行き、キプロスの警察に引き渡した。キプロスに着いた時には、翌日になっていた。

キプロスでは難民申請をさせられ、裁判所の判断を待たねばならなかった。判断が出るまで、港湾都市ラルナカから歩いて四五分ほどかかる郊外で、オリーブの木などがある丘につくられた難民キャンプに入れられた。そこには様々な国から来た難民約六〇〇人がいた。一つのテントには男四人が住んだ。キャンプは出入り自由だが、働くことは許されておらず、欧州連合（EU）から毎月三四〇ユーロ（四万五〇〇〇円）が出たが、食費や施設費の名目で三〇〇ユーロは差し引かれ、私たちが手にした現金は毎月四〇ユーロだけだった。時々、ラルナカに行くことはあっても、何もできなかった。半年後に、私の難民申請は拒否された。シリアから来た難民は受け入れられ、シリアから来たパレスチナ人も受け入れられた。しかし、レバノンからきたパレスチナ人はみな拒否された。難民申請が認められた者たちはキャンプから出て、三五〇人が残った。

私の従兄弟で、シリアから来たパレスチナ人は難民として認められ、いまはキプロスで働き、シリアから妻子を呼び寄せた。私は働くことを禁じられていたが、昼間キャンプを出て、町でタバコや清涼飲料水を売って、お金を稼いだ。農園で働いたこともあるが、最初は一日二五ユーロだと言ったのに、払う時になって雇い主が一五ユーロだと言う。文句を言うと、「文句があるなら、警察に行け」と言われて、黙るしかなかった。難民として受け入れられないままキプロスの難民キャンプにいるのは意味がないと思って、一年三カ月後に戻って来た。

ビラールはキプロスから戻ってきて、露店のカフェを開いた。場所は公道だが、月に五〇〇ドルの場所代を払っている。ビラールとのインタビューでは、シャティーラの中にある彼の父親が持つ住宅ビルの屋上に案内された。屋上では作業員が壁にするブロックを運ぶなど、新たに一階分の建て増しをする作業が行われていた。「ここが私の家になる。一〇年前につくり始めて、途中でやめたが、トリポリから戻ってきて、またつくり始めた」とビラールは言った。「また、密航を試みるのか」と聞くと、「もう、欧州に行くつもりはない」と答えて、続けた。

キプロスで生活して、どこに行っても、私たちが難民であることに変わりはないと分かった。物価は高いし、どこに行ってもパレスチナ人は差別される。欧州に行った者たちが、向こうでいい暮らしをしているように見えても、どうせ犬みたいな生活なのだ。シャティーラでは両親もいるし、たくさんの知り合いがいる。互いに兄弟のようなものだ。どこでも生きていくのは大変だが、シャティーラには自分がつながっている社会があることを見いだした。

ビラールはきっぱりとした口調で言った。キプロスでの一年三カ月の難民キャンプ生活がよほどこたえたのだろうと思った。

ドイツへの密航と、失意の帰還

欧州に向かったのは若者だけではない。ヤヒヤ・ザイド(一九六八年生)は一二歳でUNRWAの小学校を離脱して、DFLPの少年訓練キャンプに参加し、一九八五〜八八年のキャンプ戦争にも参加した元戦士だ。銃撃で腹部を撃たれて、キャンプ内の病院で手術を受けた経験を持つ。その彼が、二〇一五年一一月に四七歳で子供五人とともに、トルコ西部のイズミルから密航船に乗ってギリシャに渡り、陸路マケドニア、セルビアと北上して、ドイツまで到達した。五人の子供は長女(二三歳)、長男(二二歳)、次男(二〇歳)、次女(一四歳)、三男(一三歳)。妻はシャティーラに残った。「妻は海を渡るのは無理なので、私たちが先にドイツに行ってから、呼び寄せようと思った」と語る。危険な密航を決断したのは、「レバノンにいても家族の将来はないと思った」という理由だ。一〇代、二〇代の子供たちの将来のために、父親であるヤヒヤが率先して動いた。密航には全員で二万七〇〇〇ドル(約三〇〇万円)が必要だった。それもヤヒヤが貯金をすべてはたいた。

午前四時にレバノンのトリポリから小型のランチボートに難民一三人、乗組員二人の一五人が乗って、翌日の正午ごろ、トルコ南部の港湾都市メルシンについた。そこからはバスに乗って、一三時間か一四時間走って、イズミルに到着した。イズミルでは手配師が待っていて、次の日にはギリシャに向けてボートに乗った。迎えに来たバスから降りて、木の間を抜けて下ったところの岩場にボートがあった。時刻は午前四時半で、ちょうど日の出の時間帯だった。長さ五メートル、幅三メートルの船外機付きのゴムボートに、六〇人が乗り込んだ。

ヤヒヤ・ザイド

未明にトルコの海岸を出発して二時間後、ギリシャ側の海域に入ったところで、ギリシャの沿岸警備隊の船が近づいてきて、波を起こし、私たちのボートを激しく揺らした。ボートの航行を妨害して、引き返させようとしているのだ。私たちのボートは止まらないでそのまま走り続けた。警備隊の船はぴったりと並走して妨害を続けた。その後、島から二〇〇メートルまでに近づいたところで、私たちは全員が海に飛び込んで泳いだ。救命胴衣は乗る前に全員に配られていた。泳ぐことはできたが、一一月の海の水は冷たくて長くは入っておれない。海岸に着くまではさほどの時間はかからなかった。トルコの海岸を出て三時間でギリシャに着いた。

ギリシャからは陸路でマケドニア、セルビア、スロベニアと移動した。手配師がそれぞれの国境までは車で運び、国境の手前で降ろされて山の中を歩いた。国境を越えると別の車が迎えに来ていて、それで次の国境に向かった。国境によっては三〇分で越えることができるところもあったが、セルビアでは四時間歩いた。ギリシャを出発して一週間でドイツに入り、ベルリンで難民申請を出した。

ヤヒヤは淡々とドイツに着くまでの密航の話をした後で、携帯電話を操作して、「これがボートに乗った時の映像だ」と言って私に見せた。わずか一七秒の動画だったが、密航者自身がゴムボートの中から携帯電話のカメラで撮影した動画を見るのは初めてだった。画面は右も左も人しか見えない。よく見ると、左右の船べりに男たちが座り、その間のボートの中央に子供や女性が中腰で座っている。みな、オレンジ色の救命胴衣を身に着けている。あちこちに車のチューブに空気をいれた黒い浮き輪が見える。左手に七、八歳くらいの少女の不安そうな顔が見える。うねりがあるのだろうか、船が傾くと空だった背景がいきなり海面になる。荒れてはいないが、海面は黒く、波打っている。一瞬だけ、五〇メートルほど離れた海の上に別のゴムボートが見えた。遠目からも丸いゴムボートに不釣り合いなほどたくさんの人影が分かる。ヤヒヤが乗った、この船も同じなのだろう。「じっとしていろ」と言う男の太い声が聞こえる。嫌なことがあった時などに発する「ハラーム」という女性の高い声が響く。それ以外はみな息を殺している。

ヤヒヤ・ザイドが撮影した密航ボート

ごく短い動画だが、うねりのためか画面が左右に揺れ、二回見直したら船酔いしそうな気がした。動画の撮影はギリシャの沿岸警備隊に幅寄せされる前だという。こんな海で、ゴムボートで、波を立てられたら、生きた心地はしないだろう。密航に成功した例だが、海を渡るのがいかに無謀な試みかということが分かる。エーゲ海を無事に渡り切れば、欧州への密航は八割方成功したことになる。

それにしても、ギリシャについた後、陸路を北上して、一週間でドイツに到達したというヤヒヤの話には驚いた。私は一四年夏にドイツにいるシリア難民を取材したことがあるが、一三年八月にシリアを出発し、ドイツに着いたのは一四年一月で五カ月かかっていた。途中、マケドニアで二カ月間、警察に拘束され、セルビアでも車を警官に止められたという。国境を越える時も、いつも一〇時間以上、国境地帯を歩いたという、気の遠くなるような難民行だった。その二年後の一五年夏はシリア難民が長い列をつくり、群れをなして、同じルートを動いた。ヤヒヤが動いたのはその年の一一月初めだった。ギリシャからドイツまで一週間しかかからなかったのは、手配師たちが難民の案内と誘導に慣れ、難民が通過する途中の国々も難民の扱いに慣れて、難民ができるだけ速やかに通過するように計らったためだろう。ヤヒヤは難民大移動から出遅れたことで、余計な困難に遭うこともなかったと言える。しかし、それは運がいいとばかりは言えなかった。ヤヒヤは最後はシャティーラに戻ることになる、ドイツでの一年二カ月の滞在について話した。

私たちはすぐにベルリンで難民申請をして、そのままサッカー場のようなグラウンドに立てられた大きなテントに八〇人ほどが住むことになった。そこにはベッドが並べられていた。共同のトイレとシャワーが、男性用と女性用と一カ所ずつあった。ベッドの間に仕切りのカーテンも壁もなく、テントの端にはいつも見張り番がいて全体を見渡していた。そんな状況では眠ることはできないと、子供たちが訴えた。欧州は人権が尊重されるというが、私たちは犯罪者のように監視され、人権さえ認められていない。そんな状況のもとで難民審査があり、難民として認められれば、テントを出て、外に家を与えられる。シリア難民やシリアから来たパレスチナ難民は受け入れられたが、私たちのようにレバノンから来たパレスチナ人は難民として認められなかった。

私はレバノンから来たとは言わず、ガザから来たパレスチナ人として難民申請した。ガザはイスラエルに攻撃されて紛争が続いているから、受け入れられると考えてのことだ。申請すると聞き取りがあり、出身地のことを細かく聞かれる。シリアから来たと言えば、聞き取りにはシリア出身の人間が一緒に来て、細かい質問をしてくる。嘘を言えば、すぐに分かる。私はガザ出身だと言ったが、向こうは私がレバノン出身だということを知っていて、結局、認められなかった。

私たちの前にシャティーラからドイツに渡って、難民として受け入れられた者もたくさんいた。難民受け入れが厳しくなったのは、私たちがドイツに到着した直後の一一月半ばにパリで同時多発テロ事件があり、一三〇人以上が死んでからだった。「イスラム国(IS)」の仕業だとされた。その事件をきっかけとして、ドイツでも中東からの難民の受け入れは難しくなった。私はドイツに来て一年二カ月後に、難民申請を取り下げて、レバノンに帰ることを決めた。こんな人間扱いされない生活を続けることはできないと思ったからだ。私と子供たちは一七年六月にシャティーラに戻って来た。

ヤヒヤはシャティーラに戻ってからの生活について、「以前と何も変わらない生活だ。レバノンでも市民として受け入れられないが、働いて生活していくことはできる」と語った。失敗した密航の経験を振り返って、彼がたどり着いた結論はパレスチナだった。

自分たちの土地であるパレスチナに代わるものはないということが分かった。私たちがレバノンにいても、レバノンが自分の土地になるわけではない。私たちはレバノンにお客さんとしているだけだ。私たちの土地はパレスチナにしかない。私たちの家族は一九四八年にパレスチナを追われたが、そこには私たちの土地があり、家がある。私たちはいつか自分たちの土地に帰るだろう。私が帰ることができなければ、私の子供たちが帰るだろう。パレスチナしか、私たちが帰る場所はないのだから。

ナクバ七〇年を前に、家族全員で「未来」を開くために貯金をすべてはたいて危険な密航に身を投じたヤヒヤの一家。たどり着いたドイツの難民キャンプについてヤヒヤが語った「テント生活で、共同トイレと、シャワーは男性用と女性用……」は、五〇年代、六〇年代のシャティーラ・キャンプそのものである。戻って来たヤヒヤが「帰る場所はパレスチナしかない」と結論づけたのは、「どこに行っても難民であることは変わらない」と言ったビラールと同じ心境であろう。

第9章

若者たちの絶望と模索

家族間の抗争で三人死亡

イスラム教徒はラマダン(断食月)の一カ月間、日の出から日没まで飲食を断つ。ラマダンが終わると、三日間の「イード・アルフィトル(断食明け大祭)」となる。イスラムの暦は太陰暦であり、西暦に比べると、毎年一一日か一二日ずつ早くなる。ラマダンの時期も毎年動いていく。二〇一七年は六月下旬にラマダンが終わり、三日間の大祭となった。大祭が終わって、インタビューを再開するためにシャティーラ・キャンプに行った。どうも通りの様子が普段とは違っている。辻のあちこちに自動小銃を構えた若者が立つ。立ち寄り先のNGO「不屈の子どもたちの家」のドアは閉まったままだ。シャティーラ中央通りに並ぶ衣料品店の店員の一人が、「昨夜、キャンプで銃撃戦があって二人が死んだ。キャンプでは昨夜は誰も寝ていない」と教えてくれた。

住民たちから聞いた話をまとめるとこうだ。オッカル家とバドラン家という、二つのパレスチナ人家族の間で抗争があり、それぞれ一人ずつが銃撃で死んだ。バドラン家では当主であるサミール・バドランが死に、オッカル家は当主アーメル・オッカル(一九六四年生)の長男ビラール・オッカル(一九八九年生)が死んだ。二〇代後半のバドラン家の息子のムハンマド・バドランとビラール・オッカルの、個人的ないさかいが発端だったという。元々、ムハンマドとビラールは仲が良かったが、銃撃が起こる数日前に急に喧嘩となり、ビラールがムハンマドの足を銃で撃って負傷させた。その後、ムハンマドの父親のサミールがビラールを彼のカフェに呼び出した。カフェでは和解の話が始まるかと思われたが、逆に銃撃となり、ビラールは死亡した。その後、ビラールの仲間がカフェを襲撃して、焼き討ちし、サミールを殺害した――。

銃撃があったキャンプ東側のファラハト地区に行った。バドラン家が開いていた通り沿いのカフェは、焼き討ちされて真っ黒に焦げていた。辺りには、カラシニコフ銃を持ったパレスチナ政治勢力の治安維持の若者たちが警戒にあたっている。現場から通り沿いに三〇メートルほど離れてUNRWAのラマラ小学校がある。住民たちは報復の連鎖で抗争が再燃するのを恐れている。話を聞くかぎり、日頃の不満が爆発したような無軌道で、脈絡のない暴力という印象だった。

夕方、ホテルに戻って、その日のニュースをインターネットで検索していると、シャティーラでの銃撃事件がレバノンのニュースサイトに出ていた。「麻薬の売人の勢力争いで三人が死亡」という見出しだった。ビラール・オッカルとサミール・バドランの他に、流れ弾で八歳の少女が死んだという。衝突では「機関銃や携帯型ロケット砲が使用された」とあった。さらに「最も危険な男、ビラール・オッカルが殺害された。彼は麻薬売買、誘拐など数十件の犯罪で指名手配されていた」という記述もある。記事には両手に自動小銃を持つビラールの写真がついていた。若者の喧嘩というよりも、パレスチナ難民キャンプを舞台としたマフィアの抗争という報道である。

インターネットの動画サイトには「麻薬男爵の伝説の終わり」と題して、携帯電話のカメラで撮影されたとみられる、病院のベッドに横たわるビラールの遺体の画像が上げられていた。その両肩、両腕にびっしりと刺青が彫られている。一方で「ビラール・オッカルの伝説」と題する、ビラールを称賛する動画も出ていた。ビラールが自動小銃を空に向けて連射する動画や、自動小銃数丁と、機関銃、携帯ロケット弾などを並べた部屋で座っている画像。ビラールの力を誇示している動画であり、「偉大なるビラールに神のご加護を」という言葉が添えられていた。

シャティーラで取材しながら、若者たちの間に麻薬が広まっているという話を聞くことは多かった。ビラールがその麻薬売買の元締めのような存在なのかもしれないと思った。ビラールの死を巡っては、麻薬と武器という、シャティーラの治安を危うくする二つの要素が絡んでいる。ビラールとはどのような存在なのかが気になった。

政治的デモへの参加と薬物依存

シャティーラで、薬物依存の体験を若者自身から聞く機会を得たのは全くの偶然だった。二〇一二年五月一五日の「ナクバの日」に、イスラエル国境に近いレバノン南部の村で「パレスチナ帰還」を求めるデモに参加し、イスラエル軍の銃撃を受け足を負傷した若者がいるというので家を訪ねた。アリ・フレイジ(一九九二年生)は国境のデモに参加するために、シャティーラからバスに乗った。

政治的なデモに参加したのは初めてだった。キャンプでパレスチナの政治組織に入ったこともない。若者たちは誰も政治には興味はない。イスラエル国境のデモに参加したのは、〔占領下の〕パレスチナでイスラエル軍によってパレスチナ人が死んでいると聞いたからだ。黙っているわけにはいかないと思って、みんなと一緒にバスに乗った。着いた場所はイスラエル国境まで三キロしかないマロン・ラースという村だった。そこに三〇〇〇人から四〇〇〇人が集まって、国境に向けてデモを始めた。道のない山を一時間ほど進み、イスラエル軍の陣地を目指した。国境にある鉄の壁のすぐ近くまで行って、みんなで石を投げた。するとイスラエル軍が銃撃してきた。私は足に三発の銃弾を受けた。二発はゴム弾だったが、一発は実弾で、右足を貫通した。私の近くにいた四〇人ほどが負傷し、三人の若者が実弾を受けて死んだ。そのうち一人は私の目の前で胸に銃弾を受けて倒れた。みんなで負傷者を抱えて近くの病院に運んだ。私も病院で足の手術をした。

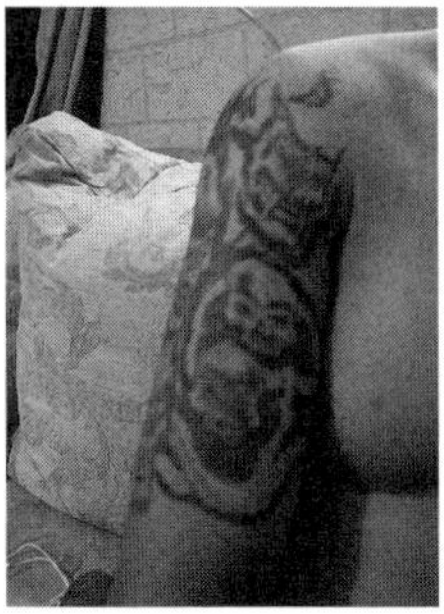

入れ墨が入ったアリ・フレイジの腕

アリは中学生の時に学校には行かなくなり、運送の会社で自動車修理の仕事を始めた。しかし、「二〇一二年から五年間は失業状態だ。いまも仕事を探している」と語った。政治的な関心が薄いことも含めて、シャティーラにいるごく普通の若者という印象だった。インタビューで自宅を訪ねると、アリは寝起きだったのか上半身裸だった。左の前腕いっぱいに女性の顔を彫った入れ墨があり、右の肩から上腕にかけて髑髏《どくろ》の入れ墨を彫っていた。シャティーラの若者の間でも入れ墨は珍しくないが、入れ墨をした若者が、イスラエル国境でのデモに参加したことは意外だった。一二年五月と言えば、若者たちのデモでチュニジア、エジプトの強権体制が倒れた「アラブの春」が吹き荒れていた時だ。シャティーラでもアリのような政治に関心がない若者を巻き込むほどに、若者たちのデモ熱が盛り上がったのだろう。デモで負傷した後の暮らしについて話を聞いている時に、アリは「二〇一四年から二年間は麻薬密売で服役した」と突然、薬物依存の話を始めた。

仕事もなく家にいる者が金を得るとすれば、薬物を売るしかない。母はタバコ代はくれるけれど、食べたり、飲んだりするのには十分ではない。シャティーラの多くの若者は仕事がないから、薬物を売るようになる。それで逮捕されるかどうかは、取り締まる警察に賄賂を渡すかどうかだ。警察に握らせていれば、モスクの前で売っていても、捕まることはない。ちゃんとした仕事があれば、こんなことはする必要はない。この五年間、いろいろな会社に行って仕事を探しているが、私がパレスチナ人と分かると雇ってはくれない。雇われるのはレバノン人かシリア人だ。シリア人は内戦が始まってからレバノンにたくさん逃げてきている。パレスチナ人よりもシリア人の方が安く雇えるんだ。

「シリア難民に仕事を奪われた」というのは、欧州に密航する若者たちと同じせりふである。イスラエル国境で行われたデモに参加し、足を撃たれて負傷したかと思えば、薬物依存で服役する。全く方向が違う二つの経験が、一人の若者の中にある。アリが薬物の話を始めると、横で聞いていた母親のワルダ(一九七〇年生)が「この子は意思が弱いからやめられないのです」と口をはさんだ。

アリが服役した時は、私は週二回、面会に行っていました。この子が薬物依存から抜け出して欲しいと、それだけを願っていました。しかし、まだ続いているのです。出所した後、一年三カ月間、ブルジュバラジネ・キャンプにあるインサーン・センター〔薬物依存からの離脱を支援するNGO〕に入れたんです。息子はそこで寝泊まりしながら、ある会社で働きました、そこの女性社長がアリを気に入って、治療にも理解をもってくれて、「アリはよく働いてくれる」と言ってくれていたのに、息子は仕事が続かなかったんです。本人の意思が弱くて、また昔の仲間たちと一緒になって薬物に戻ってしまうのです。この子はいつも悪いのは自分ではなくて、周りだとか環境だとか、人のせいにしようとするのだけど、結局は自分の意思が弱い。お金があったら、この子はすぐに薬物に使ってしまう。薬物への依存の度合いをできるだけ少なくして欲しいと思っています。薬物依存の末路は刑務所に入るか、風呂で死ぬか、道路で死ぬかです。そんなことにはなって欲しくない。

八カ月前にこの子から、結婚したい子がいるから一緒に相手の家に結婚の申し込みに行ってくれと言われました。もうクスリはやめて、タバコを売る商売を始めると約束したから、私は一緒に行ったんです。それで婚約したのですが、また一カ月でクスリに戻ってしまいました。婚約者は二〇歳です。息子はクスリはやめたと私が請け負ったのに、またクスリに戻ったなんて、どうして言えるでしょうか。彼女は息子のことを愛していて、早く結婚して一緒に暮らしたいと言っているのに。息子は彼女の思いに応えていない。結婚できるかどうかは、この子がちゃんと仕事を見つけて、自分の足で立っていけるかどうかにかかっている。この子の将来がどうなるのかが、私の頭痛の種です。

「男は現実から逃避する」

パレスチナなどアラブ世界では、結婚の申し込みには母親が息子と一緒に相手の家を訪ねるのがしきたりである。ワルダが息子アリの薬物依存にまつわる話を隠すこともなく話すのを、隣でアリは黙って聞いていた。途中で「せっかく、日本から話を聞きに来ているのに、もっといい話をしてくれよ」と口を尖らしたが、ワルダは積年の思いを吐き出すように話し続けた。アリは母親には全く頭が上がらない様子だった。ワルダはアリの入れ墨についてもこう語った。

私は入れ墨は好きじゃない。イスラムの教えでも許されないし、見栄えもよくない。この子が一年前に入れ墨をしたのを初めて見た時に、「なぜ、そんなことをしているのか」と聞きました。この子は「若者はみな、している」と言いました。それから一週間たって、「入れ墨が大きくなったんじゃないの」と言うと、「描き足した」というのです。消して欲しいけれど、消えないというし、入れ墨をしている者はだいたいクスリをやっている。入れ墨は身体がクスリ漬けになっている証拠ですよ。

入れ墨は若者たちの間で広まっているが、ワルダのような親の世代では入れ墨は少なかった。ワルダの生い立ちを聞いた。タルザアタル・キャンプで生まれ、一九七六年に陥落した時は六歳だった。家族は内戦下のベイルートを転々とし、現在のベイルート中心部の廃墟ビルに一八年間住んだ。八七年に一七歳で四歳年上の夫と結婚した。夫もタルザアタル出身だった。九四年に内戦終結後の再開発に伴ってビルからの立退料を得て、シャティーラに家を買った。夫は塗装工としてキャンプの外で働いている。ワルダの五歳から二〇歳まではレバノン内戦（一九七五～九〇年）と重なる。最も戦争の影響を受けた世代だった。いまは平和の下で息子の非行に悩んでいる。

シャティーラはまるで大きな監獄ですが、キャンプの外には私たちにとって安全な場所はありません。キャンプの外に出てレバノンの検問に出会って、もし、パレスチナ人だと知られたら、嫌がらせをされたり、尋問されたりします。どこの家にも問題を起こす子供はいますが、しつけや道徳に問題があるわけではありません。子供たちには親を敬う気持ちもありますし、家族の絆は生きています。父親の責任は働いて家族が食べるお金を稼ぐことで、母親の責任は家を守ることです。家庭についての最終的な責任はすべて母親にかかってきます。私は家族がばらばらにならないように、暮らしを支えていかねばなりません。お金を借りてでも、家族が食べる料理をつくらねばなりません。キャンプで生きるのがどんなに大変でも、母親は家庭を支える責任から逃げることはできません。私たち女の力は、圧力や困難に耐えるという点では男たちよりも勝っています。問題を起こすのは大体、男の子で、仕事がないと言っては、現実から逃避して、薬物に逃げ込んだりします。女の子はもっとしっかりしています。男の子には現実を耐える力が足りません。いまの時代は戦争の時代よりも困難です。これは別の種類の戦争です。暮らしを維持するための戦いです。戦争の時は、戦闘で息子を失うことがありましたが、いまは息子を薬物にとられてしまいます。戦争の時代は戦争が終われば万事ＯＫですが、いまの戦いは終わりがありません。

息子に対するワルダの言葉は、熱病に浮かされたようにシャティーラから出て欧州を目指している若者たちにもあてはまる。死ぬかもしれない密航に飛び込んで行くのは男たちだった。子供を抱えた女性たちはいつも乗り気ではないまま、夫に付いていく。密航も薬物依存も同じくシャティーラの現実から逃れる行為である。薬物依存について話を聞くうちに、二〇〇六年から一二年まで麻薬密売の罪で服役していたヒシャーム・ムスタファ(一九八五年生)と会った。罪状は麻薬密売だが、ヒシャームは「神に誓って、密売はしていない。自分でクスリをやっていただけだ。密売容疑はでっち上げで、証拠もない」と語った。彼は薬物との関わりを次のように語った。

最初に試したのは一三歳の時だ。気分が落ち込んだりする時に勧められて使った。使ったのは大麻や鎮痛剤のトラマドールだった。私の父がキャンプのパレスチナ政治組織の幹部だったので、最初はただでもらっていた。少しずつ依存症になって、自分で買わなければならなくなった。働いて、金を稼いで、それでクスリを買った。量は次第に増えていった。最初は大麻だけだったが、服役して出た後は、コカインのような強いクスリを使うようになった。二〇一一年にシリア内戦が始まって、シャティーラでの失業などの状況はさらに悪くなり、ドラッグの蔓延もひどくなった。シャティーラでは様々な種類のクスリが売られていて、外からも買いにくるほどだ。

大麻はレバノン東部のベカー高原で栽培されて入ってくる。シリア内戦が始まってからは、戦場で民兵や兵士が使っている精神刺激薬カプタゴン〔フェネチリン〕が入ってくるようになった。ＩＳの戦士も使っているという。このクスリは一錠が一〇ドルで売られている。一錠をいくつかに分けて使う。私も一年ほど前に一錠の四分の一ほど摂取したことがあるが、三日間眠らなかった。食事も睡眠もとらないで、激しい興奮状態が続く。このクスリを使って、民兵や兵士がシリアで何も考えない冷酷な人殺しを行っていると言われている。

一三歳で薬物依存の道に

ヒシャームは薬物の専門家のように詳しかった。彼は中学を卒業して、電気工になるために半年間の専門コースを受けたが、雇ってくれる会社はなく、日雇いの仕事で食べているという。「レバノンの会社を回っても、身分証明書を出せば「パレスチナ人はだめだ」と相手にされない」と語った。二〇一七年二月から三カ月間、ブルジュバラジネ・キャンプにあるインサーン・センターに入っていた。センターについては「薬物を身体から抜くためには意味があるが、出てきて環境が変わらなければ、また薬物依存に逆戻りする」と語った。ヒシャームがクスリを始めたのは一三歳だというのは暗示的である。七〇年代、八〇年代には、シャティーラでは少年たちは一三歳で学校をドロップアウトしてフェダイーン(戦士)になった。父親の世代について、ヒシャームは語った。

私の父親たちの世代は、自分たちが参加した軍事作戦の話をし、戦争がいかに大変だったかを話し、戦って死んだ人々の話をする。しかし、その戦いは、いまの私たちに何か良いものをもたらしたのか、と問いたい。私たちはいま、ここでみじめで困難な状況を生きている。キャンプには一七のパレスチナの政治組織があるが、パレスチナ解放を唱えるなら、パレスチナに行って戦えばいい。ここでパレスチナ解放を唱えても、日々、生きていくだけで精いっぱいの私たちには意味がない。パレスチナの政治組織はまず経済的に困窮したり、病気になったりしている者たちを助ける活動をするべきだ。そうでないならば、事務所はすべて閉鎖すべきだ。

ヒシャームのいらだちは、戦争を戦った父親世代と、戦争を知らない若者世代の間にある、埋めがたい溝を示している。彼は父親が政治組織の幹部だということで、より増幅されているだろう。ヒシャームは銃撃で死んだビラール・オッカルとも知り合いだった。

ビラールのことはよく知っている。刑務所で一緒だったこともある。メディアでは「麻薬男爵」などと書かれているが、彼も他の者と同じく、麻薬常用者というだけだ。ビラールも薬物に追い込まれた犠牲者だ。しかし、ビラールについては、あたかも大物であるかのように尾ひれがついた。彼は飲料水を売る店を二つ持っていて、助けを求める若者がいれば助けていた。彼には男気があって、筋を通して、問題を解決しようとした。彼はコカインをやっていて、粗暴になることがあり、喧嘩になることもあった。彼が銃を持ったことも、周りが彼を恐れることになった。しかし、多くの若者が彼を慕っていたことも事実だ。シャティーラだけでも彼に従った若者が一〇〇人はいただろう。

ヒシャームとアリ・フレイジの話を聞いた後で、彼らも行ったという、ブルジュバラジネ・キャンプにあるNGO「インサーン・センター」を訪れた。同キャンプはシャティーラの南三キロにあり、シャティーラの二倍の一万八〇〇〇人の難民が登録されている。センターの所長のニムル・ニムル(一九七四年生)は一〇代でキャンプ戦争を経験した。八五年から八八年まで続いたシリアの支援を受けるシーア派組織アマルによる包囲攻撃は、シャティーラだけでなくブルジュバラジネに対しても行われた。内戦終結後、ニムルはキャンプの治安担当となり、薬物依存の若者を拘束していたが、二〇一三年に薬物依存からの脱却を支援する現在のセンターを開いた。センターの宿泊施設では一五人まで受け入れることができる。一六年には延べ四二人を受け入れた。ほとんどが一五歳から二五歳の若者たちだ。薬物依存は二〇〇二年ごろから問題化し、一一年にシリア内戦が始まって急増し、深刻化しているという。

ニムル・ニムル

シリア内戦が始まる前はほとんどが大麻だったが、内戦が始まって、コカインやヘロインなど、より強い麻薬が広がった。カプタゴンのような危険な薬物が入って来たのも内戦が始まった後だ。シリアの戦争で薬物が広がり、それが隣国のレバノンにも流れてきている。

レバノン全体で薬物依存が広がっており、パレスチナ難民キャンプだけの問題ではない。ただし、難民キャンプはより深刻だ。パレスチナ人はこの国の法律で守られておらず、パレスチナ人であるというだけで犯罪者のような扱いを受ける。シリア内戦が始まって多くのシリア難民がレバノンに入ってきたために、パレスチナ人が携わっていた様々な職人の仕事の半分はシリア難民にとって代わられた。パレスチナ人の若者が薬物依存に走るのは、そのような厳しい現実から逃避しようとするからだ。薬物にはまれば、薬物を買うためにバイクを盗んだり、電気製品を盗んだりという別の問題を生む。薬物の売人になる者もいるだろう。

麻薬について「シャティーラ」が話題になるのは、シャティーラはいまでもパレスチナ人の戦いと抵抗の象徴だからだ。レバノン人の間でシャティーラが麻薬や武器が密売される場所と考えられ、そのイメージがすべての他のパレスチナ難民キャンプのイメージともなっている。

親と子供の世代の断絶

ニムルはヒシャームが若者の立場から語った父親の世代とのギャップを、父親の立場から語った。

私は戦争の世代だ。一九四八年にパレスチナを追われたナクバ世代の父親の話を聞いて育ち、イスラエルを敵として戦ってきた。私たちは戦争の中で厳しい状況を耐えてきたが、いまの若者たちに戦争の経験はなく、耐える力はない。彼らにとってイスラエルとの戦いは遠い出来事で、実感できない。いまの戦いは厳しい社会状況の中で、いかに人間らしく生きていくかということだ。この点で、私たち親は子供たちにより良い生活を与えることができないのだから、子供たちに強いことは言えない。

私たち親の世代が生きていた時代と、いまの子供たちが育った時代では違い過ぎて、対話によって理解し合うということもできない。そもそも私たちには親子が会話する文化がないのだ。

「親子が会話する文化がない」というニムルの言葉は、唐突ではあるが、現在のパレスチナ難民キャンプの問題を理解する上で重要である。この場合の「親子」は主に「父子」のことだ。私は、レバノン南部のサイダにあるパレスチナ難民キャンプの「家族支援センター」で、家族の問題に対応するパレスチナ人の臨床心理士ムハンマド・アラビの話を聞いたことがある。難民キャンプでの社会的、経済的な困難の背景には、父親の失業や家庭内暴力があるという。ムハンマドは次のように語った。

ムハンマド・アラビ

いま親になっている世代は、レバノンのパレスチナ難民キャンプが戦闘、虐殺、包囲攻撃、イスラエルの空爆などを受けた八〇年代に子供時代を過ごした世代だ。彼らは教育を受けておらず、人が死ぬのを日常的に目撃し、空爆や砲撃を毎日のように経験し、戦いに参加した。そのような経験の中で精神に傷を受けている。それが子供に対する態度になる。センターでは父親を集めて、講習を始めた。暴力を使わないで、妻や子供たちとどのように関わるかを理解させる。講習を受けた父親の中には、言うことを聞かない一四歳の息子を銃で追い回し、発砲した例さえあった。その父親は、息子を従わせるために他の方法を知らなかったのだ。父親に対する全八回の講習の六回目

「息子との和解」が終わった後、ある父親が涙ながらに息子との関係の変化を話した。父親は講習を受けて初めて息子と対話することの大切さを知り、息子と並んで座り、「話をしようじゃないか」と切り出した。息子は「お父さん、どうしたの。心理士の先生から薬をもらったの?」と質問したという。父親は「そうじゃない」と答え、話をすることによって、初めて息子と人間的な関係を持つことができた。息子は学校からドロップアウトしていたが、父親が変わった後、息子もセンターの職業訓練に参加し、自立に向けて歩み始めた。

ニムルとムハンマドの話を合わせると、戦争で子供時代を失った父親世代の問題が、平和の時代を生きあえぐ子供世代の困難を増幅させていることが分かる。ニムルはビラール・オッカルについて、「彼もまた薬物依存の犠牲者だが、メディアによって薬物と武器の密売が蔓延するパレスチナ難民キャンプを象徴する人物に仕立てられた」と語った。

ビラールの父親のアーメル・オッカル(一九六四年生)に会ったのはビラールの死から半月後だった。自宅で一時間半、話を聞いた。アーメルは第5章の「サブラ・シャティーラの虐殺」でキャンプの中で抗戦した数少ないパレスチナ戦士として登場する。アーメルは一五歳でDFLPの軍事訓練キャンプに参加し、八二年のイスラエルのベイルート包囲でも抗戦し、八五~八八年のキャンプ戦争でもキャンプ防衛にあたった。アーメルはフェダイーンを体現したような人物だったが、もう一つの顔があった。彼は周りからイスラム宗教者を呼ぶ「シェイク」という敬称を冠され、「シェイク・アーメル」と呼ばれる。

八五年にキャンプ戦争が始まり、死者が出た時に、周りにイスラムの教えに則って遺体を清め、埋葬する仕方を知っている者がいなかった。彼はイスラム宗教者のもとに行き、埋葬の仕方を教えてもらって、若者を埋葬した。それ以来、キャンプ戦争で死んだ五〇〇人以上の遺体を清めて、埋葬する役割を担った。キャンプ戦争の後、政治組織から離れて、モスクを通じての社会活動に携わった。病人や負傷者の輸血が必要な時には献血の呼びかけを行ったり、手術費用の支援が必要な時には寄付を呼び掛けたりと、モスクを通じた様々な社会活動でも中心的な役割を演じる。アーメルは息子ビラールについて語った。

ビラールは私の長男で、UNRWAの小学校で学んだが、五年生でドロップアウトして働き始めた。警察が捕まえたシャティーラの若者からビラールが銃を撃ったと名前が出たため、レバノンの警察から長い間、指名手配になっていた。レバノンの警察はシャティーラに入ってビラールを捕まえることはできなかった。ビラールを慕う若者たちが許さなかったからだ。ビラールは若者たちが争うのを嫌い、何か問題が起これば介入した。誰もがビラールに一目置いていた。ビラールはドイツに移民したパレスチナ人の親戚の娘と結婚した後、妻と会うためにブルガリアに行った。その時に拘束されてレバノンに送還され、レバノンで服役した。

今回の問題は、サミール・バドランの息子のムハンマドが、五人の若者たちの足を撃ったことから始まる。ビラールはそれに怒って、ムハンマドの足を撃った。ムハンマドの父親のサミールと私は夜遅くまでカフェで話をするような親しい仲だった。息子を撃たれたサミールは「ビラールは私を侮辱

ハーリド・アフィフィを讃える横断幕(上),
ビラール・オッカルを讃える横断幕(下)

している」と激怒した。私はサミールと話して、「ムハンマドが最初に問題をつくったのだから、これで終わりにしよう」と話した。その後、ビラールがサミールとの和解のために彼のカフェに招かれた時、ビラールは射殺された。息子はだまし討ちにあったのだ。その後、ビラールの仲間がカフェを焼き討ちし、サミールを殺害した。私はそれ以上、事態が悪化するのを恐れて、攻撃を止めさせた。

あくまで父親としての話だが、ビラールとムハンマドの間に抗争があったことは確かなようだ。レバノンでビラールが麻薬と武器の密売の元締めと報道されていることについて、アーメルは「レバノンのメディアがパレスチナ人に対して報じることは、虚偽と誇張ばかりだ。パレスチナ人の間でビラールが愛されていたことは、これを見れば分かる」と携帯電話を開いて、動画を見せた。ビラールの葬儀の時、墓地に向かう彼の棺に続いて、シャティーラの道を埋めて進む群衆の映像だった。「アッラー・アクバル(神は偉大なり)」と叫び、自動小銃の銃撃音が響く。群集は画面に映っただけでも一〇〇〇人はいる。「人望がなかったら人が集まるはずがない」と、アーメルは続けた。

ビラールが死んだ後、シャティーラの通りに機関銃を構えるポーズをとったビラールの画像に「私たちはあなたのことを忘れない」いう文字が書かれた、大きな横断幕が掲げられた。まるで解放闘争で命を落とした英雄を悼むような扱いだ、と思った。ちょうどそのころ、元戦士ハーリド・アフィフィの死を悼む横断幕も出た。こちらは文字通り「キャンプ戦争の英雄」である。七〇年代、八〇年代の解放闘争の時代に、少年たちが学校をやめて戦士を目指した一三歳という年齢が、いまは麻薬に手を染める年齢となっているのは偶然ではない。もし、ビラールが戦争の時代に生まれていたら、父アーメルやハーリドのようにフェダイーンとなっただろう。ビラールの人生と死は、誇張された部分も含めて、現在のシャティーラを象徴している。

欧州への無謀な密航と、蔓延する薬物依存が若者たちに熱病のように憑《と》りついている。それはナクバから七〇年目のシャティーラの光景である。一方で、現実逃避だけではなく、自ら現実を開こうとするシャティーラの若者たちの姿もある。「殉教者の家」アフィフィ家第三世代のスブヒ・アフィフィ(一九八五年生)は、シリアのレバノン撤退の後、レバノンに開かれたパレスチナ代表部(大使館)に会計士として働き始めたが、シリア内戦が始まった後、PLOから離れた。スブヒはその経緯を語った。

スブヒ・アフィフィ

二〇一一年春にシリアの内戦が始まり、一二月末に、ダマスカスにあるヤルムーク難民キャンプがアサド政権軍によって包囲された。PLO議長のアブ・マーゼン(マフムード・アッバス)は包囲に反対と言いながらも、包囲を解除して中にいるパレスチナ人を救おうと本気で動いているようには思えなかった。私はレバノンのパレスチナ人の若者たちに訴えて、パレスチナ大使館に向けてデモを実施し、五〇〇人が参加した。デモではヤルムーク・キャンプの包囲の解除と、パレスチナ難民の安全な退避を、PLOがシリア政府に求めることを要求した。五〇〇人のデモ参加者の七〇%はファタハのメンバーだった。大使館は私がPLOに対するデモを組織したとして、一二年一月に私を解雇した。

スブヒの話には前段がある。彼は二〇一一年にシャティーラ・キャンプで「アハラム・ラージ(難民の夢)」協会というNGOを発足させた。子供たちの保育園や青少年の文化・スポーツ活動を行う組織で、ファタハだけでなく、ハマスでもPFLPでも政治組織と関係なく受け入れる活動だった。それに対して、キャンプのファタハ指導部がファタハ支持者のための活動でなければならないと言い、スブヒは拒否した。スブヒはシャティーラのファタハ指導部のメンバーだったが、ファタハから除名された。パレスチナ大使館からもNGOの仕事をやめなければ会計士の職を解くと言われた。スブヒは「仕事と社会活動は関係ない」と突っぱねたため、一カ月半の休職となった。スブヒはファタハとの関わりについて語った。

私は九九年に一四歳でファタハに入った。シャティーラ・キャンプのファタハの学生部門に入って、二〇〇三年、〇六年の選挙で、学生の代表として指導部メンバーに選ばれた。大学では会計学を専攻し、卒業後に銀行に勤め、その後、〇九年にパレスチナ大使館の会計士として働き始めた。私はキャンプ戦争が始まった八五年に生まれた。親たちからはキャンプ戦争の悲惨な話を聞いて育った。キャンプ戦争で叔父の三人が命を落としている。シリア内戦でおなじことがヤルムーク・キャンプで起こっているのに、黙っておれるわけがない。

難民キャンプがなくなれば、難民がパレスチナに帰還する権利もなくなる。かつてアラファトは「オリーブの枝と銃」を持って、交渉の一方で戦う姿勢を見せたが、いまのアッバスはただ交渉しているだけだ。難民のことは見捨てている。ファタハは「パレスチナ革命」を生み出し、人々がファタハを支えた。しかし、ファタハは大衆のファタハであることも、革命のファタハであることもやめてしまった。キャンプの状況は悪化し、麻薬が蔓延し、失業や電気や水道など、人々は多くの問題を抱えているのに、私が「難民の夢」協会をつくると、様々に圧力をかけ、妨害しようとした。ファタハはいま人々から離れてしまっている。

「殉教者の家」のアフィフィ家の第三世代としてファタハを担うべきスブヒが、PLOとファタハから離れざるを得ないところに、いまのパレスチナの現実がある。パレスチナの政治勢力が若者たちの間で影響力を失い、人々の現実から遠ざかっている現状が浮かび上がる。スブヒは障害児支援のレバノンのNGO「ムサーワー(平等)」で働くかたわら、「難民の夢」協会を主宰している。

いま、「難民の夢」協会には八〇〇の家族が参加している。私は最初に財政を外部に依存するのではなく、参加する家族から毎月一〇ドルずつを集めて、それを活動の資金とする方法をとった。もし、優良な資金源があれば、私はそのような方法をとらなかっただろうが、私には資金源はなく、人々に頼ることで、人々とともに歩くことになった。

協会を設立して五年のいま、幼稚園には三二〇人の子供たちがきて、女性の先生も二四人雇っている。補習教室には二九八人の児童生徒が来ている。パレスチナの伝統的ダンスであるダブカのコースには六五人の若者が集まり、サッカーチームには三七人が参加している。もし、私がファタハに残ることを選んでいたら、決して得られなかった成果だ。

いま私たちの協会は、シャティーラでも最も重要な組織の一つになり、イスラム系慈善組織が保育園の子供たちの給食を支援してくれたり、欧州の国際ＮＧＯが子供たちのメンタルヘルスのプログラムを支援してくれたりと、活動は広がっている。

パレスチナ・キャンプでは、ＮＧＯは外国政府や国際ＮＧＯの支援を得てプロジェクトを行うのが通例となっていた。参加する家族が活動資金を負担するというのは、それまでにない考え方だった。会計学を専攻し、銀行に勤めた経験があるスブヒだからこそ、財政的な自立を目指す考えができたのだろう。主流派のファタハと袂《たもと》を分かったことも、自立志向とつながっている。スブヒは「父（ムハンマド・アフィフィ）は私の活動を応援してくれている」と語った。ムハンマドに息子のことを聞いた。

スブヒは「難民の夢」協会を無償でやっている。教育や啓発活動によって子供たちを薬物などの社会問題から守り、生きる力を育てるものだ。それは私たちパレスチナ人が将来、パレスチナへの帰還を果たすためには、本当の強さを持たねばならないという考え方による。スブヒはファタハから離れたのではない。ファタハは組織や地位のことではない。ファタハは理念であり、パレスチナのために自らを捧げるという考え方なのだ。私もその理念で育ってきたし、スブヒも同じだ。スブヒは学生として最年少で最多の票を集めて、シャティーラのファタハの指導部に入った。ファタハの理念はスブヒの血の中に流れている。スブヒが子供を救うために活動を始めたことも、ファタハの理念を実現するためだ。ファタハは組織よりも、もっと大きな存在だ。スブヒの周りにいた人間が彼に反対したために彼は組織を追われたが、スブヒは地位や、ファタハから得られる給料が目当てでファタハにいたのではない。スブヒはファタハという組織を離れても、ファタハの信奉者であり、ファタハの理念を実践しているのだ。

ムハンマドは息子の選択を支持しつつも、自らが一〇代から参加してきたファタハのメンバーとしての信念を語った。いまはシャティーラにある小さな食品雑貨店の店主でしかないムハンマドだが、かつてレバノンでのPLOの黄金時代の生産部門を支え、チュニジアのPLO本部でも経済部門の要職を担っていたという迫力と気概を感じる言葉だった。

二〇一七年七月七日、スブヒが主催する「難民の夢」協会はシャティーラに隣接するサッカー場で四回目のサマー・フェスティバルを実施した。会場は子供たちで溢れ、中央のステージで、子供たちが劇や、ダンス、歌を披露した。広い会場は、いくつものコーナーに分かれ、様々なゲームや競技、ワークショップが繰り広げられた。日本の運動会でも見るような袋跳びのコーナーも人気だった。イスラム式のベールで髪を覆った少女が、男の子を押しのけてゴールし、笑いが弾けた。スブヒも会場でフェスティバルの様子を見回っていた。「この子供たちに私たちの夢と未来がある」と語った。

リーナ・アブドルアジズ

シャティーラで密航や薬物に走る若者を見ていると、スブヒがファタハから離れて青少年を育てるための協会をつくった危機感が理解できる。同じような問題意識は、シャティーラにあるシリア難民支援ＮＧＯ「バスマ・ワ・ゼイトゥーン」が若者たちを市民ジャーナリストとして養成する「キャンプジー（キャンプ生活者）」というプロジェクトにも共通している。ジャーナリズムを通じて、若者たちと地域の関係を再構築しようとする試みである。ドイツの国際放送局ドイチェ・ヴェレ（ＤＷ）が、国際的なメディア開発の一環として支援する。キャンプに住むパレスチナ難民、シリア難民の若者男女半数ずつ計一〇人が選ばれ、約一年間の研修の後、一六年一一月からインターネットのフェイスブックで制作した番組を掲載し始めた。番組の中心は、キャンプにある失業や麻薬、水問題など様々な問題を取り上げた企画である。一〇人の若者たちを指導するプロジェクト・コーディネーターのリーナ・アブドルアジズ（一九七九年生）はパレスチナ難民の第三世代でベイルート生まれだが、八二年にＰＬＯがベイルートを退去した時にＰＬＯ関係者の父がイラクのバグダッドに移り、八六年にリーナら家族もバグダッドに移ったという経験を持つ。

父親は弁護士で、イラクでもＰＬＯから年金が出ていました。九一年の湾岸戦争の後、イラクは国連の経済制裁下に置かれ、食料事情も電気事情も厳しかったが、それでもパレスチナ人に対する処遇は現在のレバノンよりもずっと良かった。私はバグダッド大学で政治学を学びましたが、教育はすべて無料でした。私たちはバグダッド郊外のイラク人の中で暮らしていましたが、イラク人たちはみな好意的でした。私と母と二人の妹は、二〇〇三年三月にイラク戦争が始まって一週間後にベイルートに戻ってきました。レバノンではパレスチナ人に対する侮蔑的な姿勢があり、働くことができないことには驚きました。パレスチナ難民キャンプのニュースをレバノンの新聞などに提供するメディア会社で職を得て、ジャーナリストとして働き始めました。イラクのテレビ局がベイルートに事務所を開いたので、私は駐在員になりました。その後、ベイルート・アメリカン大学の教授をしていた米国人と結婚して、米国に移りました。夫がシリア難民の調査をするためにレバノンに来たので私も付いてきて、キャンプジーのプロジェクトに関わることになったのです。

アフマド・マンスール

ベイルートとイラクを行き来するリーナの経験は、戦争に翻弄されるパレスチナ難民のものである。私はキャンプジーの週一回の企画会議をのぞいた。若者たちが「あなたがキャンプの指導者なら何をするか」「一日に一万ドル使うなら何に費やすか」など、インターネットサイトに掲載する取材テーマを提案する。それに対してリーナが「もっと身近な問題に引きつけて考えなさい」などとアドバイスする。

参加しているアフマド・マンスール(一九九九年生)は、シリア内戦でシリアのヤルムーク・キャンプから逃れてきたパレスチナ難民だ。二〇一一年末に難民キャンプでも戦闘が始まり、一二年四月に家族でシリアから逃げてシャティーラに移った。ところが、「シャティーラのひどい

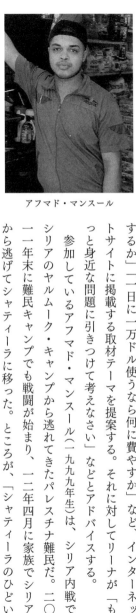

状況に驚いた。シリアでは水も電気も問題なかったが、シャティーラでは水道からは塩水しか出ないので飲料水はボトルで買っている」と語る。アフマドはキャンプジーのプログラムとして飲料水問題を三カ月間取材し、スイス政府の援助で建設された給水塔が機能していない問題にも切り込み、二回にわたってサイトに掲載した。

オマル・アフマド

オマル・アフマド(一九九八年生)はシリアにいたパレスチナ難民で、シリア内戦が始まった後、二〇一三年四月にレバノンに逃れ、一四年四月にシャティーラ・キャンプに住み始めた。キャンプのコーヒー店で働きながら、キャンプジーの活動を続けている。シリアを出た後、父は肝臓疾患が悪化して死亡し、シャティーラでは母親と四人兄弟で住んでいる。学校はシリア内戦の悪化と出国によって、中学三年生で離脱した。キャンプジーについては「プログラムの中でストーリーの書き方を学んだし、ビデオで人物の物語を見せる方法も学んだ。画像や映像の編集を学んだことも大きかった。目の前の問題から逃げるのではなく、現実と向き合うことの大切さを学んだ」と語った。

キャンプジーに参加する女性、ラヤン・スッカル(一九九五年生)はシャティーラ・キャンプで生まれ育った。ベイルートの私立大学でジャーナリズムを専攻し、将来はジャーナリストを目指す。ラヤンはキャンプでの麻薬の問題を取り上げた。二〇一六年末にキャンプであった麻薬撲滅のデモの参加者の声を取材し、さらに麻薬撲滅運動に取り組んでいる組織の若者にインタビューをした。取材を始めると、「この問題に首を突っ込むな」という脅しの電話がかかってきた。ラヤンは「シャティーラにも麻薬をなくそうとする人々がいることを伝えようと思った。私は脅すのは言葉だけだから、怖いとは思わない。麻薬問題を取り上げることは、人々も支持してくれる。それが一番心強い」と、手ごたえを語った。

コーディネーターのリーナはプロジェクトの意義について語った。

これまでレバノンのメディアも海外のメディアも、シャティーラを麻薬がはびこり、治安が悪化している場所として取り上げましたが、私たちはここで暮らし、問題を解決しようとする視点から取り上げているのです。同時に、若者たちに希望を与えるプロジェクトと位置付けています。参加する若者たちの多くは、大学生のラヤンを除いては、内戦や貧困のために教育からドロップアウトしています。社会からも落ちこぼれて麻薬に染まる若者たちに、ビデオ・ジャーナリズムの技術を教えて、実践を積ませることは、将来、より大きな舞台でジャーナリズムの仕事を得るための機会にもなるでしょう。彼らがフェイスブックを通じて、人々に知られることで、キャンプの若者たちの見本にもなっています。

ラヤン・スッカル

レバノン社会からは排除され、隣国シリアの内戦で大規模な難民の流入に押されて、シャティーラの若者たちは命がけの密航に駆られ、教育からのドロップアウトと失業の果てに薬物依存が広がる。ナクバから七〇年を経て、かつて「パレスチナ革命」を担ったシャティーラには、殺伐とした光景が広がっている。いま、シャティーラが直面しているのは、従来のパレスチナ問題を超えて、難民第三世代、第四世代となる子供や若者たちと家族として、人間としてどのように関わるかという、より根源的な課題である。

終わりに——パレスチナ人の記憶をつむぐ

人間のつながりが残る社会

シャティーラにある理髪店で、タルザアタル・キャンプ出身の理髪師ムハンマド・フレイジ(一九六八年生)に話を聞いていた時、スウェーデンに住む親戚のアリ・フレイジ(一九八一年生)が店に七歳の息子を連れて来ていた。シャティーラに戻るのは二年ぶりという。二〇一〇年にスウェーデンに住むパレスチナ人の家族が娘を連れて戻った時に、その娘との結婚がまとまり、スウェーデンに渡ったという。連れていた息子は小学校一年生。「シャティーラには母方の叔父が住んでいる。息子に叔父の家族と会わせたいと思って連れてきた」と語った。スウェーデンでの生活について聞くと、「良いところは子供の学校も、病院も無料だということ。残念なところはシャティーラのように知り合いを訪ねるのにいきなりドアをノックしたりできないことだ。事前に電話して、会う時間を決めて、約束をとらなければならない」と説明した。

アリのように欧米に移住したパレスチナ人にとって、人間関係の希薄さは心もとない気がするのだろう。シャティーラでは一九八二年の「サブラ・シャティーラの虐殺」の後、多くのキャンプ住民が欧州に難民として渡った。当時は、簡単に旅行ビザが出て、そのまま居ついた者が多いという。夏になると、欧州に住むパレスチナ人の家族が、息子や娘を連れてシャティーラに戻ってくる。その時に、シャティーラに残った若者と婚約し、結婚することも珍らしくない。第9章で登場したビラール・オッカルの妻もドイツに移住した親類の娘だった。欧州に移住した家族にはシャティーラとつながりを維持しようとする思いがあるのだろう。ムハンマド・アフィフィ(一九五九年生)が言ったように「シャティーラにすべての問題の根っこがある」という思いは、欧州に出たパレスチナ人にも残っている。彼らにとって難民第一世代の「ナクバ」の記憶とともに、悲惨なテント生活、解放闘争の時代、虐殺の犠牲など、難民生活七〇年の経験が堆積しているシャティーラが、自らのルーツとなっているということだろう。

第9章で取り上げたシャティーラでの銃撃事件で、一人ずつの死者を出したオッカル家とバドラン家を和解させるためにできた「和解委員会」も、シャティーラに残るパレスチナ社会だ。和解はイスラムの教えに基づいて行われ、第6章の「キャンプ戦争」で登場するイスラム宗教者のラドワン・ファラハト(一九六〇年生)が民衆委員会と連携しつつ進めていた。私は事件から一カ月後にラドワンに話を聞いた。「昨夜はバドラン家と話をした。今夜はオッカル家に行って話を聞く」と語った。双方の家族とは三時間から四時間話すという。

和解は二つの段階に分かれる。まず、第一段階は互いに相手を中傷せず、報復をしないと合意することだ。私が報復をしないという合意をとりつけて、政治組織はその合意が守られるように秩序維持にあたる。第二段階では、双方がレバノンの裁判所に訴えて法廷闘争に入る。その一方で和解調停が行われる。私たちは双方の主張を聞いて、双方の責任や損失を勘案して、和解の条件を裁定する。和解条件を双方が受け入れれば、裁判も終わりになる。レバノンの法律はフランス法に基づいている。私たちの和解はイスラムにも基づいている。誰もが、イスラムの教えを尊重するので、和解の方がなじみやすい。政治組織はそれぞれ政治党派なので利害がある。私は宗教者であり、無償で和解に関わる。個人として利害がないので、双方の家族から信頼を得ることができる。

抗争があった時に宗教者を中心に和解委員会をつくることは、アラブ・イスラム世界で広く行われている。イスラム宗教者を中心に和解の仕組みが存在することは、シャティーラが七〇年前に故郷のパレスチナにあったアラブ人コミュニティーの伝統を維持していることを意味する。同じパレスチナ人でも、欧州に出てしまうと、人間関係が疎遠になり、そのような社会の仕組みとは切れてしまう。シャティーラでは故郷の旧パレスチナの人間関係が残っている。第5章の「サブラ・シャティーラの虐殺」の時に、キャンプの年配者が集まってイスラエル軍に「平和の使者」を送る話し合いがあったことを書いた。会合に参加した第一世代のムハンマド・オマル(一九三一年生)は集まった五〇人はパレスチナの故郷の村ごとの代表者だと語った。ムハンマド自身は出身地のビルワ村の代表だった。故郷パレスチナとのつながりは切れても、同郷の人間関係がシャティーラに残っている。

シャティーラを歩いていて「マジュド・クルーム協会」というパレスチナの村の名前がついた看板を見つけた。このキャンプが、旧パレスチナのマジュド・クルーム村出身でアラブ民族主義者のアベド・ベシュルが、パレスチナ帰還のために元村民を集めたことから始まったことは既に書いた。マジュド・クルーム協会は二〇〇一年に村出身者の互助会として創設された。創設者の一人のヤヒヤ・サッリース(一九五九年生)は、アベドの妻の実家サッリース家の家系だ。ヤヒヤは第二世代で、一〇人兄弟でただ一人シャティーラに残って、九二歳の母親の世話をしている。兄弟の一人は八二年の虐殺で死亡し、一人はキャンプ戦争でシーア派に拘束されて行方不明。残る七人のうち五人はフランス、ドイツ、スウェーデンなど欧州にいて、一人はカナダ、一人はアラブ首長国連邦(UAE)で働いている。

ヤヒヤ・サッリース

私は七八年から八四年までスペインの大学でコンピューター工学を学んだ。学費は、スペインの大学を卒業してアブダビの石油会社で会計士として働いていた兄が出してくれた。八二年の虐殺は私がスペインにいる時で、負傷した女性を救急車に運ぼうとした弟のガマルは背中を撃たれて死んだ。私はいま、ベイルートの難民キャンプにある一四のサッカーチームのリーグ戦の一つとして、弟の名を冠した「殉教者ガマル・サッリース記念杯」を実施している。その費用一〇〇〇ドルは私が負担している。

マジュド・クルーム協会を創設したのは村出身者の助け合いの場を作ろうと思ったからだ。シャティーラにいる村出身者だけでなく、海外に出ている出身者からも寄付を集めて、困窮者を援助している。毎年ラマダン〔断食月〕には毎日、二六〇家族に断食明けの食事を家まで配達し、協会のビルでは困窮者や孤児、老人ら一〇〇人から一五〇人を招いて、断食明けの食事をふるまう食事会を実施する。協会ビルでは登録家族の葬儀を実施しているほか、パレスチナの伝統ダンスのダブカの講習や、サッカークラブも持つなどの活動をしている。

ヤヒヤはスウェーデンで事業をしている弟を通して、二〇一三年に同国の居住許可をとり、一六年に身分証明書を取得した。しかし、「欧州に住むつもりはない」と語る。

私はスウェーデンにいてもすることがない。人との交わりは、向こうでは仕事の関係だけに限られていてシャティーラにあるような人間的な交流の場はない。一六年にスウェーデンで身分証明書を取った時に、弟からあと二、三カ月滞在すれば市民権も取得できると言われたが、一緒に行った私の妻が何もすることがないことに退屈して、「もう、帰りましょう」と言うので、市民権は取らずに帰ってきた。私はシャティーラの社会的な人間関係の中で忙しくしている方がいい。ここにはパレスチナで生まれた九二歳の母もいる。母の世話をできることは有り難いことだ。

女性たちが家族と社会を支える

ナクバ世代の母親の世話をしているのは、ヤヒヤと同じ年齢のムハンマド・アフィフィも同様である。パレスチナ人にとって家族は最も重要な絆であり、彼ら難民第二世代は、故郷のパレスチナを追われた祖父や祖母の経験と記憶を、息子や孫に受け継ぐことを自分たちの重要な使命だと考えている。家族の絆を支えているのは、母親や祖母である。七〇年代、八〇年代の戦いの時代には、男たちはいったんフェダイーン(戦士)となれば、どこで戦っているかは家族にも秘密であった。家族を支え、社会を支えていたのは女性たちだった。薬物依存の息子を「男たちは現実から逃避する」となじった母親ワルダの、「母親には家族を維持する責任があり、逃げることはできない」という言葉がよみがえる。シャティーラの人々の記憶をたどれば、革命や戦争を担った男たちの話が中心になる。しかし、キャンプを支えてきたのは女たちであった。私は、シャティーラで立ち寄り場所としていたNGO「不屈の子どもたちの家」の所長ジャミーラ・シェハータ(一九五四年生)を介して多くの女性たちの話を聞くことができた。彼女自身はレバノン東部のベカー高原にあるワーベル難民キャンプで生まれた。

ジャミーラ・シェハータ

ワーベルは冬が寒くて、私の一つ上の兄は生後一年で風邪のために死んだと聞いています。家は貧しくて、五、六歳の時でも夜になるとろうそくを明かりにしていました。私が幼いころの記憶として覚えているのは、夜にろうそくの明かりで、祖父母が毎日のようにパレスチナの故郷の村ヤジュールについて話をしてくれたことです。ヤジュールはハイファに近くカルメル山のふもとにあったことや、オリーブの実の収穫や、牛の乳を搾ったり、ニワトリから卵をとったりする農家の仕事や生活のことを繰り返し聞かせてくれました。私が子供のころはテントのみじめな生活で、子供ながらになぜ、私たちはこんな生活をしなければならないのかと思っていましたが、自分たちには故郷があって、いつかそこに帰ると言われました。ヤジュールにはイスラム教徒だけでなく、キリスト教徒もユダヤ教徒も住んでいて、イスラム教徒の婚礼があれば、キリスト教徒もユダヤ教徒も一緒に祝ったという話をしてくれました。祖母は私がレバノンのオレンジを持って来れば、「パレスチナのオレンジはもっと大きくて甘かった」と、いつもパレスチナを引き合いに出しました。難民キャンプには子供が遊ぶ場所もありませんが、パレスチナには自分たちの土地があって、いつか戻ることができると考えていました。

祖父は七〇年代、父は二〇〇七年に亡くなりました。元気だった祖母も一八年夏になくなりました。難民キャンプでは、パレスチナを知る第一世代の年寄りが亡くなるということは、故郷の記憶が消えることで、とてつもない喪失感を味わいます。私たち第二世代は、第一世代から聞いたパレスチナの話を子供たちの世代に伝えなければなりません。

ジャミーラの家族は、一九六八年にシャティーラに移った。レバノン当局の監視下に置かれていた最後の年で、キャンプには共同のシャワーとトイレがあるだけで、各家には認められていなかった。「父は共同のシャワーやトイレを使うのを嫌って、家の中に秘密に穴を掘って、シャワーとトイレをつくった」と振り返る。ジャミーラは七〇年代半ばの高校生のころから八二年の虐殺まで、シャティーラの南にあった社会組織インナーシュ協会の保育園で教師として働いた。協会に属するサッカークラブ「カルメル・クラブ」のメンバーからミュンヘン五輪襲撃事件の実行グループが出たことは、第3章で書いた通りである。

「不屈の子どもたちの家」の保育活動

虐殺で親を失った子供と母子家庭を支えるために、八四年にシャティーラに「不屈の子どもたちの家」が開設された。ジャミーラは「子どもたちの家」が親を失った子供たちの調査と登録を始めた時からスタッフとして参加し、そのまま責任者になった。彼女は当時を振り返って、「キャンプは破壊されて、電気や水もありませんでした。働き手の父親や夫を失い、子供を抱えて途方にくれている母親たちがたくさんいました」と語る。「子どもたちの家」は日本やイタリアのNGOの支援を受けて、母子家庭を支援し、保育園を開き、さらに子供たちが参加できるボーイ・スカウトやガール・スカウト活動や、ダブカや演劇、音楽など幅広い活動を実施する。

第5章の「サブラ・シャティーラの虐殺」で登場するシャヒーラ・アブルデイナやザハラ・ナハル(一九四九年生)ら、虐殺で夫を殺された女性たちを支えてきたのも「子どもたちの家」だ。一六年の夏、ジャミーラは「子どもたちの家」を支援しているイタリアのNGOのグループを連れて、シャティーラ中央通りに面した住宅ビルにあるザハラの家を訪ねた。ジャミーラはザハラが虐殺で夫と次男を失って、女手一つで一五人の子供を育てたことを話し、「彼女はパレスチナのお母さんの鏡です。

貧しいけれど、子供たちに惜しみない愛情を与えてきました。愛情を与えるのにお金はいりませんから」と語った。

私は後日、ザハラの家を訪ねて、彼女に話を聞いた。第5章で紹介した、キリスト教右派民兵に夫と次男を連行された後、遺体が散乱する通りで二人の遺体を探し回った体験である。その時、「一五人の子供たちをどのように育てたのですか」と質問すると、ザハラは答えた。

虐殺で夫がいなくなった時、一番下の娘はまだ二カ月でした。子供を育てるのを「子どもたちの家」は助けてくれたけれども、パレスチナの政治組織は何も助けてはくれなかった。私は元気だったから、家やビルの階段の清掃などで雇ってもらって働きました。子供たちを路頭に迷わせる訳にはいかないものね。生まれて初めて物乞いもしました。すべて子供たちのためです。私たちパレスチナ人は未婚の娘を働かせることはしません。娘は結婚するまで家で面倒をみなければなりません。おかげさまで、娘はみなお嫁にいきました。私はそのことを誇りに思っているの。私は二年前から背骨を痛め、緑内障を病んで、病院にかかるようになりました。いまは嫁いだ娘たちがお金を送って助けてくれる。いま私には三七人の孫がいる。神様のおかげです。私たちパレスチナの女はどんな場所だって家族のために楽園に変えることができる。私たちは文句ひとつ言わないで黙々と働いて、たとえ、砂漠に置かれても、そこを楽園に変貌させる。パレスチナの女は男一〇〇人分の働きをするのよ。

ジャミーラやザハラの話を聞くと、この七〇年間、男たちが戦っている間に家庭と社会を支えてきた女性たちの存在があることを知る。ジャミーラに家庭のことを質問したことがある。彼女は「私は結婚していません。私は「子どもたちの家」と結婚した」と答えた。彼女の献身的な働きぶりを見ていると、その言葉通りだと感じる。

パレスチナへの帰還の時を待つ

ジャミーラだけでなく、ヤヒヤ・サッリース、ムハンマド・アフィフィ、ムハンマド・ハティーブ、マフムード・アッバスら第二世代は、ナクバ世代の故郷への思いを背負ってきた世代だ。第三世代になると、故郷パレスチナへの思いは変化してくる。第三世代のウィサーム・アブドルラフマン（一九七六年生）はパレスチナについてこう語った。

私はパレスチナ人だが、レバノンに生まれた。私が生まれた時には祖父はいなかった。父親の代まではパレスチナの故郷に残っている親戚との連絡もあったが、私の時にはなくなっている。私の家族も、私の友人もレバノンにいる。私にとって困難があっても、レバノンが私の国なのだ。いつか私たちパレスチナ難民の「帰還権」が実現するなら、パレスチナに戻るだろう。シャティーラにいるパレスチナ人全員が故郷に戻ることができれば、一緒に戻るだろう。しかし、イスラエルの下で訪問者として行くつもりはないし、ヨルダン川西岸とガザにパレスチナ国家ができても、それは私たちが戻る場所ではない。

ウィサームは一九九〇年に内戦が終わった時、一四歳だった。高校を卒業後、専門学校で電気技術を二年間学んで電気工として働き始めたが、内戦が終わってもパレスチナ人に対する就職、就業での差別は続いた。九九年にデンマークに住むパレスチナ人の娘と結婚して、デンマークに行ったが、五カ月で離婚してシャティーラに戻って来た。

私はシャティーラでイスラムの伝統で育ってきたが、妻はデンマークで育ち、欧州の伝統に染まっていた。私は、女性はイスラムの教えに基づいて、髪を覆うヒジャブ（ベール）を着けるべきだし、肌を露出させてはならないと思っていたが、妻はそうではなく、結婚しても口論が絶えず、それが離婚の原因となった。デンマークの政府はパレスチナ人に何でも与えてくれた。家も、金も、職場も、国籍も。それでも私はデンマークに住むのは嫌だった。政府の問題や欧米の文化の問題ではなく、そこに住むイスラム教徒の中に、イスラムから離れていく者を見た。イスラム教徒なのに欧米人のように酒を飲み、イスラムから離れていく者がいる。難民として欧州に渡っても欧州の生活になじめなくて、シリアやレバノンに帰った者は少なくない。

シャティーラを脱出し、デンマークに渡った第三世代のウィサームは失意の中でシャティーラに帰ってきた。ウィサームの欧州での経験は、夏になると欧米に渡ったパレスチナ人が子供たちを連れてシャティーラに戻ってくる理由の一端を見せてくる。

第一世代のアベド・ベシュルは「パレスチナ帰還」のためにシャティーラに同郷人を集めた。第二世代は帰還を実現するために戦士となって戦ったが、その結果、虐殺や包囲攻撃の犠牲者になった。その後を生きる第三世代、第四世代の若者たちにとって、武装闘争によるパレスチナ解放の夢は崩れ、和平交渉によってパレスチナに帰還する道も先は見えない。多くの若者たちが欧州への密航で散財し、さもなくば麻薬に走る。

リーナ・シェハータ

一方で、「難民の夢」協会を創設したスブヒ・アフィフィや「キャンプジー」を指導するリーナ・アブドルアジズのように、荒廃するキャンプの中で政治組織から離れて若者たちを育てようとする動きがある。

ウィサームよりもさらに一〇歳若いリーナ・シェハータ(一九八六年生)は、第6章のキャンプ戦争下で家が砲撃を受けて気を失った赤ん坊として登場するが、八九年に砲撃によって父を失い、「不屈の子どもたちの家」の支援を受けてきた。私が二〇〇八年にインタビューをした時は大学の理学部で生物学を学ぶ大学生で、「子どもたちの家」のボーイ/ガール・スカウトのリーダーだった。その時、リーナはパレスチナについて次のように語った。

私はパレスチナから追われた祖母から、私たちの家があったハイファ県のヤジュール村の話を聞いて育ちました。家には庭や耕地があり、祖母は馬やロバに乗って遊んでいたことや、耕地では豆類やスイカなどを栽培して、レモンやオリーブの収穫もあったことも聞きました。祖母や叔父から繰り返しヤジュールの話を聞き、私自身が村のことを思い描くことができるほどです。私はパレスチナは世界で最も素晴らしい場所だと聞いて育ったのです。パレスチナ人とは天国に住んでいた人々がナクバによって地上に下ろされた人々という気がします。

二〇一七年に改めて話を聞いた時、リーナは大学生の時には着けていなかったイスラム式のベールを着けて現れた。ベールの理由を聞くと、「信仰心の問題です」とだけ語った。大学卒業後、医薬品販売の会社で働いた後、友人とともに販売会社をつくったが半年しか続かず、「この一年は仕事を探していますが失業中です」と語った。〇八年から一七年の一〇年間のシャティーラの変化について語った。

一〇年間でシャティーラは経済も、治安も、住宅も、すべてが悪くなりました。元々、就業制限があるのに、シリア内戦で多くのシリア人が逃げてきたことで仕事はなくなりました。若者たちの間には麻薬が広がっています。私がスカウトのリーダーをしていたグループのメンバーだった男の子がドラッグに関わっているということを、一年ほど前に知って衝撃を受けました。仕事がないから絶望して、クスリを使うようになり、そのうちに互いに売るようになります。キャンプの中の銃の発砲で人が死ぬこともあります。私はキャンプの近くの駐車場に車を停めていますが、いつ、銃を向けられるかとびくびくしています。

困難から逃れるために欧州に密航する若者たちがいますが、それで問題が解決するわけではありません。問題を解決する唯一の方法は、パレスチナへの帰還しかありません。状況が厳しくなればなるほど、私たちの中でパレスチナへの帰還を求める思いが強くなります。

私が祖母から話を聞いた家も耕地もユダヤ人が占拠しています。パレスチナに戻るのは私たちの権利です。そのためには戦って取り返すしかありません。いつになろうとも、シャティーラの母親たちは子供たちにパレスチナの故郷のことを目に涙を浮かべて話し、自分たちが戻る場所があることを伝え続けます。そこに私たちの希望があるのです。いつか私たちは戦って、故郷を取り戻すでしょう。ユダヤ人たちがパレスチナには安全はないと思えば、彼らは私たちの土地から出ていくでしょう。もともと彼らのものではないのですから。

第三世代のリーナにとって、パレスチナは「楽園追放」の話として神話化されている。リーナの話を聞いた時に、ユダヤ人がエルサレムへの帰還の思いとして語り継いできたとされる、旧約聖書の詩篇の一節「エルサレムよ、もしわたしがあなたを忘れるならば、わが右の手を衰えさせてください」を連想した。彼女にとってパレスチナ人であることはかつてユダヤ人がそうであったように、パレスチナの記憶を持ち続けて「帰還の時を待ち続ける」人間のことである。終始穏やかに話すリーナから、「パレスチナを戦って取り返す」という言葉が出たことにも驚いた。今では男たちからでさえ「戦い」の言葉は出てこない。戦った男たちは敗北感にさいなまれ、若い男たちは現実から逃避しようとするシャティーラで、家族とコミュニティーを必死で支えようとする女性たちの中に戦う意志が息づいているのを感じた。

難民の経験を芸術の力へ

シャティーラで出会ったリーナと同世代の若い芸術家アブドルラフマン・カタナーニ（一九八三年生）は、パレスチナ難民としての記憶を芸術のモチーフとして昇華させる実践を見せてくれる。

アブドルラフマンの仕事場は、シャティーラ・キャンプに隣接するサブラ地区にある元ガザ病院の一〇階建てのビルの四階にある。PLO系の赤新月社に属する総合病院だったが、八五年にシーア派民兵組織アマルに焼き討ちされ、廃墟になった。そこにシャティーラから逃げ出した住民が住み着いている。あまり目立たないビルの入り口を入って、電気もない暗い通路を通り、奥の階段を上がっていく。二階、三階とのぼると、それぞれ長い通路の左右にドアがある。まさに病院の廊下であるが、洗濯物を干していたり、女性が座ってジャガイモの皮をむいていたり、生活感に溢れている。訪ねたのは昼前だった。ドアをノックして五分ほどすると、出てきた若者がアブドルラフマンだった。寝起きの顔で「昨夜は夜遅かったので」と言い訳した。伸びて縮れた髪が塊となって直立し、一八〇センチ以上ある細身の長身をさらに引き立たせている。

アブドルラフマン・カタナーニ

私の家族カタナーニ家は（旧パレスチナの中部の）港町ヤフォの出身で、ナクバ世代の祖父母はヤフォから船でベイルートに来て、タルザアタル・キャンプに住んだが、タルザアタルの陥落の後、シャティーラに移った。両親はシャティーラで結婚し、私は「サブラ・シャティーラの虐殺」の一年後の八三年に、ガザ病院で生まれた。私は難民第三世代だ。PLOでアラファト派と反アラファト派の内紛が起き、シャティーラにあった私の家族の家は反アラファト派に奪われた。キャンプ戦争でシーア派民兵の攻撃を受けて、家は完全に破壊された。家族は焼き討ちされたガザ病院の廃墟ビルに住み始めた。それ以来、ずっとここに住んでいる。シャティーラにあるUNWRAの学校に通い、さらにベイルート市内の私立大学で美術を学び、修士号を得た。二〇一二年に病院跡の空き部屋を購入して、アトリエとして使っている。

アブドルラフマンは二〇〇一年から〇七年までの六年間、パレスチナ問題をテーマとする風刺画を描いていた。パレスチナ人の風刺画として国際的にも注目され、日本のパレスチナ展で展示されたこともある。風刺画は一〇〇〇枚近くあった。ちょうどヨルダン川西岸で第二次インティファーダが起きた時期であり、イスラエルによる占領と暴力を告発する一方で、パレスチナ側の無力さや指導者の腐敗を風刺した。たとえば、頭巾を頭に巻いた老戦士が「パレスチナ」という道路標識を前にして、腰まで砂に埋もれて、涙を流しているというような絵である。

私は二〇〇四年から毎週新しい風刺画を描いて、長辺一メートルに拡大して、シャティーラ難民キャンプなど三カ所の難民キャンプで掲示した。私がイスラエルを風刺しているうちはもてはやすが、パレスチナの政治組織の腐敗を風刺すれば、手のひらを返したようになる。その風刺画を見た、いくつかのパレスチナ政治組織から「絵を描くのをやめろ。さもないと厄介なことになるぞ」と脅しをうけるようになり、さらに父親の仕事を妨害するような動きが出てきたので風刺画を描くのをやめた。その後、「「遊ぶ子供たち」のシリーズ」を始めた。

アブドルラフマンはコンピューターを起動して、「「遊ぶ子供たち」のシリーズ」を見せてくれた。モチーフは遊ぶ子供たち。縄跳びをする少女、風船を持つ少女、凧揚げをする少年、棒の先にひもをつけて回す少年など。遠目には、楽しく遊ぶ子供たちである。しかし、よく見ると、子供たちの身体や凧、風船はトタン板を切ってつくられている。縄跳びの縄や凧をつなぐひも、リボンなどは有刺鉄線だ。トタン板は難民キャンプでは最も安価な建築資材として多用される材料であり、有刺鉄線は難民や避難民や部外者が立ち入らないように設置される。

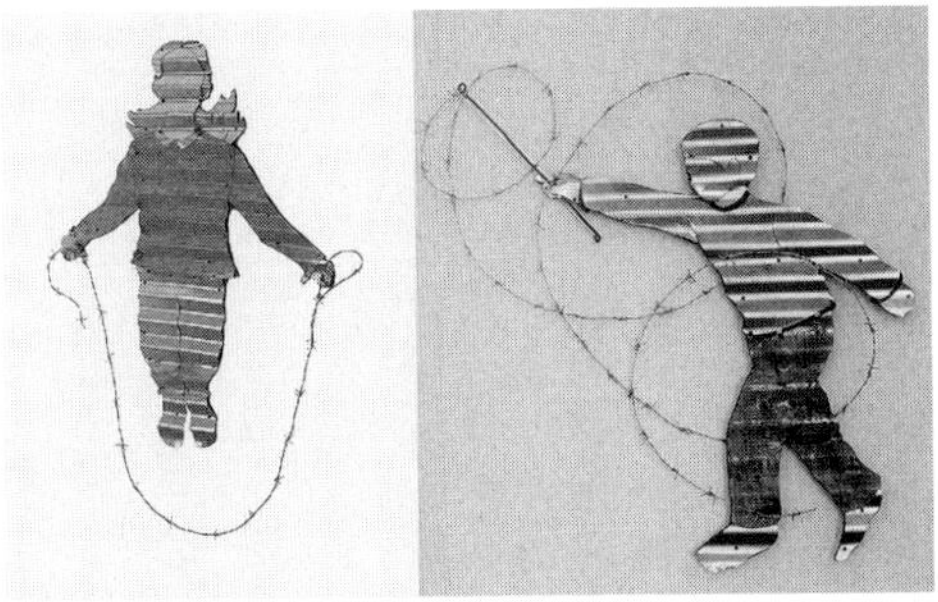
アブドルラフマン・カタナーニの「遊ぶ子供たち」

「「遊ぶ子供たち」のシリーズ」について、アブドルラフマンは「パレスチナ社会の人々の生活そのものに目を向けることで、人々に希望を与え、力を与えるようなものをつくりたいと思った」と語る。パレスチナ人がパレスチナ人として生きることが阻まれているというメッセージが込められている。このシリーズはベイルートのギャラリーで販売され、すべて売り切れた。子供たちは有刺鉄線やトタン板で縛られている受け身の存在というだけでなく、有刺鉄線で遊び、生きようとする存在として、力強さを持っているというメッセージも込められている。
「「遊ぶ子供たち」のシリーズ」は、難民第三世代のアブドルラフマンが受け継ぐ難民の暮らしを芸術として造形したものだ。一五年には有刺鉄線で大きな波をつくって、ドバイで展示した。アブドルラフマンはこの作品に託した思いを語った。

二〇一五年には、一〇〇万人を超えるシリア難民やアフガン難民が大挙して地中海を越えて、欧州に渡った。難民の中にはレバノンにいるパレスチナ難民や、シリア内戦でシリアを追われたパレスチナ難民も多かった。シャティーラ難民キャンプの私の友人も海に呑まれて死んだ。この波を造形している時に、別の友人が「この波は日本のホクサイ〔北斎〕のようだ」と言った。私は「北斎」を意識していたわけではなかったが、北斎が描いた、船を呑み込みそうな大きな波を思い出し、誇らしい気持ちになった。私は友人に、「北斎は世界にも知られた日本の偉大な芸術家で、私がいま創作しているものが北斎に通じるということは、美術の歴史が時代を超えて互いにつながっているという証拠だ」と説明した。海は夏にみんなが遊びに行く場所であり、波はロマンチックでもある。しかし、欧州を目指す難民たちは波に呑まれて死ぬ。波をつくっている有刺鉄線は、人々を阻む海の暴力性を表している。

フランスに招かれて、野外で作った造形作品もある。世界から招かれた二〇〇人のアーティストが、二週間にわたって森の中で生活しながら作品をつくるという企画で、アブドルラフマンは木に登って、幹に有刺鉄線でいくつものサルノコシカケをつくった。「豊饒な樹木に寄生するサルノコシカケは、パレスチナという樹木にくらいついて養分を吸いとるイスラエルのイメージだ。彼らの存在は不毛で、彼らの周りの自然は枯れてしまう」と語る。

有刺鉄線を政治的な暴力と読み替えるアブドルラフマンの造形が、強烈な印象を与える作品に仕上がったのは、有刺鉄線を使ってつくった竜巻である。有刺鉄線が螺旋を描いて上に向かって広がっていく。二〇一六年にパリで開かれた国際青年芸術祭で三位に選ばれた。

これはパレスチナ難民七〇年を意識して、難民の心理を考えてつくった。第一次中東戦争でイスラエルが独立し、七〇万人以上のパレスチナ難民が出た。パレスチナ人が難民キャンプの中に囚われ、閉じられた世界の中での悪循環に陥っている状態を、竜巻として表現した。さらに、巨大な竜巻の力は、私たちの魂も幸福も、人生も巻き込んでしまう。七〇年間続くイスラエルによるパレスチナの占領を現している。

彼がいう「占領」は、六七年の第三次中東戦争によって始まる東エルサレムとヨルダン川西岸、ガザの占領を指すのではない。四八年に始まるイスラエルの独立によって、パレスチナ人が追われ、パレスチナが「占領」されたという意味である。ベイルートで難民生活を続けるシャティーラのパレスチナ人もまた、イスラエルの占領という竜巻に巻き込まれた存在となる。

アブドルラフマンが使う建築資材のトタン板や有刺鉄線は、パレスチナ人にとってなじみ深い素材であり、難民生活や追放や占領の記憶と結びついている。しかし、トタン板でかたどられた子供のように行き場を失った人間や、有刺鉄線で造形された大波や竜巻が象徴する政治的な暴力は、パレスチナ人だけにあるのではなく、世界中に存在する。日本人の周りにもある。強権やテロという政治的な暴力だけでなく、生活を破壊する貧困を生み出す経済の暴力もある。アブドルラフマンの造形作品には、ナクバ世代の祖父母の記憶や、戦争、虐殺を生き延びた親たちの記憶を受け継ぎながら、現代世界に蔓延する暴力を告発しようとする意志を感じる。パレスチナ人の七〇年の経験が、パレスチナを超えて、世界へ、そして普遍へとつながっていることを示している。

参考文献

荒田茂夫『レバノン 危機のモザイク国家』朝日新聞社、一九八四年。

ガッサーン・カナファーニー『ハイファに戻って／太陽の男たち』黒田寿郎、奴田原睦明訳、河出文庫、二〇一七年。

クライン、アーロン・J『ミュンヘン――黒い九月事件の真実』富永和子訳、角川文庫、二〇〇六年。

サイード、エドワード・W『パレスチナ問題』杉田英明訳、みすず書房、二〇〇四年。

――『パレスチナとは何か』ジャン・モア写真、島弘之訳、岩波現代文庫、二〇〇五年。

奈良本英佑『パレスチナの歴史』明石書店、二〇〇五年。

パペ、イラン『パレスチナの民族浄化――イスラエル建国の暴力』田浪亜央江、早尾貴紀訳、法政大学出版局、二〇一七年

広河隆一『パレスチナ 新版』岩波新書、二〇〇二年。

――編『パレスチナ 1948 NAKBA』合同出版、二〇〇八年。

藤田進『蘇るパレスチナ――語りはじめた難民たちの証言』東京大学出版会、一九八九年。

堀口松城『レバノンの歴史――フェニキア人の時代からハリーリ暗殺まで』明石書店、二〇〇五年。

al'iielam almarkaziu fatah, *allajiuun alfilastiniuun 'awdaeihim, muanaatihum, huquqihim*, 2002.（ファタハ中央広報部『パレスチナ難民――その状況、苦悩、権利』）

Bayan Nuwayhed al-Hout, *SABRA AND SHATILA: September1982*, Pluto Press, 2004.（バヤン・ヌワイヘド・アルフート『サブラ・シャティーラ 一九八二年九月』）

Giannou, Chris, *Besieged: A Doctor's Story of Life and Death in Beirut*, Bloomsbury Publishing, 1991.（クリス・ジアノ『包囲されて』）

lajnat alhiwar allubnanii alfilastinii, *alluju' alfilastiniu fi lubnan*, aldaar sayir almashariq, 2018.（レバノン・パレスチナ対話委員会『レバノンのパレスチナ難民』）

Mahmud al-Natur, *harakat fatah: bayna almuqawamat wal'iightiyalati 1965–2004*, al'ahliat lilnashr waltawziei, 2014.（マフムード・アルナトゥール『ファタハ運動——抵抗と暗殺の間で 一九六五〜二〇〇四』）

Morris, Benny, *Righteous Victims: A History of the Zionist-Arab Conflict, 1881–2001*, Knopf, 1999.（ベニー・モリス『正義の犠牲者たち』）

———, *The Birth of the Palestinian Refugee Problem Revisited*, 2nd edition, Cambridge University Press, 2003.（『パレスチナ難民問題の起源』）

———, *1948: A History of the First Arab-Israeli War*, Yale University Press, 2008.（『一九四八年 第一次中東戦争の歴史』）

Sayigh, Rosemary, *The Palestinians: From Peasants to Revolutionaries*, 2nd edition, Zed Books, 2007.

———, *Too Many Enemies*, Al Mashriq, 2015.

あとがき

一九八二年の「サブラ・シャティーラの虐殺」の時、私は朝日新聞社に入社して二年目の駆け出し記者で、地方支局で警察を回っていた。死者三〇〇〇人ともいわれる虐殺のニュースに衝撃を受けた。大学でアラビア語を学び、在学中にカイロ大学に留学した。新聞社でも中東に特派員で出ることを希望していたものの、「サブラ・シャティーラ」はあまりにもかけ離れた世界に思えた。

二〇一五年に三四年勤めた新聞社を離れてフリーランスとなり、まずシャティーラ難民キャンプの取材にとりかかった。「はじめに」で書いたように、私は新聞社で二〇年間、中東専門記者を務めたが、初めて中東特派員になった一九九四年は、パレスチナ解放機構(PLO)とイスラエルとのパレスチナ暫定自治協定(オスロ合意)に基づいて、ヨルダン川西岸とガザでパレスチナ自治が始まった年である。私にとってパレスチナ取材と言えば、パレスチナ自治区の取材であり、自治区外のパレスチナ難民問題はニュースの焦点から外れていた。

新聞社を離れてシャティーラ・キャンプに焦点をあてたのは、自治区に限定されていた、オスロ合意以降のパレスチナ報道の偏りを反省し、すべての問題の始まりである一九四八年にさかのぼって、七〇年という人間の平均寿命にあたる時の広がりの中でパレスチナ人の経験をたどろうという思いからである。数あるパレスチナ難民キャンプの中から、シャティーラを取材場所として選んだのは、若い頃に衝撃を受けた虐殺事件によって、私にとって「シャティーラ」が特別の場所となっていたためである。

取材と言っても、一人でシャティーラ・キャンプに行き、日本人のジャーナリストだと名乗って、「パレスチナのことを調べています。あなたの話を聞かせてください」と頼んで、インタビューを行うだけである。すべてのインタビューは私がアラビア語で行った。四八年の第一次中東戦争でパレスチナの故郷を追われた難民第一世代から、七〇年代に解放闘争を戦った第二世代、八〇年代以降に生まれ、第三世代、第四世代となる現代の若者たちまで、誰であれ、話をしてくれる人間を探してインタビューを続けた。当然ながら話を聞いてみないと、相手がどのような体験をしたかは分からない。インタビューでは事件やテーマごとに証言者を探すのではなく、一人一人について子供の時から現在までの経験をたどる方法をとった。人によっては五回、六回と話を聞いた。

シャティーラに住むパレスチナ人が語る七〇年間の経験と、時代ごとの出来事が交わるところで、人々の多様な経験を描き出そうとした。このように書くと、シャティーラからパレスチナ問題を捉えることを目的としているのかと思うかもしれない。しかし、人間の経験をパレスチナ問題に還元するのではなく、パレスチナ問題を超えて、人間の経験を描こうというのが私の意図である。

私は新聞社でも、できる限り多くの人から、できる限り多様な体験を聞くことで、事件や事故のニュースを、人間の体験として再現することをジャーナリストの仕事だと考えてきた。私がインタビューする相手は特派員として出る前の日本でも、特派員で出た後の中東でも、日常生活で翻弄される普通の人々である。ただし、何が起こっているのかが見えてくるまで話を聞き続けなければならない。

私がシャティーラの取材で行ったのも同じ作業である。実際に話を聞き始めると、一般的にパレスチナ問題として語られるほとんどの出来事について、当事者として体験した生々しい証言を聞くことができた。四八年に家族をイスラエル軍に虐殺された体験から、パレスチナで伝説となっている「カラメの戦い」に戦士として参加した体験、八二年の虐殺の体験はもちろん、いまも続くシリア内戦の経験や、難民として地中海をゴムボートで渡る経験まで、まるで歴史が人間の形をとって語っているような場面に何度も遭遇した。

シャティーラという小さな難民キャンプで、これほど多様で貴重な体験を聞くことができるとは、想像していなかった。ただし、個々人の体験を通して、「シャティーラ」という難民キャンプで生きる人間の集団としての〝人々の物語〟はなかなか見えてこなかった。五〇人、六〇人の話を聞いても見えてこない。時間に追われる新聞社とは違って、フリーなので時間だけはある。取材が三年目となり、一〇〇人を過ぎたころにシャティーラを舞台にして、それぞれの事件や時代ごとにうごめく人間の集団が見えてくるような感覚があった。

取材を通してものが見えてくるというのは、何人もの体験を重ね合わせ、突き合わせることによって、なぜ、人々はそうしたのかという、問われなければならない問いが見えてくるということである。例えば、女性や乳飲み子まで殺された八二年の虐殺について、インタビューを通して見えてきたのは、人々はイスラエル軍に包囲されたことを知り、攻撃があるかもしれないと思いながら、なぜ、逃げ出さなかったのかという問いである。人々はキャンプに家族でとどまり、二日目の早朝にレバノンのキリスト教右派民兵に家に踏み込まれて虐殺された。なぜ、逃げなかったのかという問いを詰めていくと、人々は敵に攻撃されるとしても、女性や子供まで殺されるとは考えてもいなかったことが分かってくる。

パレスチナの故郷を追われた四八年にイスラエル軍による虐殺があり、七六年にレバノン内戦が始まった翌年に、タルザアタル・キャンプがキリスト教右派民兵の包囲攻撃で陥落した後の「タルザアタルの虐殺」があった。シャティーラの人々は戦争が虐殺を伴うことは当然、経験していたが、女性や子供まで殺す虐殺は彼らの集団的な経験に刻み込まれてはいなかった。その点で「サブラ・シャティーラの虐殺」は突出して異常な出来事である。人々の経験を聞いたうえで、「戦争の延長ではなく、戦争からさえも逸脱した出来事だった」と結論付けた。

八五〜八八年の間、包囲攻撃が続いた「キャンプ戦争」で言えば、なぜ、人々は狭いシャティーラ・キャンプにとどまったのかという問いである。食料が底をつく六カ月間の包囲攻撃を生き延びた人々の体験を聞くうちに、四八年に故郷を追われた経験やタルザアタルが陥落した経験から、キャンプから出たら二度と戻ることはできないという、彼らの集団としての思いが浮かび上がってきた。女たちは「男たちが命がけで戦っているのに、どうして、自分たちが出て行くことができるのか」と言い、男たちは「女たちが残っているから守らねばならない」と言う。その中で医療に携わった医師のムハンマド・ハティーブは、八六年の包囲攻撃の最中に患者と一緒に病院のテレビでワールドカップを見た記憶を語り、「戦争は続き、人々は日々、死んでいくが、同時に人生も続く」と話した。戦火の下での日常も、日常であることには変わらない。

故郷を追われて難民化し、テント生活をし、武装闘争を戦い、虐殺や包囲攻撃の悲劇にあうという様々な異常な出来事の下であっても、そこで生きている人々の体験を聞いていくと、人間としての感覚は、私たちと何ら変わらないことが分かる。八二年の虐殺で、夫と長男を民兵に連れ去られた後、遺体が散乱するシャティーラの通りで、同じ年格好の遺体を一体ずつ確認していったという女性の体験さえ、人間として自然な行動であり、自分が同じ状況に置かれ、家族を連れ去られたら、やはり同じことをするだろうと考える。

この七〇年間平和な日本で生きてきた私たちにとっては、戦火と暴力の下にあったシャティーラは、世界で最も遠い場所であろう。私自身、新聞記者二年目で日本にいて八二年の虐殺のニュースを聞いた時にはかけ離れた世界と思った。しかし、実際に現地で話を聞いてみると、起きていることは異常であっても、その中で生きる人々の感覚や思いは全く問題なく理解可能であることは、逆に驚くほどである。私はシャティーラの人々の七〇年の体験を聞きながら、彼らの証言を「パレスチナ問題」という枠にはめるのではなく、同じ人間の体験として追体験することができると考えた。

さらに九〇年代にレバノン内戦が終わり、平和が訪れた後の現代を生きる第三世代、第四世代のシャティーラの若者たちの話は、日本とはかけ離れた世界とは言えなくなる。祖父母の世代は、故郷を追われた「ナクバ〈大厄災〉」の経験を語り、父親たちはキャンプ戦争でシャティーラを防衛した元戦士であり、母親たちは家族を守って戦火を生き延びた経験を語る。しかし、若者たちには語るべき体験はない。平和は訪れたが、勉強をしても職業訓練を受けても、難民であるがゆえに成功の道は閉ざされ、平和と繁栄から疎外されている。隣国シリアで内戦が始まると、シリアから逃げてきた難民たちに仕事を奪われて職も居場所も失う。シャティーラの難民第三、第四世代の若者たちは、新たな難民に押し出されるように欧州への密航を試みる。失敗して戻ってくる者も多く、中には欧州の生活に行き詰まって自ら戻ってくる者もいる。シャティーラにいて薬物依存にはまる者たちも多い。

死と背中あわせの日常の中で、キャンプに踏みとどまったキャンプ戦争を生き延びた親たちの世代とは対照的に、いまの若者たちは平和な日常から逃避しようとする。若者たちを包んでいるのは希望のない閉塞状況である。シャティーラの若者たちの話を聞きながら、私はシャティーラがキャンプ戦争の真っただ中にあった一九八六年夏、東京で行われた国際児童図書評議会(IBBY)の世界大会、いわゆる「子どもの本世界大会」を取材した記憶がよみがえってきた。大会は朝日新聞が共催し、入社五年目の私は、東京本社の学芸部家庭面にいて「子どもの本」の担当記者であり、大会の担当記者でもあった。

大会の分科会のシンポジウムで戦争の悲惨をいかに子供たちに語り継ぐかという発言が出た時に、パネリストの一人で、ファンタジー小説「ゲド戦記」の翻訳で知られる児童文学研究者の清水眞砂子さんが「戦争を生き延びるよりも、平和を生き延びるほうがはるかに困難ではないか」と問いかけた。八六年は日本で子供の自殺やいじめが大きな問題になった年であり、家庭面で子供の問題を取材していた私は、清水さんの発言に目が開かれる思いがした。それから三〇年以上過ぎて、清水さんが提起した「平和を生き延びる難しさ」という言葉は、シャティーラの若者たちが平和の中でもがき苦しむ姿を理解するためのキーワードとなった。

私は家庭面で三年間、「子どもの本棚」という児童書を紹介する欄を担当した。清水さんには子供の本の書評委員をお願いした。私は地方支局から本社勤務になり、自ら志望したわけではないまま家庭面の記者になった。家庭面とは私が理解したところでは、社会、政治、経済の問題を、人々の生活の場まで降ろして、暮らしにとってどのような意味を持つかという視点で取材し、記事にする部署である。例えば、八六年一一月に伊豆大島の三原山が噴火し、島民一万人がフェリーで東京に避難してきた。噴火や避難のニュースそのものは社会部の仕事である。私は早朝の晴海埠頭に行き、船から降り立った島民に「何を持ってきたか、なぜ、それを選んだのか」という質問に絞ってインタビューをした。家庭面で「緊急避難で必要なもの」というテーマで記事を書いた。八九年二月の昭和天皇の大喪の礼の時は、現場となった東京の新宿御苑周辺で一週間にわたって住民たちに話を聞き、大喪の礼に向けてごみの出し入れにさえ機動隊が立ち会うというような、集中的な治安対策が行われていることを生活の場面から取り上げ、「聖域に組み込まれた日常」というコンセプトでルポを書いた。

家庭面の記者は、警察や役所、企業から情報を得るのではなく、ひたすら人々の話を聞き、日常の中から問題点を見いだして記事を書く。もちろん必要とあれば、役所にも、企業にも取材する。当初志望していた中東特派員からは最も遠い場所での記者の仕事であったが、取材を通して現実が見えてくることを実感できた。私は中東特派員になることにこだわらなくなった。入社一二年目に突然、中東特派員になるために外報部に異動する話が来た時は、逆に驚いたほどである。

その後、中東特派員となって二〇年間、ほとんど中東漬けの記者生活となった。私は家庭面で身につけた手法で中東の現場を取材してきた。紛争や戦争が続く中東であっても、女性や子供を含めて、普通の人々に話を聞くことで、現実が見えてくることは同じである。本書『シャティーラの記憶』はシャティーラ難民キャンプという現場で生きる人々へのインタビューを重ねて、「パレスチナ問題」の向こうにある、人間としての経験を描こうとしたもので、私が家庭面の取材で身につけたジャーナリズムの手法なのである。

日本では、いま「シャティーラ」と聞いても、八二年の虐殺はおろか、パレスチナ難民キャンプだと知らない人が多数であろう。本書はそれを知らせるための教養書ではない。中東の片隅のベイルートにある小さなパレスチナ難民キャンプを訪れ、そこに住む人々の七〇年間の経験を聞いて綴った報告である。故郷を追われる〝楽園追放〟の後、幾多の苦難を経て、束の間の成功や栄光はあったものの、転落とさらなる困難を味わい、いまは平和の中で閉塞状況にあえぐ。それは人間の歩みの縮図である。本書を手に取った読者が、パレスチナ人の経験の中に一瞬でも自分の姿を重ねることがあれば、私が本書に託した思いは伝わったことになる。

本書は私が新聞社を離れて個人として行った現場取材から生まれた初めての本である。私にとっては、やっとジャーナリストとして独り歩きし始めたことを確認する本となった。本書が刊行されるために多くの人々の支えがあった。まずは、頻繁に通ってくる見知らぬ外国人ジャーナリストを快く受け入れてくれたシャティーラの人々に心から感謝したい。いつか彼らの苦難が平和的に解決されることを祈りたい。

この本に登場するのは八〇人ほどであるが、インタビューを受けてくれたにもかかわらず、紙幅の都合で、取り上げることができなかった人々がほぼ同数いる。ここで取り上げた人々の証言も、話してくれた内容のごく一部にすぎない。インタビューに応じてくれたすべての人々に深く感謝する。特に「不屈の子どもたちの家」のジャミーラ・シェハータ、「記憶の博物館」のムハンマド・ハティーブ、「子供と青少年センター」のマフムード・アッバス、「殉教者の家」のムハンマド・アフィフィ、マジュド・クルーム出身のナイフ・サッリースの各氏が示してくれた取材への理解と協力には深い謝意を表したい。

さらに本書をまとめあげることができたのは、この四年間、中東と日本を半年ずつ行き来するという生活をともにし、常に助言者である妻成子の支えによるものである。

出版にあたっては前著『イスラムを生きる人びと――伝統と「革命」のあいだで』に続いて、編集の労をとっていただいた岩波書店編集部の吉田浩一さんに深い謝意を表します。

二〇一九年三月

川上泰徳

川上泰徳
ジャーナリスト．1956年長崎県生まれ．大阪外国語大学(現・大阪大学外国語学部)アラビア語科卒．1981年朝日新聞社入社．学芸部を経て，特派員として中東アフリカ総局員(カイロ)，エルサレム，バグダッド，中東アフリカ総局長を務める．編集委員兼論説委員などを経て2015年退社．エジプト・アレクサンドリアに取材拠点を置き1年の半分を中東で過ごす．中東報道で，2002年度ボーン・上田記念国際記者賞受賞．著書に『イラク零年――朝日新聞特派員の報告』(朝日新聞社)，『現地発 エジプト革命――中東民主化のゆくえ』(岩波ブックレット)，『イスラムを生きる人びと――伝統と「革命」のあいだで』(岩波書店)，『中東の現場を歩く――激動20年の取材のディテール』(合同出版)，『「イスラム国」はテロの元凶ではない――グローバル・ジハードという幻想』(集英社新書)など．

シャティーラの記憶 パレスチナ難民キャンプの70年

2019年4月24日　第1刷発行

著　者　川上泰徳《かわかみやすのり》

発行者　岡本　厚

発行所　株式会社　岩波書店
〒101-8002 東京都千代田区一ツ橋2-5-5
電話案内 03-5210-4000
https://www.iwanami.co.jp/

印刷・三陽社　カバー・半七印刷　製本・松岳社

ISBN 978-4-00-061338-5　　Printed in Japan

イスラムを生きる人びと
―伝統と「革命」のあいだで―
川上泰徳
四六判三一六頁
本体二九〇〇円

現地発 エジプト革命
―中東民主化のゆくえ―
川上泰徳
岩波ブックレット
本体 五〇〇円

クルド人 国なき民族の年代記
―老作家と息子が生きた時代―
福島利之
四六判二四〇頁
本体二二〇〇円

双方の視点から描く
パレスチナ/イスラエル紛争史
ダン・コンシャーボク
ダウド・アラミー
臼杵 陽監訳
四六判三〇〇頁
本体三四〇〇円

「アラブの心臓」に何が起きているのか
―現代中東の実像―
青山弘之編
四六判二四〇頁
本体二四〇〇円

岩波書店刊
定価は表示価格に消費税が加算されます
2019年4月現在